# 研学旅行
## 活动课程开发与实施

◎ 曲小毅 编著

清华大学出版社

北京

## 内 容 简 介

本书对研学旅行课程开发做了全面介绍。全书分为三篇,共九章。第一篇为基础理论篇,包含第一章至第三章。按照学习者的学习步骤,介绍了研学旅行的发展历程、政府文件导向、课程开发的理论依据及课程性质、课程理念等。第二篇为课程开发篇,包含第四章至第六章,系统阐述了课程开发的过程、关键环节及要素。第三篇为课程实施篇,包含第七章至第九章。其中第七、八两章介绍课程实施的过程和策略,第九章阐述了课程评价体系的建设和评价内容的确立。

本书配备研学旅行课程方案或视频资料,扫描章末的二维码即可免费观看或下载参考。

本书可作为教育类和旅游类专业教材,也可作为国内中小学开展研学旅行的参考用书。

**图书在版编目(CIP)数据**

研学旅行活动课程开发与实施/曲小毅编著. —北京:清华大学出版社,2020.9(2023.8重印)
ISBN 978-7-302-55987-0

Ⅰ.①研… Ⅱ.①曲… Ⅲ.①教育旅游-活动课程-研究 Ⅳ.①F590.75

中国版本图书馆 CIP 数据核字(2020)第 121791 号

责任编辑:张 弛
封面设计:刘 键
责任校对:赵琳爽
责任印制:杨 艳

出版发行:清华大学出版社
    网  址:http://www.tup.com.cn, http://www.wqbook.com
    地  址:北京清华大学学研大厦 A 座    邮  编:100084
    社 总 机:010-83470000    邮  购:010-62786544
    投稿与读者服务:010-62776969,c-service@tup.tsinghua.edu.cn
    质量反馈:010-62772015,zhiliang@tup.tsinghua.edu.cn
    课件下载:http://www.tup.com.cn,010-83470410
印 装 者:大厂回族自治县彩虹印刷有限公司
经  销:全国新华书店
开  本:185mm×260mm  印  张:17.5  字  数:400千字
版  次:2020 年 9 月第 1 版  印  次:2023 年 8 月第 6 次印刷
定  价:52.00 元

产品编号:087315-02

# 序一　一起远行

　　与本书编著者曲小毅老师相识是在 2018 年 4 月，她委托我以"研学旅行的组织流程、安全保障及风险分散"为主题，准备一次专题培训。当时给我的感受就是：这个老师不一般！两年后又是一个 4 月，我收到了这本书稿，深深敬佩曲老师敢为人先、勤奋耕耘的精神，受邀作序，欣然提笔。

　　2016 年 11 月 30 日，教育部、发改委等 11 部门印发《关于推进中小学生研学旅行的意见》，肯定了研学旅行在促进学生健康成长和全面发展等方面发挥了重要作用，指出了在一些地区推进研学旅行的过程中，存在思想认识不到位、协调机制不完善、责任机制不健全、安全保障不规范等问题，制约着研学旅行有效开展，并明确提出开展研学旅行要实现三个"有利于"。

　　以此为背景，无论是学校还是研学旅行机构，都在呼唤出现指导研学旅行实践的路线图、指南针和操作手册，既能指明到"哪里"，又能提供"如何"到达的路径选择。《研学旅行活动课程开发与实施》恰恰响应了这一呼声，通过比较古今中外，分析政策、理论，从课程、实施、教师、评价多个维度，为实践提供了依据和解决方案。

　　本书向读者清晰地传递着这样的理念：研学旅行是研究性学习和旅行体验的结合，是综合实践育人的有效途径，其核心是人，根本任务在立德树人，其特征在实践中生成。这在我的工作中得到了印证。

　　我工作的北京中学，从 2013 年建校伊始就希望通过丰富学生的体验，促进书本知识和生活经验的深度融合，促进学生自主发展和社会实践。经过一段时间的探索，学校以"读万卷书，行万里路，听万家言，说万家事"为框架，构建了"阅历"系列课程，穿越学校的围墙，为学生提供有目的、有计划的研究和学习活动。学校将课堂设置在大地上，通过博物馆之旅、自然大课堂、中华文化寻根之旅、世界大课堂，让孩子们体验生活，感悟文化，调研社会，主动与历史对话、与自然对话、与心灵对话。学校将课堂设置在云端，通过信息技术与教育教学的深度融合，在行前、行中、行后为学生提供丰富的资源和平台，促进学生的深度学习，促进学生与同伴、社会的深度连接。

回顾北京中学的研学旅行实践，我们把文化植根于旅行，把研学融合于旅行，把服务贯穿于旅行。在线路设计上，以历史、地域为线索；在模块设计上，以自然、民俗、非遗、优良革命传统为线索；在活动设计上，以研学、志愿服务、自我挑战为线索。学生在主体参与中基于真实情境解决问题，他们在离开父母的独立生活中锻炼了个人生活能力，在宾馆中的安全疏散演习中建立了集体安全意识，跨年级的"学长制"锻炼了他们的责任意识和分工协作能力。通过深度体验与学习，学生在情感体验、知识收获、人际关系、社会阅历等方面获得同步成长。

在具体研学课程的设计与实施中，学校让学生"带"着教师走，从策划到组织、实施、管理、总结、评价，学生们站在第一线，教师则是支持、指导、陪伴。行前的组建团队、确定主题、制订方案、开题答辩、完善方案，行中的参观考察、问卷调查、访谈、研讨，行后的中期成果汇报、结题展示、总结评价，不同年级的学生们共同研究、平等交往。学生们在行走中面对各类问题，他们以社会为师、以自然为友、与伙伴同行，了解乡土乡情、市情国情，师生共同度过一段社会生活，在身心和谐统一的状态下，促进爱国情感、社会责任感、法治意识、创新精神的持续协调发展。

随着书页的翻动，一段段研学旅行的生活经历浮现在眼前，与书中的文字产生着共鸣。这本书来自于实践，反哺于一线，为学校、研学旅行机构乃至一个个家庭在设计有意义的旅行生活时，都提供了有益的借鉴。

愿本书为每一位读者的远行提供帮助！

北京中学党总支书记　任炜东
2020 年 4 月 21 日

# 序 二

现代意义上的"研学旅行"当下在我国还是个新生事物。人民群众对美好生活的向往,特别是旅行、教育这两大块民生需求呈现出从追求数量到追求质量的变化,促使旅游与教育的供给侧也需要向高质量发展方向迈进。在这样的背景下,不管是在旅游领域中作为"新六要素"之一,还是在教育领域中作为职业教育新开设的专业之一,"研学旅行"已经成为当前旅行和教育两大领域的热门话题。

作为旅游管理专业"科班"毕业,又继续在高校旅游学院从事旅游管理相关教学、科研和社会服务工作的一名教师,一直以来,我对旅游新业态的发展现状与前沿趋势始终密切关注,并配置了一些学术资源、社会资源来进行持续研究。自 2014 年以来每年发布的《中国旅游企业创新创业发展报告》中,都报告了研学旅行、亲子旅行是文旅圈关注的创新热点话题。与此同时,我跟踪调研了世纪明德、趣游学教育(世纪中润国旅)等研学旅行机构在研学旅行不同模式方面的初步探索;还和中国旅行社协会在研学旅行的标准制定、基地建设、研学导师培养等方面有一定的交流和合作。可以说,从"旅行"的视角对研学旅行有了初步的认识。

在这一过程中,我发现研学旅行虽然是旅行与教育的交叉融合领域,但"研和学"——即旅行中的教育问题才是这一新生事物的关键内核。旅行只是载体,学习才是目的;或者说旅行也是一种学习,是与传统课堂教学迥异的教与学的形式。由此可以理解,很多中小学都把类似的研学旅行活动作为"第二课堂"来开展,充分证明了研学旅行作为一种独特的、新颖的教学活动和学习形式,正在逐渐成为教育领域的关注点。既然研学旅行的核心是教育问题,那么"课程"则成为重中之重!正如本书中所述,"研学旅行课程是学生发展核心素养的有效载体",抓住了课程设计这一研学旅行的"牛鼻子",则抓住了整个研学旅行的"魂",才不会沦为一些传统旅行社一拥而上、简单机械地把旅游产品嫁接和转化为同质化的"大路货"。事实上,本书也着重指出了当下研学旅行课程设计中存在的诸多问题,如"重旅行、轻研学,课程沦为'眼睛课程''耳朵课程';学科嫁接痕迹明显,开发落入应试教育窠臼;开发不成体系,呈现出无规律、非连续性特征;课程评价体系不完备,缺乏科学的评价机制"。这些问题,无论是旅游机构还是教育机构,在研学旅行产品与课程设计时都或多或少存在,且尚没有探索出系统解决上述问题的方案或模式。因此,本书围绕研学旅行课程的设计与开发这一核心问题进行全面论述,具有较强的理论价值和实践意义。

在上述研究背景和研究意义下,本书紧紧围绕研学旅行课程这一核心问题,试图从"课程开发的原则、过程、内容(教案撰写)、主体(教师)、实施和评价"等几个关键步骤和环节构建研究框架,对研学旅行课程设计与开发进行了系统论述,为研学旅行课程研究提供了理论支撑。更为主要的是,本书更是研学旅行机构在课程设计与开发方面的"指导手册"和"工具书",例如,书中除了全面系统的理论介绍外,还有较多的"思考与实践"等来自研学旅行一线的案例。据我说知,曲小毅老师及其团队深入北京市一些中小学进行深入调研获取一手资料,为一些中小学校的校领导进行研学旅行活动的开展进行培训等。可以说,本书不仅具有一定的学术价值,更具有很好的社会实践指导价值,而后者则为推动各类机构开展高质量的研学旅行活动提供了更具可操作性的指导和借鉴。

衷心希望本书能对我国研学旅行的高质量发展起到积极的推动作用。

是为序。

北京第二外国语学院旅游科学学院　李　彬
2020 年 4 月 23 日

# 前　言

近年来,在祖国的名山大川、名胜古迹、农场、采摘园、博物馆、科技馆、生产车间、科研院所等地,总有一群身穿校服的中小学生活跃其中。他们时而分头行动,时而聚拢商讨。在他们欢快热烈的交谈中,在他们义正词严的辩论中,在他们眉头紧锁的思考中,在一个个让人"忍俊不禁"的提问中,我们能够切实看到他们正在与自然、社会、自身发生多元交流,并获取成长的真实体验。我们仿佛可以听到他们伴着四季节奏在努力拔节的声音。他们游历、他们赞叹、他们质疑、他们思考、他们假设、他们验证……研学旅行就是这样将研究性学习和旅行体验巧妙地融合在一起,实现了教育与旅游的同频共振。以游促学,彰显游之教育价值;融学于游,赋予学以实践意义。最终走向学游相长,学游共进的美好境界。

研学旅行是基于学习共同体的合作学习,是基于体验和探究的自主学习,是跨领域、多学科的综合性学习。它是课程改革的产物,又有效地推进了中小学的课程改革,引导课程走向生活化。研学旅行活动课程由国家倡导、地方统筹,由学校自主开发,是校本文化的表达与演绎,彰显地方特色和学校的教育哲学。

为了助力首都中小学研学旅行课程实践的有效开展,北京教育学院于 2017 年、2018 年连续两年成立"基于多学科融合的研学旅行活动及课程开发"专题培训班。来自北京市近 60 所中小学的一线教师、教学主任、教学副校长在培训班中交流经验、取长补短。作为首席培训师,编著者很幸运地见识到体现不同校本文化的研学旅行课程样本。在课程体系建设、课程文本写作、课程实施策略、课程评价工具等方面汲取了很多营养。在主持北京教育学院重点关注课题"基于核心素养的研学旅行开发模式研究"中,编著者走访了北京中学、清华大学附属小学、东城区培新小学等研学旅行课程开发的模范学校,对学游共进、有效设计落实学生核心素养有了新的认识。编著者从 2017 年开始深度参与北京教育学院"协同创新学校计划",在与房山石楼小学、延庆第四小学、怀柔桥梓中心小学的密切接触中与教师和学生们共同探索研学旅行活动课程与学科实践活动之间的融合模式、研学旅行活动课程与综合实践活动课程之间的融合模式。编著者于 2018 年参与到北京市教委委托的"房山区北沟户外特色课程群项目"中，深入史家营中心小学、霞云岭中心小学、南窖中心小学、佛子庄中心小学、北京教育学院房山实验学校等地，一次次地进行课堂跟踪观察、学生作品分析，与一线教师共同磨课。每一次与一线教师面对面研讨后，都会刷新编著者对研学旅行课程开发中教师指导策略的认识高度。

受惠于一线探索，就要反哺一线教学。编著者将来自北京市各个区的中小学实践经验及时梳理总结，结合自己多年探索的一点体悟，形成教材，希望能够为正在进行及即将进行研学旅行课程开发的学校和教师提供借鉴。本教材聚焦于如何进行研学旅行活动课程的开发、实施和评价，基于政策规约视角阐述研学旅行活动课程的课程性质；基于课程理论视角阐述研学旅行活动课程应该具备的要素和开发步骤；基于实际应用视角阐述如何撰写课程方案和活动手册。

愿教师们能够在"旅行艺术家"和"学生研究伙伴"的角色中自由切换，不断刷新研学旅行指导教师的成长高度和速度。希望孩子们在"胜日寻芳"的体验中，在对"无边风景"的赞叹中获得自己成长的增量，实现"万紫千红"的绽放。

感谢北京师范大学王本陆教授对编著者给予的课程理论方面的指导。感谢中央民族大学高鹏怀教授给予编著者研究路径方面的启发。感谢以北京中学任炜东书记为代表的中小学领导、以田小将主任为代表的区县教师培训中心领导、以尹春彦老师为代表的区综合实践教研员、以大峪中学陶术研老师为代表的杰出的中小学一线教师等对编著者近年来开展实践研究的大力支持。感谢北京第二外国语学院李彬副教授、西南财经大学吕兴洋副教授对书稿的把关。感谢北京教育学院黑岚副教授、于晓雅副教授、邸磊副教授、郭君红副教授、李秋红副教授、吕亚非副教授、李春艳副教授、王晓玲博士给予编著者的专业指导，亦师亦友地陪伴着编著者许多年的成长。感谢步星辉老师、王丽老师、孟妍红老师对编著者的鼓励，来自伙伴的鼓励会给陷入困境的编著者极大的勇气。感谢北京教育学院信息科学与技术教育学院刘楠书记对编著者理想、信念的引导，让编著者坚定方向、目标和责任。最后，特别感谢编著者的导师：中国旅游研究院院长戴斌教授，他经世济民的思想和"求乎其上"的追求一直是编著者前进的动力。

由于能力和水平有限，书中的疏漏和错误之处在所难免，敬请读者不吝赐教。

编著者

2020 年 5 月

# 目  录

## 第一篇  基础理论篇

## 第二篇　课程开发篇

# 第三篇　课程实施篇

# 第一篇

## 基础理论篇

# 第一章　研学旅行的发展历史与现状

**本章学习目标**

### 知识目标

1. 能够了解研学旅行在西方和中国的发展历史。
2. 能够说明课题生成的几大步骤。
3. 能够列举出搜集学生问题的几种方法。

### 能力目标

1. 能够提炼出国外研学旅行课程开发的典型模式。
2. 能够比较国外不同的研学旅行模式。
3. 能够借鉴国外研学旅行课程建设方面的经验。

**核心概念**

大陆游学(Grand Tour)、修学旅行(Study Tour)、户外教育(Outdoor Education)、营地教育(Camp Education)

**引导案例**

20 世纪中叶,日本修学旅行协会成立,它作为公益财团法人,将确保以修学旅行的安全性和教育性的发扬以及经济的合理化作为工作的基本方针,以调查和研究修学旅行,为社会大众提供信息,以及监督修学旅行开展等为主要职责,极大地推动了日本修学旅行的发展。1959 年,"日出号"和"希望号"等舒适、安全的修学旅行专用电车出现,在全国引起了很大反响,于是全国各地区出现了设置修学旅行专用电车的请愿。在这种情况下,修学旅行协会指导各县陆续成立地方性的修学旅行委员会,以推进在各地区新设修学旅行专用电车和专用船。在其努力下,1962 年,近畿·东海地区有 15 辆儿童修学旅行专用电车开始运行;1963 年,东北地区修学旅行专用动力车"回忆号"开始运行;1964 年,关东地区的修学旅行专用电车"日出号"和近畿地区的专用电车"希望号"均增加了 4 辆。另外,修学旅行协会还积极与交通部门沟通协调,使日本国铁免除了修学旅行专用车辆的车费,推动了修学旅行的普及[①]。

---

① 李虹. 日本中小学修学旅行的实践经验及其对中国的启示[D].武汉:华中科技大学,2019.

对青年人来说,旅行是教育的一部分。
——弗朗西斯·培根(1561—1626 年),英国哲学家、文学家、思想家在中国,游学的历史源远流长。其中最有代表性的人物是孔子和徐霞客。中国古代的游学强调游历山水、感悟人生、学以致用。18世纪的欧洲兴起了大陆游学的热潮,贵族青年在周游欧洲大陆各地的过程中领略欧陆文化、熟悉社会风情、寻访古代遗迹、学习贵族礼仪,促进了个人成长,也加深了欧洲大陆间的文化交流。人类步入现代社会后,不同的国家都看到了户外实践教育对人才培养的重要性,纷纷从学校教育教学的视角开发户外活动和户外课程。虽然对户外实践课程的叫法不同——研学旅行、修学旅行、营地教育、教育旅行,但所追求的实现人才全方位培养的目标是一致的。户外实践教育在世界各国走过了什么样的发展历程?国际发展现状如何?怎样从"古为今用,洋为中用"的角度进行借鉴?本章将会一一探讨这些问题。

# 第一节　中国及欧洲大陆的古代游学

## 一、研学旅行在中国的发展

研学旅行类似于我国历史上的"游学"。"游学"二字连用最初可见于《史记·春申君列传》:"游学博闻,盖谓其因游学所以能博闻也。"即强调旅行中悟、实践中学、学以致用的人文精神,游学可以丰富人的见闻、增长人的知识。我国有着源远流长的"游学"历史。春秋战国时期,文化中心极其分散,诸子百家,学术争鸣,成立了多种学派,相互切磋,交流融合,形成一派文化繁荣的景象。这为有知识、有才能、有抱负的学士提供了有利的途径,他们通过周游列国,游说自己的主张和观点,并通过与他人辩论来得到各国诸侯与私家的赏识,达到布衣取卿相的目的,从而实现自己的理想抱负。最为典型的代表就是孔子,孔子在55~68岁的14年间率领其弟子周游列国,一生遍及卫、陈、鲁、宋、郑、蔡、楚等各国。他四处游说讲学,一方面,向各国频繁地游说和展示自己的治国理念、政治主张;另一方面,率众弟子游学、读书和悟道等,体验山水,感悟人生。孔子进行了为期14年的列国游学生涯,史称"孔子周游列国"。春秋战国时期的游学者们大多数是社会下层的人民,他们出身寒门,没有一定的经济基础,需要通过游学得到各诸侯的赏识,从而改变自己贫苦的境地。他们关注社会和文化,在各地讲学、传播教育理念的实践,可谓是国内游学之源。

至汉魏时期,游学之风只增不减。著名史学家、文学家、二十四史之首《史记》的作者司马迁,从20岁就开始游历名岳山川[①]。

南北朝时期,郦道元重视实地考察和调查[②],他的足迹西上河湟、西北至阴山古道、东北到滦河、最东至琅琊台、南面到襄阳。他关注各地的地理要素、自然灾害、水利工程和相关建筑,以及先祖文化、山川风光和自然之美,撰著了我国历史上具有重要地理科学、历史科学和文学价值的《水经注》,被称为"科考探险第一人"。

---

① 张加欣.我国研学旅行的发展现状及策略研究[J].课程教学研究,2019(7):89.
② 王守春.郦道元与《水经注》新解[M].深圳:海天出版社,2013.

整个隋唐时期出现了中国古代空前繁荣的景象,政治、经济、文化等方方面面都发生了巨大的变化,游学也在这动荡的变化过程中逐步发展着。唐代诗人大多有远游的经历,李白"仗剑去国,辞亲远游";杜甫远去洛阳考取进士,结果落第归,由此开始一种不羁的漫游生活。

北宋科学家沈括幼年便随父游览各地,成年后也四处游学,终成《梦溪笔谈》;南宋诗人巩丰《送汤麟之秀才往汉东从徐省元教授学诗》,描绘了古代学子远行求学的心态和不易:"士游乡校间,如舟试津浦;所见小溪山,未见大岛屿;一旦远游学,如舟涉江湖。"①

及至明朝,"药圣"李时珍寻访各地搜集药物标本和处方,才写出《本草纲目》。著名的地理学家、旅行家徐霞客,从 20 岁开始,便告别家乡,开始了长达 30 多年的科考之旅。他纵游举国南北,往往露宿于荒野。在探幽寻秘之际,他将各种人文、地理现状记载下来,并著有《徐霞客游记》一书。

整体来看,中国古人们的"游学"显出三个特点:内容丰富,从历史文化到天文地理、各类动植物均有涉及;经历丰满,他们的游学不为游山玩水,而是关注特定的地理、历史和文化背景;成果殷实,无论是《论语》,还是《水经注》《徐霞客游记》,都具有很重要的价值②。

游学发展到近代,和古代的游学已有一定区别。人们更多使用"海外修学旅游"这一词,也就是所谓的"留学"。自鸦片战争以来,清政府奉行闭关锁国的政策,中国的领土开始被割裂,逐步丧失独立自主的权力。对此,清王朝被迫做出对外开放政策,特别是海外修学旅游政策的出台。这一举动造成一大波爱国知识分子和开明绅士开始放眼世界、学习西方科技文化、寻求救国之道的局面③。

近代的留学潮热主要经历了 4 个阶段:赴美留学、留学日本、庚款留学、留法勤工俭学。当时全国各级各类学校都非常强调让学生通过"旅行、调查、实习参观、研习课业"等方式来提高自己的能力,"谋德业之进"。

一是赴美留学。由于洋务运动时期需要大批的外交工业技术人才,刚留学美国回来的容闳便上奏朝廷关于派遣中国学生到国外学习先进技术的事情,于是 1872 年 8 月容闳率领中国第一批 30 名幼童乘船赴美学习,近代首批中国留学生之旅由此开始。

二是留学日本。1894 年甲午中日战争失败以后,亡国危机激发了中华民族的觉醒,国民也看到日本经过明治维新等一系列改革已经不再是以前前往唐朝学习的小国了,而是逐渐变得强盛起来的大国。于是,清政府大力鼓励青年学子以及知识分子出国留学,寻求民族振兴、国家富强的道路。一股留学日本的热潮便由此涌现,其中李大钊等人为典型代表。

三是庚款留学。在中国"庚子赔款"后,美、英、法等国出于长远考虑,为了扩大其在华的影响,相继与中国签立协定,要求中国输送相应留学生。这一时期的留学形势形成了新的多元化局面,造就了一大批出色的科学家,他们成为中国现代科技事业的奠基人和开

---

① 张加欣.我国研学旅行的发展现状及策略研究[J].课程教学研究,2019(7):90.
② 钟生慧.研学旅行设计:理论依据与实践策略[D].杭州:杭州师范大学,2019.
③ 陈林,卢德生.我国研学旅行历史演变及启示[J].江西广播电视大学学报,2019,21(1):26-31.

拓者。

四是留法勤工俭学。这一留学热潮主要发生在"五四运动"前后,并且是一种全新的留学模式。在巴黎华法教育会与广安勤工俭学会的大力倡导下,以及"五四运动"爆发后的各种新思潮的涌入,促成赴法勤工俭学的新的留学潮流。这批留学生主要是以"勤以作工,俭以求学"为宗旨,没有官费和庚款的支持,在法国各地的学校和大工厂中边工作边学习,研究各种社会主义思潮。

此后,抗日战争时期,在陶行知先生"行是知之始,知是行之成"的理念的引导下,新安小学校长汪达之带学生组建了新安旅行团,通过长途修学旅行的方式到"民族解放斗争的大课堂"里教、学、做。新中国成立之后,研学旅行主要渗透在各类勤工俭学、爱国主义教育、红色旅游、历史文化探源、地质生物考察等活动中。到改革开放时期,受日、韩等国"修学旅游团"的影响,研学旅行更多呈现出"游"的特色,主要是人们休闲放松的方式之一。

新中国成立初期国力薄弱,中国政府实行"一边倒"的外交政策,提出向以苏联为主的社会主义国家学习的口号,1951年我国向苏联派出375名留学生,后因中苏关系恶化,留学教育停滞不前。从1972年始,我国先后向英、法、意等32个国家派遣了大约1548名留学人员去学习,留学教育表现出复苏和发展之势。总之,在改革开放前期仍表现为留学教育,没有出现修学旅游教育。

1978年党的十一届三中全会召开,提出对外开放的政策,这一举动使中国在政治、经济、文化、教育等方面发生了翻天覆地的变化。当人们的温饱问题得到解决后,往往不再局限于对物质需求的关注,转向更多的精神需求的满足。因此,单一性的知识性教育已经不能满足广大人民的需求,人们更多的是追求体验式、开放式的教育,这时出现了有关修学旅游的教育形式来弥补传统知识性教育的不足。通过修学旅游,学生们不仅能从中获得愉悦的旅游体验,还能学到许多课堂上、书本上学不到的知识,开阔视野、增长能力。我国修学旅游起步较晚,比较早的是1989年推出的山东曲阜孔子家乡修学旅游,一般每期十余人到几十人不等,修学期限在3～15天,学习的主要内容为孔子生平及其哲学思想、中国历史书法、民俗、中医、烹饪等。[①]

从游学到海外修学再到修学旅游,因时代背景的差异带来了行为、主体、动机、内容等各不相同,但是"游中学"的内核始终没有改变。

## 二、大陆游学——研学旅行在西方的缘起

旅行这一社会现象在欧洲历史上由来已久,它对欧洲各国之间的文化交流起到了重要作用。近代早期的欧洲,旅行的目的以朝圣为主,此外还有商业旅行和外交旅行等。从16世纪开始,随着旅行文化的多元化,以受教育为目的的旅行逐渐发展成为一种传统,流行于欧洲社会上层,其中,以英国贵族子弟的游学最为引人注目。大陆游学在英国的兴起与发展,有着深刻的时代背景。从英国自身来说,逐渐资本主义化的贵族势力强盛,为了

---

① 　陈林,卢德生.我国研学旅行历史演变及启示[J].江西广播电视大学学报,2019,21(1):26-31.

巩固贵族的统治,满足其继续垄断国家政权的需要,他们便到欧洲大陆游历,以增长见识,开阔视野,提高社交能为。从欧洲大陆的文化氛围来看,文艺复兴之后的意大利、法国等国家,传承了人文主义的精髓,许多国家的青年纷纷前往旅行,接受人文主义思想的熏陶。浓厚的文化艺术气息吸引了包括英贵族学子在内的众多欧洲贵族前去游学。到 17 世纪末,随着游学人数及游学内容的增加,英国贵族子弟的游学活动进入了高潮①。18 世纪,大陆游学经过两个世纪的发展,最后形成一股热潮。大陆游学被视为贵族青年教育的必经阶段,为英国上层社会普遍接受,后来其他富裕阶层也纷纷效仿。

大陆游学这种教育形式与正规的学校教育有着很大的差别。18 世纪前后的出游者一般先在国内完成了学校教育或者是接受过系统的私人教育,他们一般并不进入国外的大学学习,而是在周游大陆各地的过程中领略欧陆文化、熟悉社会风情、寻访古代遗迹、学习贵族礼仪,最终使自己成为有教养的贵族。大陆游学并不是着眼于具体的某方面知识的增长,而是注重贵族青年综合素养的提高,让他们在与大陆社会和文化的直接接触中培养适合自身身份的文化品位和行为举止。大陆游学是一种非正式的、开放的教育方式,或者正如欧洲贵族拉塞尔所说,大陆游学是对年轻人的一种"锻炼"。游学者可以根据自身的兴趣安排游历路线和日程,"游"本身就是"学"。游学并不是英国人的专利,18 世纪,不光是英国出外游学的人数在增长,整个欧洲都是如此。游学已经是整个欧洲的传统,欧洲各国普遍把游学视为行之有效的贵族青年的教育方式,视为贵族子弟教育的最终完成阶段。法国、德国、荷兰等国的游学者跟英国人一样周游各地,如伏尔泰和孟德斯鸠都曾在英国居住了相当长的时间,研究牛顿的科学成就和洛克的哲学著作,从事大量的学术活动②。

大陆游学的兴盛也带了深远的社会影响。接受了欧洲大陆人文思想洗礼,得到了艺术、外交等方面教育的英国贵族子弟,提高了个人的修养,他们中的一部分人还将所学知识运用于自身政治活动中;游学过程中一批专家和学子积极考察,依据自己的体验和所受启发写出了不朽名篇,推动了文化的发展;学子们的游学活动深入欧洲大陆一些主要国家,交流和互动中,增进了英国和欧洲大陆彼此间的了解,对双方的政治、经济和文化等都产生了影响。然而,伴随着工业革命的兴起、交通工具的进步及交通基础建设的扩大,削弱了大陆游学的贵族特色,游学不再像从前那样需要耗费大量物力、财力和时间了,普通人也有能力加入游学的队伍中,大陆游学的贵族特色也就不那么明显了③。

## 第二节　研学旅行的国际发展现状

放眼国际,研学旅行正以不同的形式渗透在各国(地区)的课程和教学中。由于历史和文化的不同,各国和地区对研学旅行的称谓也不尽相同,如日本韩国的修学旅行、中国

---

① 许璐. 16—18 世纪英国贵族大陆游学研究[D].武汉：华中师范大学,2015.
② 陶军. 18 世纪英国大陆游学及其原因和影响[D].武汉：武汉大学,2005.
③ 许璐. 16—18 世纪英国贵族大陆游学研究[D].武汉：华中师范大学,2015.

台湾地区的教育旅行、澳大利亚的户外教育、美国的营地教育、加拿大的考察旅行、英国的教育旅行等。

## 一、研学旅行在日本的发展

"修学旅行"一词起源于日本。日本自 1958 年以来,在中小学的学习指导要领中均将修学旅行明确地认定为"学校特别活动"的必要环节。在日本战前的《教育学辞典》中,修学旅行的解释为:"由教师带领的、两日以上的旅行。主要目的为扩展视野和经历,作为校外教学的一环完成教学目标。"修学旅行在日本已有 100 多年的历史。1886 年东京师范学校(现筑波大学)100 多位学生参加的"长途远足"被认为是日本修学旅行的开端[①]。1946 年,修学旅行被写入日本的《学习指导要领》,并正式纳入日本教育体系,成为学校最具特色的活动之一。如今,日本修学旅行的学校渗透率已高达 98%,早已成为日本国民教育体系和学校教学计划中的重要组成部分。日本修学旅行的典型发展模式可概括如下。[②]

### (一)政府部门主导型修学旅行模式

政府部门的大力支持是日本修学旅行取得成就的重要保证。一方面,日本中央政府明文规定各级教育必须开展国内外修学旅行,并且制定了相对完善的修学旅行相关政策。日本多次修订的《学习指导要领》强调,修学旅行是学校教育中必不可少的一部分,要把修学旅行作为落实教育目标(尊重生命、珍爱自然、保护环境)的重要载体,培养学生尊重传统和文化、热爱祖国和乡土、促进国际和平与发展的态度。发展至今,日本修学旅行内容丰富,基本涵盖了政治、经济、文化等多个领域,且对不同地区、不同年龄段的学生,其目的地和内容都各不相同[③]。日本以跨部会方式,文部科学省、总务省与农林水产省联合推动小学生 5 日农村体验与独立生活课程。另一方面,日本制定国内、海外修学旅行实施基准,分地区、年级,对旅行的时间、费用、实施学年、实施方向、引导教职员等做出明确规定及修学旅行实施细则,规定辖区内的中小学校必须遵照执行。对修学旅行活动内容、指导教师、应急管理等进行全方位审核,从各细节上确保修学旅行的制度化和规范化。国家财政支持为日本的修学旅行提供了强大的经济推动力,它一方面减轻了参加修学旅行学生的家庭的经济负担,让家庭能够负担得起学生旅行的费用,从而促进修学旅行的发展;另一方面这也是国家对教育事业的一项投入,通过促进修学旅行活动的进一步开展,提升了学生的综合素质,从而提升了国民的整体素质。

---

① 林雅慧.日治时期台湾修学旅行之研究[D].台北:国立政治大学,2010.
② 王鹤琴.日本修学旅行的典型模式及经验启示[N].中国旅游报,2019-06-11(003).
③ 钟生慧.研学旅行设计:理论依据与实践策略[D].杭州:杭州师范大学,2019.

拓展阅读

### 日本交通部门对研学旅行的大力支持①

修学旅行的综合性决定了其顺利开展离不开政府相关部门的鼎力支持。例如,日本的交通部门。交通部门一直以来都是修学旅行的坚定支持者,这体现在:一方面,最新的交通工具都能马上应用于修学旅行,另一方面,每一次交通方式的变革都会带来日本修学旅行的变革。此外,交通部门还为修学旅行的学生提供一定的价格折扣,并通过开设专列等方式保障修学旅行的安全开展,其为修学旅行的繁荣发展做出了巨大的贡献。到了明治时代,火车成为全国主要的运输工具,同时也被迅速应用于修学旅行。此时已经出现了一些为修学旅行开通的临时列车,并开始为修学旅行的学生提供价格上的折扣。"二战"后不久修学旅行复苏,此时出现了修学旅行的临时列车,还出现了地区范围内的修学旅行专列。各地修学旅行专用的车辆和船舶都相继在20世纪40年代前半叶陆续诞生。昭和四十五年(1971)1月13日、2月19日、4月6日根据与"全修协"的相关协议,国铁为修学旅行设立专用车辆并免车费,这些措施促进了战后修学旅行的复苏。1964年10月,新干线投入运营,这是日本运输业的一次变革,高速、安全性高、占地面积少、覆盖面广的新干线迅速占据了日本铁路运输的核心地位。昭和四十五年(1971)10月国铁决定从昭和四十六年(1972)3月开始,向中学生收半价车费,高等学校学生打八折,这些措施以及新干线的安全便利很快促使其成为修学旅行的主要交通工具。昭和四十六年(1972)开始,就进入了利用新干线的修学旅行时代。新干线极大促进了日本修学旅行的繁荣,例如,由于新干线的使用,昭和五十一年(1977)京都旅馆的修学旅行住宿人数增加到了109万人,加上一般的修学旅行团体,一共是494万人,再加上个体旅行,总数高达3692万人,这意味着一年之中平均一天就有10万人住宿。此外,昭和五十一年(1977)的统计数据还显示,近畿地区中学校到中国、九州的旅行次数及人数也随着更多新干线的开通而激增。可见新干线不仅是对日本交通业的一次变革,也是对日本修学旅行的一次变革,其广泛应用大大促进了日本修学旅行活动的开展。从昭和五十三年(1979)开始,国铁运费连续5年间持续增长,至昭和五十七年(1983)4月20日,国铁运费增长近6.1%。由于国铁运费的增长,新的替代性交通方式开始出现。同年,有3家航空公司表示愿意将针对修学旅行的费用降低35%,这促使日本部分学校开始利用航空方式开展修学旅行。昭和五十八年(1984)公布的《修学旅行实施基准》同意学校有条件地通过航空方式进行修学旅行,海外修学旅行因此更加繁盛起来。

## (二)姉妹学校联盟型修学旅行模式

为促进修学旅行健康、持续发展,日本国内外多所学校结成姉妹学校,形成了修学旅行学校联盟。一方面,小学在组织修学旅行活动时,一般会与邻县学校联盟,就近安排参观景点和进行集体活动,参观地点不仅包含教科书中出现的国会议事堂、东京塔,还有一些电视台、报社等,从小培养学生对自然和历史的探索、体验经历。另一方面,年级和知名

---

① 曹晶晶.日本修学旅游发展及其对中国的启示[J].经济研究导刊,2011(4):134-136.

度较高的中学会尝试以官方旅游机构、各地政府为媒介,充分利用友好城市之间的交流合作便利结识国外姊妹学校,与目的地相关部门、地方学术机构或居民家庭合作互动。例如,广岛县的学园基于友好城市的资源,组织修学旅行经历了以观光游览活动为载体、以专题培训活动为载体和政府推动"东亚21世纪青年交流计划"三个阶段。

### (三)专业机构监督型修学旅行模式

公益财团法人日本修学旅行研究协会(简称"全修协"),于20世纪中叶经日本教育部(现教育、文化、体育、科学和技术部)许可成立,并于2011年4月1日获得内阁办公室的认可。它是一个教育和研究基金会,已成为一个研究协会。作为专门为修学旅行设立的指导监督机构,它在日本修学旅行的发展中发挥了巨大作用。它以创造新型的修学旅行为目标,以修学旅行的安全性、教育性和经济性为三大基本方针,主要职责是对修学旅行进行研究、调查,进行资料信息的汇总及分析,并为外界提供相关信息支持,处理有关修学旅游的申诉及请求,同时为修学旅行提供资金及人力资源支持等[①]。"全修协"于2003—2011年发布的46期"Web版修学旅行新闻",分享特色学校修学旅行活动、国内外修学旅行信息,以及公布所有"全修协"的研究和调查结果。其主要职能是协调与相关利益部门的关系,通过各类调查为学校、业内提供交通、安全、费用、基地和理论研究等修学旅行信息,并处理相关的申诉和请求,监督保障活动质量。在"全修协"下,各地还设有地方修学旅行协会,如日本关东地区公立初中修学旅行委员会等。他们会定期举办研讨会,积极探讨修学旅行发展的新方向和及时跟进其发展的新势头,并进行经验学习和成果分享,同时邀请当地学校参加,公告修学旅行专用交通工具时刻表等信息以便学校组织活动。

### (四)新闻媒介配合型修学旅行模式

为消除民众对学生参加修学旅行的风险的顾虑,日本新闻媒介积极配合学校、政府等组织方进行宣传,例如,AKT秋田电视从1969年起就在其覆盖的学区范围内,在傍晚时段播报修学旅行的孩子的平安状况,至今仍旧坚持以25~30分钟的节目来播报学生修学旅行状况。同时KBS、山梨县山梨广播等都在其播放辖区内定时播报修学旅行的相关信息。一方面,新闻媒介是民众获取信息的有效方式,具有极强的社会公信力和影响力,通过实时信息传递,家长能确切了解孩子的最新情况,从而获得家长对于修学旅行的信任和支持。另一方面,新闻媒介使民众反向监督修学旅行开展的规范性和安全性,让民众可以及时发现修学旅行出现的弊端,进而使相关组织方能规范修学旅行的时间、频次、费用、地点选择等实施基准,促进日本修学旅行的有序开展。

可以对日本修学旅行组织模式进行提炼,见图1-1。

---

① 曹晶晶.日本修学旅游发展及其对中国的启示[J].经济研究导刊,2011(4):134-136.

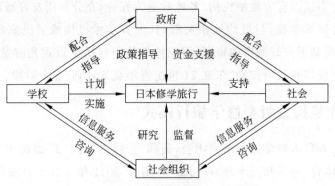

图1-1 日本修学旅行组织模式图①

## 二、澳大利亚户外教育实践

澳大利亚也有悠久的"户外教育"(Outdoor Education)的传统。在原住民时代,几乎所有的教育都是在学校空间以外发生的。时至今日,澳大利亚户外教育的形式和内容都较为丰富。

2012年8月,澳大利亚课程、评估与报告署(Australia Curriculum Assessment and Reporting Authority,ACARA)正式公布了《澳大利亚课程的形态:健康与体育教育》(*The Shape of the Australian Curriculum:Health and Physical Education*),并在其中明确指出健康和体育必须要包括户外教育的课程内容和实施标准②。作为健康与体育课程的重要方面,户外教育不同于其他的学校课程,它是一门关注自我、他人和环境的课程。其课程特点体现在:①主题设计上,体现学校所教授学科的交叉组成部分,如土著民视角下的国家、环境保护和可持续发展等。②课程实施上,引导学生的自力更生、团队协作能力和领导力的发展,培养学生的冒险精神、风险管理能力和策划安全旅程的能力。通过直接经验去了解自然,并更加深入地认识人与自然的关系。③学习成果上,是各学科学习整合的结果,包括健康和体育、地理、历史、科学、数学、英语和艺术等各学科结果的整合。此外,澳大利亚也有专门的户外教育组织——澳大利亚户外教育(Outdoor Education Australia,OEA)③。

澳大利亚的户外教育以其对环境问题的关注而闻名于世,然而澳大利亚的户外教育并不是单纯的环境教育或体育教育,它更多地被看作一种"没有围墙的教室",其户外教育的重点是了解自我、他人和环境。澳大利亚户外教育包括短期远足旅行、露营活动、钓鱼、农场体验、丛林徒步旅行、森林教育等形式,着力培养学生的好奇心、户外活动技能、环境意识及群体运动技能。在《澳大利亚国家课程终结报告》(*Review of the Australian*

---

① 李虹.日本中小学修学旅行的实践经验及其对中国的启示[D].武汉:华中科技大学,2019.
② 唐科莉.澳大利亚户外学习让学生了解自身、他人与环境[J].上海教育,2016(24):36-40.
③ 钟生慧.研学旅行设计:理论依据与实践策略[D].杭州:杭州师范大学,2019.

*Curriculum Final Report*)中仍明确要求学生除学习英语、数学、科学、艺术等正规官方课程外,仍需参加额外课外活动,包括社区活动、学校野营、体育项目等。

## 三、英国户外教育旅行[①]

### (一)研学课程——沉浸体验模式

英国的教育旅行,其课程规划遵循一种沉浸体验模式,主要包括文化沉浸式体验和自然沉浸式体验两个方面。

#### 1. 文化沉浸式体验

英国的教育旅行扎根于英国的文化土壤,借助大量对现代社会影响巨大的本国名人,把参观文学巨匠和著名学者的出生地与故居、世界顶尖老牌高校的夏令营活动纳入教育旅行的重点项目,以博物馆教育、名人文化、名校游为载体,使学生在潜移默化中接受本国文化的熏陶。与此同时,学校还鼓励学生赴海外交换学习,学生通过参观体验当地的历史古迹、自然景观、文学艺术、体育赛事等,学习不同国家的语言,与当地学校或社会进行全面交流、合作与互动,深度融入当地文化氛围,实现跨文化的研究性学习。

#### 2. 自然沉浸式体验

自然环境是英国教育旅行的重要资源之一。英国教育旅行的主要宗旨是通过户外体验方式让学生的感官系统活跃起来,身心俱沉浸于所在环境,以此提高学生的动手能力、实践能力和生存能力。首先,校方或民间机构开展野外教育探险、自然历史古迹游学、自然中的动植物观察和景观观赏等类型的学生旅行课程。其次,英国专门的户外教育学习中心通过对户外活动的设计,增强户外活动的参与度与体验感,吸引学生参与。最后,为鼓励学生接触自然、尊重自然,"森林研学"的理念日趋盛行,在官方和非官方组织的推广下,森林学校备受青睐。

### (二)经费保障——开源节流模式

英国解决教育旅行经费问题,主要通过建立多种资金筹措渠道和最大限度地节约教育旅行成本两种途径。

#### 1. 建立多种资金筹措渠道

首先,家长的自愿性捐款。在英国,公立学校(包括学院、基金会和信托学校)提供免费的教育,在两种情况下,学校可以要求家长自愿捐款:一是学校在课堂外进行与国家课程、宗教教育相关的研学旅行计划;二是学校为学生开设与公开考试课程大纲相关的研学课程。其次,学校的教育旅行预算。英国教育旅行的顺利开展,得益于学校财务预算对研

---

① 司宇琦.英国学校教育旅行的典型模式[N].中国旅游报,2019-05-14(003).

学课程规划的支持。将教育拨款优先用于教育旅行是所有学校都必须考虑的问题。学校依照相关减免政策,会将一部分财务预算用于资助贫困学生。最后,一些社会机构的资助。学校也可以寻求外部资金的资助,主要包括:教育部授权的预算,如学生津贴、青年志愿者机构、当地帮助贫困家庭的慈善信托基金、议员地方预算、筹款、赞助、青年会基金(13~19岁的年轻人可在该基金申请与项目有关的具体资金)、英国文化协会、项目活动和住宿的提供者。

### 2. 节约教育旅行成本

实现所有青年人都能共同参与研学旅行的最有效方法之一就是控制开展教育旅行的成本。英国不会忽视任何一个在校园内学习的机会,包括在校园野生动物区、校园池塘、校园定向越野活动中开展教育活动等。英国能够最好地利用步行距离内的一切资源,如当地的公园或林地,当地的教堂或村庄,任命学校自己的教师或志愿者组织领导学生,而不是研学基地的导师,将露营作为最廉价的住宿选择。

### (三) 户外教育的基地[①]

苏格兰教育部于2010年发布《由户外教育迈向卓越》(*Curriculum for Excellence through Outdoor Learning*),使户外教育成为卓越课程的焦点。英国的"教室以外学习"的户外教育包括以下两大类学习环境。

### 1. 学校和中心场地(School and Center Grounds)

学校和中心场地是指教室之外的第一个室外空间。相对于其他的户外空间,教师和学生都能与之建立更加亲密的关系,并可以在课堂之外去接触它、体验它、探索它。作为教师,最大限度地利用学校及附近资源是户外教育的关键。一位苏格兰教师曾谈道:"学生可以在户外去学习数学中的角度、环境艺术、探索户外和科学感官活动。"这种就近的户外教育为教师和学生带来了新的教学方式的转变。师生关系从讲授型转向平等对话型,也更加强调生生之间的合作学习。一名参加了户外学习的学生反映道:"积极地解决问题的活动是户外教育很好的开始,通过与班级同学一起合作、一起尝试,我获得了自信。"在英国,户外教育不一定是要去野外或多远、多特别的地方,户外教育或者说户外学习可以在任何地方发生。有户外教育理念和实践的教师往往会合理地运用好学校及其周围的区域。

### 2. 本地和社区(Local Area and Community)

本地和社区通常是指徒步或借助交通工具一日游的地方。学校的附近往往有许多美妙的地方可供学习,如就近的国家自然保护区和公园等。将本地学习的理念与学校教育内容相结合,根据不同的主题设计课程,让学生去感知:原来学习可在家门口发生!利用好社区资源,多次访问熟悉的地方,可以让学生看到他们每天、每月、每季度或每年的变

---

① 钟生慧.研学旅行设计:理论依据与实践策略[D].杭州:杭州师范大学,2019.

化。同时,学生们也许会在同一个地方冒出不同的观点、问题,如此便可以帮助学生更深入地学习。这类户外教育可通过档案记录的方式(照片、录像、视频等),对学生经历的数年或数百年进行比较,并用作未来调查的资料。

### (四) 组织形式——双轨并行模式

英国教育旅行在实际开展过程中,学校、教师和学生三方都可能会面临一些限制,为避免此类限制又能实现各类育人目标,其组织形式分为两种。

#### 1. 学校组织开展

由学校组织教育旅行,学生集体参加,课室外学习委员会和当地管理机构共同监管,教育旅行供应商提供基础产品。此类形式中会有专业教师陪同,能够对行程中遇到的问题及时点拨,同时集体出行的方式,可以增强师生之间、学生之间的情感交流,培养学生的合作探究能力。

#### 2. 旅行社组织开展

由于英国教育旅行市场较为成熟,且在安全风险管理方面有着先行经验,因此,目前主要呈现由旅行社开展教育旅行,相关供应商根据学校的课程和学生的需求设计相关产品,科学评估经济利益、合理报价的新型组织形式。此类形式中,学生可以自主选择教育旅行主题,个体差异得到更多尊重和考虑,同时培养学生自主探究能力和自主解决问题能力。

## 四、美国营地教育[①]

美国营地教育(Camp Education)在美国营地协会(American Camp Association,ACA)的主导下,协同各营地发展,以跨学科、多维度为指导理念,通过开展户外团队活动,为青少年提供集创造性、娱乐性、教育性、学术性于一体的多维课程,从而在青少年教育事业中起到不可或缺的作用。

### (一) 营地教育组织的联合发展模式

营地联合发展是美国营地教育不断焕发生机活力的根本所在,它以营地成员为命脉,以提供高质量服务为目标,以联合发展的方式扩大影响力,并通过学术研究深化营地教育的方案。其中,美国营地协会是美国最大的营地协会,已拥有超过 3000 个营地,在推进美国营地教育方面做出了诸多贡献:一是推进公共政策,发动超过 30 000 个全国选民,支持文化交流计划(Cultural Exchange Program),向国会提出营地教育的发展建议,倡导儿童保护法案(CPIA),确保营地教育能够更好地支持学生的安全、学习和发展。二是协同各方共同发展,在外部与企业、高校合作,获取资金与人才支持;在内部建立资源系统、数据

---

① 　杨菲.美国营地教育的典型模式[N].中国旅游报,2019-05-28(003).

库检索系统,共享、查找资源。三是进行长期的学术研究,开展 5 年影响研究(5-Year Impact Study)持续观察和探索营地教育,采取 360 研究计划(Research 360)以全方位视角优化营地教育方案,并召开国家和联邦青年发展研究会议,促进营地教育的升华。

## (二)营地教育课程的冒险教育模式

随着参与营地教育的青少年日益增多,安全组织标准的要求也越来越高,团队组织能力的重要性日益凸显,美国的冒险教育模式逐渐形成。一方面,形成多方位的风险管控体系,保障营地及冒险活动的安全性,并以较高的平均师生比和工作人员、营员比为标准,实现设施和人员的双重保障。另一方面,在确保安全的基础上,以自然环境为依托,开设涵盖水域、陆域、空域的冒险活动,给予青少年充分的"试错空间",以体验式学习代替课堂上知识的被动消化。如在霍奇斯高中组织的探险之旅中,高年级学生前往南极开展了为期三周的冒险之旅,在这种高风险的营地教育开展过程中,组织者通过南极科考专家陪同传授学生南极生态、历史与生存技能的方式,确保了安全性与教育性的平衡。

## (三)营地教育基地的博物馆教育模式

美国博物馆凭借其资源禀赋与文化价值,在营地教育模式中发挥着不可忽视的作用。在博物馆的教育方面,美国做出了许多努力:一是实施城市优势计划(Urban Advantage),通过美国自然历史博物馆和其他 7 个文化机构与纽约教育部合作,发挥城市文化资源优势,为城乡中小学生提供长期的科学调查服务。二是实施科学课程计划(Lang Science Program),每个学年,5 年级的学生都会被选为博物馆课外教育的培养对象,持续到 12 年级结束,这些学生将体验博物馆的科学课程,包括实践探索、感官体验、科学家会议等,并设计自己的研究项目,加深对博物馆展品的了解。三是展开自然科学辅导计划(Science and Nature Program),将中小学生的喜好与博物馆的特色学科、教育资源相结合,为师生提供日常课程,注重开展师生可以共同享受的实践科学活动,同时与企业合作,提供住宿场所。

# 五、加拿大考察旅行实践[①]

加拿大考察旅行涵盖的内容较广,根据开展场所的不同可以从学校本位的考察旅行、地方本位的考察旅行两方面来论述。

## (一)学校本位的考察旅行教育

加拿大近年来有许多社会力量在推广以自然环境为着眼点来组织学校活动,这类方案以学校为本位,学生大部分的时间在户外活动。无论是室内还是室外的课程内容,通常都紧扣自然的主题。这类公立学校的教师具有省立教学证书或资格,并且被要求遵守政

---

① 钟生慧.研学旅行设计:理论依据与实践策略[D].杭州:杭州师范大学,2019.

府制定的教育纲领、标准和法令。课程方案经常结合儿童中心课程、生成课程（Emergent Curriculum）、专题式或探索式学习等教学法和基本原理，引领教师和学生在与自然的活动中不断成长，被视为接触大自然的替代方案。

## （二）地方本位的考察旅行教育

地方本位的考察旅行以当地小区和学生生活经验为核心，以帮助教育者和受教育者认识周围环境、认识他人、认识自己为课程目标，由个人、教师和学校整体配合完成。学生通过独立或协同他人完成合作，能够培养他们对环境、社区和他人的责任感。强调实作与真实世界的体验，这个教学取向不仅能加强知识的学习，也能帮助学生建立与其小区更强的联系，促进学生对自然环境的鉴赏，并帮助他们成为具有主动奉献精神的公民。

📓**拓展阅读**

**国外中小学研学旅行课程实施的主要模式及实施特点**[①]

一、国外中小学研学旅行课程实施的主要模式

（一）自然教育模式

研学旅行中重要的一种旅行资源就是自然环境。卢梭认为，每个人都是由自然的教育、事物的教育、人为的教育三者培养起来的，其中自然的教育受之于自然，遵循自然，它不断地锻炼孩子，用各种各样的考验来磨砺他们的性情。也可以说，自然本身就是每个人的老师，学生在室外受到自然给予的锻炼，可以训练他们的体格和性情，陶冶他们的审美和情操等。从国外中小学研学旅行相关文献资料来看，目前国外主要有以下中小学研学旅行课程实施模式：自然教育模式、生活体验模式、文化考察模式、交换学习模式。在国外，自然教育模式的研学旅行指的是为了培养和发展学生更好的关键技能、知识和个人素质，由校方或民间机构开展的野外教育探险、自然历史古迹游学、自然中的动植物观察和景观观赏等活动所组成的学生旅行课程形式。该模式主张开放式教育，看重环境育人的效用。美国、日本、俄罗斯、马来西亚等许多国家将开展自然教育研学旅行作为校外教育的重要部分。在马来西亚，为了让学生了解、熟悉和搜集有关森林保护的经验，养成森林保护意识，形成教育、旅游和森林保护三位一体的基于森林旅行的自然教育模式。

（二）生活体验模式

研学旅行是促进书本知识和生活经验深度融合的一种重要方式。杜威认为，教育就是儿童生活的过程，倡导从生活中学习、从经验中学习，从做中学，使学校里获得的知识在生活体验中更加生动立体，并施加给儿童本身更加持久的文化意义的影响。在国外，生活体验模式的研学旅行指的是为了满足学生学会动手动脑、学会生存生活的需要，由开发者整合旅游基地的现有材料，使学生能直接接触社会生活环境，从而为学生创造整体的、特别的生活教育体验的旅行课程形式。该模式区别于校内生活情境学习和校内实践活动，主张在真实情景中学习，在社会生活中实践，日本、罗马尼亚等国的旅游教育者开发农场

---

① 刘璐，曾素林.国外中小学研学旅行课程实施的模式、特点及启示[J].课程·教材·教法,2018,38(4)：136-140.

游学、职业体验、生存挑战等生活体验模式的研学旅行,学生从中接受生活教育、实践教育。

### (三)文化考察模式

有国外学者认为,旅行使人们离开常居地到不同的地方去接触、了解相对陌生的一种或多种文化,研学旅行是了解不同文化的最佳途径。文化是人们在社会历史发展过程所创造的物质和精神财富的总和,物质文化是可见的显性文化,精神文化是不可见的隐性文化。随着全球化的发展,跨文化交际已经或将要成为生活中不可缺少的部分,培养学生的跨文化意识、跨文化理解力以及跨文化交际能力离不开文化教育。对学生而言,文化考察模式的研学旅行正是一种合适的文化教育形式,从中让学生接触到他们平常可能并不会访问的地方和事物,在短期停留、考察中增长对各类文化的认识,以提升文化理解力、包容力以及交际能力。该模式主张多元文化的交互教育,在日本、美国、韩国等国家,无论是历史、语言、地理、风土人情、饮食、生活和职业特色还是传统习俗、文学艺术、价值观念等,都可以成为文化考察旅行的课题,着力拓宽学生的视野。

### (四)交换学习模式

最初,跨国家、跨地域、跨学校实现交换学习一般是高等教育阶段内的一种教育方式,而如今,交换学习不再是高等学校学生的"特权",交换学习模式的教育旅行被认为是向全球学生提供最佳教育的一种方式,在基础教育阶段也逐步得到重视与发展。交换学习模式的研学旅行使学生实现城市互访和学校交流,利于建立跨地域、跨国籍的文化了解渠道,以增进地区间语言、自然、人文沟通和学术交流,学生在其中得到多方面的综合体验。该模式的内涵表现为基于城市互访或学校交流项目,学生离开现在的教育地,前往另一个教育地进行游学,是研学旅行的一种表现主题。在日本等国家,交换学习模式具有良好的社会基础,可以通过目的地旅游部门安排与当地学校或社会等进行全面交流、合作与互动,实现综合性的研究性学习,符合了许多中小学生尤其是高年级学生的需求。

### 二、国外中小学研学旅行课程实施的特点

总结国外经验,发现国外中小学研学旅行活动具有以下4个特点。

### (一)注重"研学"与"旅行"相互交融

研学旅行的两大基本要素就是"研学"和"旅行",在研学旅行的开展过程中缺一不可,如果缺失"研学",则沦为单纯的观光游,如果缺失"旅行",则沦为另类的常规课堂教育。在日本等国家,研学旅行中的"游"与"学"也并不是设计、安排从时间上的分开与平等分配、简单相加,而是确保"游"与"学"的一体化,设计实施时做到游中有学,边学边游。

以国外自然教育研学旅行模式的系列活动为例,既安排有自然景观的观赏路线,又以研究性问题为导向,鼓励学生在自然旅行中展开细致观察、图画或影像记录、多向交流和问题思考。在农场游学中,学生能在丰富多样的实践活动中获得旅行体验,并且在与学科相关的活动中运用课堂上获得的理论知识,旅行实践成为学科知识之间互通整合的桥梁。同样地,在国外文化考察研学旅行模式下,其构成要素包括外显的文化即物质文化的观赏行为和内隐的文化即精神文化的发掘、研究性学习行为,在研学旅行中,这两种行为息息相关,相互交融,彼此不可分离。国外的交换学习研学旅行模式具有综合性的特点,综合了大量的学习实践内容,包括自然、历史、地理、文化、语言和职业、学术培训等,一部分依

托于旅行中实现,另一部分依托于学习交流中达成。综合来看,国外研学旅行的特点之一就是注重"研学"与"旅行"的相互交融,将"寓学于游"作为研学旅行的一个重要理念。

（二）注重游学活动的弹性设置和经验知识的动态获取

研学旅行课程既有别于综合实践活动课程,也有别于常规学校课程。研学旅行含有丰富的过程性内容、研究性学习方法与实践探究性表现形式,学生身处充满未知的研学旅行环境中,如果还是一板一眼的程序化的安排,极有可能会打击学生探索的积极性。在国外经验中,关注旅行教育中的多样性和变化性,注重研学旅行过程性内容的弹性设置,注重学生在动手实践中动态地自我获取经验知识。无论是自然教育模式、生活体验模式还是文化考察模式、交换学习模式的研学旅行,都表现出学生学习的自主、开放和动态,所以游学活动的设置并不严苛,具有一定的弹性。考虑到研学旅行的重要内容包含亲近自然、参与体验、了解社会和拓展视野,第一,在考察自然时是表现为没有严格的工作计划的,学生所获取的多为美好自然中变幻的影像和宁静的心灵体验。第二,在参与体验生活事物时,由于受限于研学旅行基地的物质资源,计划实施的一些实践活动在时间和人员分配上并没有确切安排,在一些实践活动的参与上享有一定的个人自由,从而是弹性地、动态地获取经验性知识的过程。第三,在考察文化、深入社会时,不同的知识基础所注重的文化略有不同,所以学生是依照个性化考察方案进行文化旅行考察学习,获取当地的文化。第四,在交换学习中涉及知识、文化和实践等的多样化体验,这样的多样化体验由学生自主安排,游学经验也是自主获得。游学活动的弹性设置和经验知识的动态获取是国外研学旅行实施的一大特点。

（三）注重创造研学体验的情景记忆

在教室空间中,教育者往往会通过创设适宜的具有一定情绪色彩、以形象为主体的教学场景,以引起学生一定的态度体验,从而帮助学生理解教材和结构性知识等。但是,我们不得不承认,在教室中由教育者所创设的情境对于学生感官感知通道的开放和感觉的积极迸发等方面的作用处于极其有限的境地。无论是何种模式的研学旅行,对学生来说,进行实地考察都是至关重要的。像自然景观观赏、历史文化古迹考察、学习品鉴语言文化和地方文化、职业体验和生活体验等各种各样的学习旅行,都在真实、复杂、多元的景点或内部环境中开展。例如,森林保护式的自然旅行是在森林环境的资源基础上创设出保护森林的情景,学生在这样的旅行情景中及时体验,产生森林保护主题的情景记忆,达到深化保护意识,学习保护方法的目的。同样地,在历史古迹情景中缅怀古人,在语言情景中熏陶自身,在生活情景中学习技能等,符合教育主题的情景才能促进主题内容的教育深入人心。由此可见,国外研学旅行表现出重视创造研学体验的情景记忆这一特征。

（四）注重研学旅行需求的分化

在国外许多国家,学生在课程的选择上都已经享有较大的自由,校方提供多样的课程,学生可以依据兴趣自由选择,其目的之一是使每一位学生都得到合适的教育。在研学旅行活动课程上也是如此,不同的学生会有不同的兴趣点及需求,依据调查研究,能广泛摸索出不同阶段学生的旅行目标、动机的几个主要类别,从而考虑将学生需求分化成研学旅行不同的主题。而在注重研学旅行需求的分化这一点上,也恰恰是许多国家在开展研学旅行时的一大亮点。

# 第三节　研学旅行在中国的发展现状

## 一、三大发展阶段

中国的文人墨客自古以来就有游学的风气,研学旅行在游学的基础上发展而来,具有深厚的文化底蕴。进入社会和经济飞速发展的 21 世纪,研学旅行的发展脚步也随之加快,其发展在我国经历了探索、明确和推进等阶段①。

### (一)研学旅行的探索阶段

在"研学旅行"这一概念提出以前,国内学者一般引用来自日本的"修学旅行"一说。到 21 世纪,中国经济得到急速发展,居民平均生活水平不断提高,人们逐渐将关注的重点转移到休闲旅游方面。2003 年,首个"中国上海国际修学旅行中心"在上海创立,同时该机构还组织专家编写并出版《修学旅行手册》,该中心倡议安徽、浙江、江苏等地共同携手,探索华东地区研学旅行的黄金线路。2006 年,孔子故里山东曲阜举办了第一个修学旅行节庆活动"孔子修学旅行节",该活动旨在弘扬中国传统的儒家文化,并纪念伟大的教育家、思想家孔子②。

### (二)研学旅行的明确阶段

2008 年,我国教育改革的先行地区广东省最先关注到研学旅行在教育中的重要作用,将研学旅行放在了举足轻重的地位,写入了中小学教学大纲。

2012 年时任教育部部长袁贵仁访问日本,他回国后曾指示:"我这次访问日本,对日本的中小学修学旅行印象极为深刻。对比之下,也深感我们的教育方式确有应改进的地方,否则孩子的身心健康、集体主义、爱国主义情感的养成都将留下不足。如全面推进做不到,个别地方、一些学校是可以试行的。如有计划地推进,不断加以倡导,逐步扩大范围,是会有效果的。我觉得这是一件很大的事,问题在于经费,特别是安全。"

2012 年,为了加深各界对于"研学旅行"活动的认识,教育部成立专项课题研究小组,以日本的修学旅行为起点进行研究,又逐步研究英国、俄罗斯、美国等国家有关研学旅行、营地教育等方面的政策。并选择了安徽、江苏、陕西、上海、河北、江西、重庆、新疆 8 个省(自治区、直辖市)率先开展研学旅行试点工作③。2013 年 2 月,国务院办公厅印发《国民旅游休闲纲要(2013—2020 年)》,提出要"逐步推进中小学生研学旅行"。2014 年 4 月,教育部基础教育一司司长王定华在第十二届全国基础教育学校论坛上发表了题为"我国基

---

①　张加欣.我国研学旅行的发展现状及策略研究[J].课程教学研究,2019(7):88-93.

②　张加欣.我国研学旅行的发展现状及策略研究[J].课程教学研究,2019(7):88-93.

③　王晓燕. 中小学生研学旅行政策的核心要义[EB/OL].(2019-01-22)[2020-03-05].http://www.cbbr.com.cn/article/126614.html.

础教育新形势与蒲公英行动计划"的主题演讲,首次提出了研学旅行的定义:学生集体参加的有组织、有计划、有目的的校外参观、体验、实践活动。2014 年 7 月,教育部发布《中小学学生赴境外研学旅行活动指南(试行)》,明确了中小学学生赴境外研学旅行活动的定位,强化了对研学旅行活动全过程的规范标准。2014 年 8 月,国务院下发《关于促进旅游业改革发展的若干意见》,强调"要积极开展研学旅行"。2015 年 8 月 4 日,国务院办公厅发布的《国务院办公厅关于进一步促进旅游投资和消费的若干意见》指出,要支持研学旅行的发展,把研学旅行纳入学生综合素质教育的范畴,支持建设一批研学旅行基地,建立健全研学旅行安全保障机制,加强国际研学旅行交流。2016 年 1 月,原国家旅游局公布首批"中国研学旅行目的地"和"全国研学旅行示范地"。2016 年 3 月 18 日,教育部基础教育一司发布《关于做好全国中小学研学旅行实验区工作的通知》,确定天津市滨海新区等 10 个地区为全国中小学研学旅行实验区。

## (三)研学旅行的推进阶段

2016 年 11 月,教育部联合国家发展改革委、公安厅(局)、交通运输厅(局、委)、文化厅(局)等 11 个部门,发布《关于推进中小学生研学旅行的意见》(以下简称《意见》),《意见》明确指出,我国已进入全面建成小康社会的决胜阶段,研学旅行正处在大有可为的发展机遇期,要把研学旅行摆在更加重要的位置,推动研学旅行健康快速发展。《意见》明确了研学旅行的工作目标、基本原则、主要任务、组织保障等,提出要将研学旅行纳入中小学教育教学计划,为研学旅行的开展提供了政策上的支持。2016 年 12 月 19 日原国家旅游局发布了《研学旅行服务规范》。2017 年 8 月教育部又印发《中小学德育工作指南》,强调:"把研学旅行纳入学校教育教学计划,促进研学旅行与学校课程、德育体验、实践锻炼有机融合,利用好研学实践基地,有针对性地开展自然类、历史类、地理类、科技类、人文类、体验类等多种类型的研学旅行活动。"研学旅行的德育价值得以彰显。而 2017 年 9 月底教育部颁布的《中小学综合实践活动课程指导纲要》则进一步呼应了《意见》要求,提出要将研学旅行作为综合实践活动课程考察探究活动的形式之一。由此,研学旅行进入了飞速发展的时期。各省市以《意见》为基础,根据本省市的实际情况,出台了一系列符合研学旅行发展的文件。例如,浙江省在 2018 年 11 月发布《关于推进中小学研学旅行的实施意见》,对发展研学旅行提出了工作要求,包括研学旅行的基地建设、年级和时间安排等。同时还发布了《温州市中小学研学实践教育营地、基地申报认定和管理细则(试行)》,明确了基地申报的条件、申报时间、认定程序以及基地的任务等。

2017 年年底,《教育部办公厅关于公布第一批全国中小学生研学实践教育基地、营地名单的通知》中命名中国人民革命军事博物馆等 204 个单位为"全国中小学生研学实践教育基地",河北省石家庄市青少年社会综合实践学校等 14 个单位为"全国中小学生研学实践教育营地"。2018 年,《教育部办公厅关于公布 2018 年全国中小学生研学实践教育基地、营地名单的通知》中命名中国人民解放军海军南海舰队军史馆等 377 个单位为"全国中小学生研学实践教育基地",北京市自动化工程学校等 26 个单位为"全国中小学生研学实践教育营地"。

## 二、当前研学旅行发展中存在的问题[①]

整体来看,伴随中国素质教育的发展和课程改革的推进,研学旅行受到社会各界人士的关注,并伴有越来越多的社会资源、人力资源等国家和地方的支持。在这一浪潮下,中国的研学和营地教育事业正处在发力阶段。研学旅行追求着能带给学生更好学习体验的愿景。但在研学旅行实践中,还存在课程质量不高、活动呈现粗放式、孩子行为习惯不规范、教师的专业能力不足等问题。在机遇与挑战面前,借鉴国内外研学旅行经验,做好研学旅行设计是研学旅行发展的关键和核心。

### (一)课程设计不完善

课程设计不完善有以下三种表现形式。

#### 1. 课程目标和主题模糊

课程是实现教育目标、传达教育理念、明确教育内容的重要载体。研学旅行应当具有清晰的课程目标、课程内容和课程评价。当前研学旅行的开展,没有清晰的教育目标,在具体实施过程中,对于培养一个什么样的人,该活动能使学生获得何种能力,让学生形成怎样的品格,没有一个清晰的认识。研学旅行活动的各种课程主题不明确,没有结合学生的身心发展特点而制定,小学、初中、高中各阶段的教育内容不贴切,在活动开展过程中不能紧贴主题,这就导致活动开展产生较大的随意性,不能获得良好的教育效果。

#### 2. 方案设计流于形式

《意见》要求各地教育行政部门和中小学要规范研学旅行组织管理,做到"活动有方案,行前有备案,应急有预案"。现如今,许多学校的课程设计不用心,每一年活动方案之间的差别都寥寥无几,研学旅行的线路也没有创新,大多选择就近的公园、图书馆。课程设计的具体实施效果差,这都是课程设计不务实的缘故,在设计活动方案时,更应该采纳家长和学生的意见,设计符合学生学习特点的内容。

#### 3. 本土资源利用不充分

当前许多城市开展研学旅行,未能充分利用本地的自然资源和文化资源。较多中小学,特别是小学,都集中在与该校距离较近的市区开展研学旅行,如欢乐谷等娱乐场所、团建军训基地等,办学基础较好的私立学校更是选择国际路线来开展研学旅行,较少开发本土资源。

### (二)复合型师资匮乏

研学旅行是"学+游"的有机组合,其核心在"学",这就要求教师要具有更全面的专业

---

① 张加欣.我国研学旅行的发展现状及策略研究[J].课程教学研究,2019(7):88-93.

知识,若是教师素质跟不上,研学旅行就会变成"只行不研"的旅游活动。作为一名教师,需要具有高尚的师德、深厚的知识储备、专业的教育学知识和健康的心理素质。高质量的研学旅行离不开优秀的研学旅行教师,而研学旅行活动中的教师,更需要具备丰富的地理、历史知识和相关的导游技巧。在旅行途中,研学导师需要与研学旅行基地管理者、景点负责人沟通协调,担当统筹与规划的角色。而如今,多数的研学旅行都是由导游带队,虽然导游具有某一领域丰富的专业知识,但是却缺乏作为教师的教育学知识和心理学知识。一部分导游或是讲解员能将文化知识讲解得精妙绝伦,但学生却吸收不了多少,更有甚者一直处在懵懵懂懂的状态,教育效果差强人意;某些课程设计让学生自由参观或是自由讨论,没有教师指导,学生纪律松散,根本达不到教育目的,更无法对教育效果进行评价;还有的教师习惯"一把抓",在活动过程中过多地介入,研学旅行成为变相的"学校课堂",对学生进行填鸭式的灌输教育。

## (三)基地建设不完备

研学旅行基地作为开展研学旅行的重要载体,其设计规划对活动效果的影响是最直接的。我国目前各省市的研学旅行基地的建设,其表现形式比较单一,许多基地只是挂上"研学旅行基地"的牌子,却未能深度开发契合研学旅行的产品。如各红色革命纪念馆,主要通过图文、实物结合的方式来阐释红色文化和革命精神,展示方式较为传统、单一。同时,大多数基地的基础设施建设还不够完善,"食、住、行、游、娱"等没有形成一条完整的配套产业。基地内部的服务缺乏专业性,讲解人员的专业水平参差不齐,严重影响了家长、学生以及教师对研学旅行的评价。

## (四)安全保障体系不健全

研学旅行通过集体旅行、集中食宿带领学生到校外开展研究性学习,是一种校外集体教育活动,参与人员众多。因此,管理难度大大增加。"儿行千里母担忧",近年来学生春秋出行频频出现安全问题,让许多家长对研学旅行望而却步。首先,食宿、出行的安全问题。学生出门在外,食品的卫生条件、提供食物的餐饮地点以及食品价格等必须有保障;在住宿方面,参与研学旅行的学生年龄普遍较小,人员众多时住宿的分配也是一大难题,更何况小学生自理能力较差,用电、用水问题都是一个安全隐患。其次,学生在旅行途中还可能产生各种突发事件。研学旅行团队需要配备能处理突发疾病的随行医生和教师,否则将会严重威胁学生的生命。最后,学生的财产安全问题。现在中小学生参加研学旅行,家长为了能随时联系到孩子,一般会让学生随身携带手机等电子设备,在旅行途中,保障贵重物品和现金等财产的安全也是非常重要的。

拓展阅读

## 国际经验对我国中小学校研学旅行课程实施的启示①

从国外研学旅行课程的实施现状、模式及其特点来看,结合我国中小学校的实际情况,对已经或即将把研学旅行活动纳入教育教学计划的中小学校提出以下建议。

### 一、丰富教育空间,拓展多元化研学旅行实施模式

研学旅行的有效开展受教育空间的制约,学生的全面发展也需要良好的成长空间。研学旅行虽然将教育空间从单一的教室空间中解放出来,但为了充分发挥校外空间的育人功能,帮助中小学生开阔眼界、增长见识,提高社会责任感、创新精神和实践能力等,还需足够重视对研学旅行空间的资源发掘,不断丰富教育空间,发展多元实施模式。国外开放、弹性、动态的研学旅行启示我们,教育空间的丰富并不是指单纯的数量多的自然空间或者社会空间,而是指空间中的任意一处都需要赋予内在意义或者重新经过适宜的设计,使其蕴含教育在其中,同时能适应不同学生、不同学校和地区的实际情况,即空间教育性的丰富,进而拓展多元化的研学旅行实施模式。那么,基于我国的环境特色、人文特色和资源结构等,研学旅行课程的设计应当做到以下几个方面。第一,依托于具有区域特色的自然和文化遗产资源,与地理、生物、语文、历史等学科知识整合设计出一批特色研学基地。第二,依托于工矿企业、国家机关、科研机构、非营利社会组织等,在研学基地建设出专业活动体验的各项设施,满足不同学生的兴趣体验。第三,依托于农村、农场和生活,设计一些农作物和果蔬辨认、种植、采摘和烹饪等体验环节作为研学旅行的部分内容。所以,通过研学基地与学科知识、生产生活整合设计,有效促进研学旅行空间教育性丰富度的提升,积极实现多元化的研学旅行实施模式的拓展,才能为推动研学旅行与中小学课程的融合提供实际支持。

### 二、转变教师角色,引导学生在亲身体验中开放学习

研学旅行是学校教育和校外教育衔接的创新形式,所以,在教师职能和学生学习方式等方面相比于学校教育均应有较大转变。这对教师角色提出了新的要求。

#### (一)教师应当转变成为学生学习的同伴和共同促进者

当师生共处于宽广、活泼、自由的环境中时,学生天性得到相当程度的释放,那么教师应当主动内隐其权威,以拉近师生关系,增进师生间的相互了解,与学生做旅行和学习的同伴,促进每个学生个性化的发展。

#### (二)教师应当平衡教学管理者与旅行艺术家的特性

研学旅行既然是一种教育教学活动,就必然涉及教学管理,教师在其中承担了相当重的管理任务,如过程管理和安全管理等。但研学旅行也是一种旅游活动,因此,教师作为一个纯粹的管理者身份是不可取的,教师还应丰富作为一个旅行艺术家的特性,在复杂的环境中敏锐地观察,对事物进行百科全书式的快速链接,以自身良好的修养和审美情趣投入这项创造性事业中。

---

① 刘璐,曾素林.国外中小学研学旅行课程实施的模式、特点及启示[J].课程·教材·教法,2018,38(4):136-140.

（三）教师应当服务于学生自主、开放的体验式学习

一方面，充当体验性、实践性活动的激励者，调动学生的兴趣，提高学生参与体验和实践的自主性；另一方面，充当开放学习、研究性学习的引导者，整合研究问题，指明学习的方向，给予探究过程的指导。新型教师角色的定位、学生学习方式的同步完善是中小学校适应研学旅行育人和提高旅行学习效果的重中之重。

三、延伸育人格局，实施全过程、全员、全方位育人策略

从国外研学旅行的实施经验中可以发现，研学旅行蕴含丰富的教育内容，涉及空间的转换，以及繁多的人员和事物。一方面，教师和各式人员参与其中，组织、协调调动全体资源，学生在游学过程中都经历有自然、文化、生活与社会等各个方面的体验、生活实践以及研究性学习等重要内容；另一方面，旅行前的准备和研学旅行后的评价与发展也蕴含育人意义。由此得到启发，无论是面向哪个阶段的学生，开展何种模式的研学旅行，想要发挥研学旅行在促进学生健康成长和全面发展等方面的重大作用，研学旅行育人格局就应由教学、管理和评价延伸至旅行准备、过程体验、生活实践、研究性学习和人员管理、评价发展，其中过程体验包含自然、文化、生活和社会等要素。在这样大的育人格局之中，还需配以体系化的育人策略。第一，研学旅行是一项时间紧张、内容繁多的活动，其过程性的特征特别明显，所以，从政府、学校、教师开始规划研学旅行到学生们为研学旅行做准备，从学生们踏上行程到展开旅行和人文体验、生活实践和研究性学习等，从学生们踏上归程到实施多方评价、对接学校课程，均应开展育人活动，即实施全过程的育人策略。第二，研学旅行所涉及的人员范围和事物范围较广，一方面是教师、学生、家长、旅游管理者、活动指导人员、安全保障人员和普通民众等各式人员，另一方面是交通、住宿、饮食、交往、旅行和实践等各项事物，所以，应该确保各方人员都表现出良好的品行、素质，各项事物都能延伸出教育内容，即实施全员、全事物的育人策略。第三，不同发展阶段、不同兴趣的学生所实际需要的研学旅行环境及体验是有区别的，应当结合学生的阶段性身心特点、能力基础、接受能力和实际需要，为不同阶段、不同兴趣的学生协调提供适合的研学旅行体验、适宜的管理和评价，使学生得以创造性发展，即实施全方位的育人策略。

**【教与学活动建议】**

以"探寻孔子的游历人生"为主题开发、实施研学旅行活动课程。教师做好课程开发工作，形成语文教师牵头，各学科教师协同备课的课程开发团队。首先将教材、教参中有关孔子周游列国的素材整合在一起，进行大单元教学。然后鼓励学生行前查阅资料，带着课题走进曲阜。

# 思考与实践

## 一、理论思考

1. 中国古代的游学以什么为目的？有什么特点？
2. 欧洲的大陆游学有哪些内容？对当时的欧洲社会产生了什

走近家乡名胜——
贾公祠教学设计

么样的影响？

　3.日本的修学旅行采用什么样的模式开展？政府在其中发挥了什么作用？

　4.澳大利亚的户外教育实践给今天中国的研学旅行什么启示？

　5.美国营地教育有哪几种模式？给今天中国的营地开发什么启示？

　6.加拿大考察旅行涵盖了哪些内容？

## 二、实践探索

　1.查阅不同国家开展户外实践的资料,对户外实践的不同模式进行分析,并进行比较研究,用一张表格呈现模式间的相同之处和不同之处。

　2.从课程设计、人员配备、安全管理等角度审视自己所在学校的研学旅行活动有什么优势和不足,形成调研报告。

# 第二章　研学旅行活动课程的政策和理论基础

## 本章学习目标

### 知识目标

1. 能够了解研学旅行的相关政策。

2. 能够理解 2016 年以来政策的导向。

3. 能够掌握现代课程论中"泰勒原理"的基本内容。

### 能力目标

1. 能够解析研学旅行课程化的概念。

2. 能够讲解学科课程和研学旅行活动课程之间的关系。

3. 能够审视学校课程体系的科学性。

## 核心概念

课程改革（Curriculum Reform）、课程理论（Curriculum Theory）、活动课程（Activity Curriculum）、综合实践活动课程（Integrated Practical Activity Curriculum）

## 引导案例

重庆是全国中小学生研学旅行首批试点地区。重庆市巴蜀小学积极依托政策支持和全市资源平台，发扬"读万卷书，行万里路"的教育传统，以课程开发作为试点研究的切入点，通过几年的探索，学校促进了研学旅行和本校课程的有机融合：具化了研学旅行课程目标，设计了序列化课程内容，积累了有效的实施策略，形成了将研学旅行纳入本校教育教学计划、与综合实践活动课程统筹考虑的校本化实施路径①。

这个案例给了我们什么启发？基于课程理论和课程视角对研学旅行活动进行设计是避免研学旅行实践过度随意和安排无序等问题的有效探索。2016 年以来教育部出台的系列文件对研学旅行活动课程的开发具有鲜明导向。研学旅行活动课程开发的政策基础是什么？课程设计所依据的基础理论有哪些？研学旅行活动课程与综合实践活动课程是怎样的关系？围绕这些问题本章展开了探索。

---

① 张帝，陈怡，罗军.最好的学习方式是去经历：研学旅行课程的校本设计与实施——以重庆市巴蜀小学为例[J].人民教育，2017(23)：19-24.

纸上得来终觉浅，绝知此事要躬行。

——陆游(1125—1210 年)，中国南宋文学家、史学家

# 第一节　研学旅行课程建设的文件精神

## 一、《关于推进中小学生研学旅行的意见》精神

2016 年年底教育部联合国家旅游局等共 11 个部门发布《关于推进中小学生研学旅行的意见》。《意见》将研学旅行界定为：中小学生研学旅行是由教育部门和学校有计划地组织安排，通过集体旅行、集中食宿方式开展的研究性学习和旅行体验相结合的校外教育活动，是学校教育和校外教育衔接的创新形式，是教育教学的重要内容，是综合实践育人的有效途径。

教育部等 11 部门《关于推进中小学生研学旅行的意见》

《意见》将工作目标表述为：以立德树人、培养人才为根本目的，以预防为重、确保安全为基本前提，以深化改革、完善政策为着力点，以统筹协调、整合资源为突破口，因地制宜开展研学旅行。让广大中小学生在研学旅行中感受祖国大好河山，感受中华传统美德，感受革命光荣历史，感受改革开放伟大成就，增强对坚定"四个自信"的理解与认同；同时学会动手动脑，学会生存生活，学会做人做事，促进身心健康、体魄强健、意志坚强，促进形成正确的世界观、人生观、价值观，培养他们成为德、智、体、美全面发展的社会主义建设者和接班人。开发一批育人效果突出的研学旅行活动课程，建设一批具有良好示范带动作用的研学旅行基地，打造一批具有影响力的研学旅行精品线路，建立一套规范管理、责任清晰、多元筹资、保障安全的研学旅行工作机制，探索形成中小学生广泛参与、活动品质持续提升、组织管理规范有序、基础条件保障有力、安全责任落实到位、文化氛围健康向上的研学旅行发展体系。

《意见》在主要任务中强调：要将研学旅行纳入中小学教育教学计划。各中小学要结合当地实际，把研学旅行纳入学校教育教学计划，与综合实践活动课程统筹考虑，促进研学旅行和学校课程有机融合。学校要根据教育教学计划灵活安排研学旅行时间，一般安排在小学四到六年级、初中一到二年级、高中一到二年级，并根据学段特点和地域特色，逐步建立小学阶段以乡土乡情为主、初中阶段以县情市情为主、高中阶段以省情国情为主的研学旅行活动课程体系。《意见》还强调：要加强研学旅行基地建设。各地要根据研学旅行育人目标，依托自然和文化遗产资源、红色教育资源和综合实践基地等，建设一批安全适宜的中小学生研学旅行基地，并探索建立基地的准入标准、退出机制和评价体系。打造一批示范性研学旅行精品线路，形成布局合理、互联互通的研学旅行网络。各基地要将研学旅行作为重要的教育载体，根据小学、初中、高中不同学段的研学旅行目标，有针对性地开发多种类型的活动课程。

## 二、《中小学综合实践活动课程指导纲要》精神

2017 年 9 月 25 日教育部发布了《中小学综合实践活动课程指导纲要》(以下简称《指导纲要》)。《指导纲要》将研学旅行纳入了综

教育部关于印发《中小学综合实践活动课程指导纲要》的通知

合实践活动课程中,将其作为考察探究这一主要方式中的关键要素。这也呼应了《意见》中"把研学旅行纳入学校教育教学计划,与综合实践活动课程统筹考虑"的精神。

《指导纲要》对综合实践活动课程的课程性质描述如下:综合实践活动是从学生的真实生活和发展需要出发,从生活情境中发现问题,转化为活动主题,通过探究、服务、制作、体验等方式,培养学生综合素质的跨学科实践性课程。综合实践活动是国家义务教育和普通高中课程方案规定的必修课程,与学科课程并列设置,是基础教育课程体系的重要组成部分。该课程由地方统筹管理和指导,具体内容以学校开发为主,自小学一年级至高中三年级全面实施。这就明晰了综合实践活动课程是国家规定、地方统筹、学校自主开发的跨学科必修课程。

综合实践活动课程的课程理念为:课程目标以培养学生综合素质为导向、课程开发面向学生的个体生活和社会生活、课程实施注重学生主动实践和开放生成、课程评价主张多元评价和综合考察。

综合实践活动课程的总体目标为:学生能从个体生活、社会生活及与大自然的接触中获得丰富的实践经验,形成并逐步提升对自然、社会和自我之内在联系的整体认识,具有价值体认、责任担当、问题解决、创意物化等方面的意识和能力。

在总体目标之下,《指导纲要》还从价值体认、责任担当、问题解决、创意物化4个方面细化了小学、初中、高中三个学段的具体目标。对高中阶段具体目标中的价值体认方面,《指导纲要》进行了如下表述:通过自觉参加班团活动、走访模范人物、研学旅行、职业体验活动,组织社团活动,深化社会规则体验、国家认同、文化自信,初步体悟个人成长与职业世界、社会进步、国家发展和人类命运共同体的关系,增强根据自身兴趣专长进行生涯规划和职业选择的能力,强化对中国共产党的认识和感情,具有中国特色社会主义共同理想和国际视野。

《指导纲要》在课程内容选择和组织方面强调要遵循自主性、实践性、开放性、整合性、连续性原则。

《指导纲要》明确了综合实践活动的主要方式及其关键要素为:考察探究、社会服务、设计制作、职业体验。在诠释考察探究这一主要方式时,文件中有一段这样的表述:"考察探究是学生基于自身兴趣,在教师的指导下,从自然、社会和学生自身生活中选择和确定研究主题,开展研究性学习,在观察、记录和思考中,主动获取知识,分析并解决问题的过程,如野外考察、社会调查、研学旅行等,它注重运用实地观察、访谈、实验等方法,获取材料,形成理性思维、批判质疑和勇于探究的精神。考察探究的关键要素包括:发现并提出问题;提出假设,选择方法,研制工具;获取证据;提出解释或观念;交流、评价探究成果;反思和改进。"

《指导纲要》在课程规划部分进行了这样的表述:"中小学校是综合实践活动课程规划的主体,应在指导下,对综合实践活动课程进行整体设计,将办学理念、办学特色、培养目标、教育内容等融入其中。要依据学生发展状况、学校可利用的社区资源(如各级各类青少年校外活动场所、综合实践和研学旅行基地等)对综合实践活动课程进行统筹考虑,形成综合实践活动课程总体实施方案。"

### 三、政府文件对研学旅行的全新定位

通过学习《意见》和《指导纲要》可以看出,政府文件对研学旅行进行了不同以往的全新定位——不再将其定位为一种活动,而是一门课程。

2016 年《意见》出台以前,国务院、国家旅游局、教育部发行过的文件正文中"课程"一词极少出现。不同主体发行的文件中将研学旅行作为旅游活动或教育活动加以规约。如国务院下发的《国民旅游休闲纲要(2013—2020 年)》《关于促进旅游业改革发展的若干意见》、国家旅游局下发的《关于公布首批"中国研学旅行目的地"和"全国研学旅行示范地"》等文件将研学旅行作为教育旅游活动放在了旅游业发展的大盘子中,强调其在旅游产业中的作用发挥。教育部更关注研学旅行在中小学育人体系中的功能定位,所发布的《关于开展中小学研学旅行试点工作函》《我国基础教育新形势与蒲公英行动计划》《关于做好全国中小学生研学旅行实验区工作的通知》等文件无一不从学校教育的角度将研学旅行当成教育活动进行定位和规约。

2016 年年底教育部联合国家旅游局等共 11 个部门发布《关于推进中小学生研学旅行的意见》为标志,对研学旅行的定位开始发生变化。这种变化不仅表现为不再单纯、片面地强调研学旅行的教育性或游览性,而是认为研学旅行是教育与旅游的跨界融合,是"研究性学习和旅行体验"的结合。更为重要的是,不仅仅将研学旅行当成一种活动,而是作为一门要开发的课程加以规范。在《意见》中,"活动课程"一词频繁出现,如:"各中小学要把研学旅行纳入教育教学计划,与综合实践活动课程统筹考虑,促进研学旅行和学校课程的有机融合,要精心设计研学旅行活动课程。""根据小学、初中、高中不同学段的研学旅行目标,有针对性地开发自然类、历史类、地理类、科技类、人文类、体验类等多种类型的活动课程。教育部将建设研学旅行网站,促进基地课程和学校师生间有效对接。"

2017 年 9 月 2 日教育部发布的《指导纲要》中十分明确地将研学旅行归为综合实践课程,这进一步强化了"活动课程"的概念。

政府文件对研学旅行的全新定位给中小学的教学实践指明了方向——研学旅行要进行活动课程化,即以课程的视角对研学旅行进行定义,并将研学旅行活动课程纳入学校课程体系之中。

## 第二节　研学旅行与综合实践
## 活动课程之间的关系[①]

### 一、研学旅行是综合实践活动课程的组成部分

#### (一)研学旅行符合综合实践活动课程的基本理念和特征

从基本理念上来看,研学旅行并非一般意义上的旅行活动,而是学校组织的,有目的、

---

① 冯新瑞.研学旅行与综合实践活动课程[J].基础教育课程,2019(20):7-12.

有计划的集体旅行式的教育活动,是在真实情境下以研究性学习的方式来完成的旅行体验,和综合实践活动课程基于学生的真实生活、以研究性学习为主导方式实施课程的基本理念是一致的,都注重体验和探究,都是为了让教育回归到"知行合一"的本质上。

从活动或课程目标看,二者都是以培养学生综合素质为导向,强调学生综合运用各学科知识,认识、分析和解决现实问题,提升综合素质,发展核心素养。

从活动或课程开发内容来看,二者都具有开放性,引导学生从个体生活、社会生活或与大自然的接触中提出具有教育意义的活动主题,使学生获得关于自我、社会、自然的真实体验,促进书本知识和生活经验的深度融合。

从活动或课程实施方式来看,二者都注重学生主动实践和开放生成,要求学生主动参与并亲身经历实践过程,体验并践行价值信念;从活动或课程评价方式来看,二者都主张评价和综合考察,提倡多采用质性评价方式,对学生的活动过程和结果进行综合评价。

### (二)研学旅行是综合实践活动课程实施的一种形式

研学旅行作为推进素质教育的一项新措施,其价值追求和基本理念与综合实践活动课程相一致,是综合实践活动课程的有机组成部分。

《指导纲要》没有规定综合实践活动课程的具体内容,而是把综合实践活动课程概括为考察探究、社会服务、设计制作、职业体验4种主要活动方式。其中,在考察探究活动方式下又列举了野外考察、社会调查、研学旅行等活动形式。可见,研学旅行作为考察探究活动的形式之一,是让学生在与社会和大自然的接触中用研究性学习的形式进行旅行体验的,符合考察探究活动"从自然、社会和学生自身生活中选择和确定研究主题,开展研究性学习"的精神。研学旅行可以按照课程的基本要素进行校本化的设计和实施,这也是提升研学旅行活动质量的根本保证。

### (三)将研学旅行置于综合实践活动课程中的现实意义

按照《意见》规定,研学旅行是一种校外教育活动。校外教育活动通常只能在节假日或放学后进行,很少有机会在正常上课时间开展,而综合实践活动课程是国家必修课程,可以在课内外及校内外开展。研学旅行被纳入综合实践活动课程后就成为国家课程的一部分,可以在正常的上课时间开展。从这个意义上讲,研学旅行放在综合实践活动课程中不是像某些人误解的被弱化了,恰恰相反是被强化了。反过来讲,将研学旅行置于综合实践活动课程中,也给综合实践活动课程增添了新的思路和活力,进一步巩固和加强了综合实践活动课程建设,丰富和发展了综合实践活动课程理论和实践,促使人们进一步认识这类课程在由应试教育向素质教育推进中,在中小学社会主义核心价值观培育和践行中将发挥不可替代的作用。

## 二、研学旅行丰富和发展了综合实践活动课程

研学旅行作为综合实践活动课程的有机组成部分,在活动空间、活动形式和活动内容

等方面大大丰富和发展了综合实践活动课程。

## （一）研学旅行拓展了综合实践活动课程实施的空间

综合实践活动课程一直以来也在倡导学生要走出学校、走向自然、走向社会开展实践活动，但学校在实施的时候为保障安全，更多依赖的还是校内或周边社区的资源开展活动。而研学旅行必须在校外的旅行体验中开展活动，这样学生就必须离开学校甚至是到外地去考察探究，这就大大拓展了综合实践活动的实施空间和实施范围。学生不仅可以考察探究其他地方的特色资源，还可以考察探究其他地方的自然、人文、科技等资源。教育空间的丰富并不是指单纯数量多的自然空间或者社会空间，而是指空间中的任意一处都需要赋予内在意义或者重新经过适宜的设计，使教育价值蕴含其中，同时能适应不同学生、不同学校和地区的实际情况，即空间教育性的丰富，进而拓展多元化的研学旅行实施模式①。因此，要充分挖掘不同地域特色的教育资源，将其广阔的自然风光和丰富的历史文化遗产、红色教育资源和综合实践基地、工矿企业和知名院校、科技馆等场所作为让学生亲近自然、开阔眼界、增长知识、了解国情的载体，进行研学旅行课程化的设计。

## （二）研学旅行增加了综合实践活动课程实施的形式

虽然我国的研学旅行可以追溯到古代的"孔子周游列国"，近代的"海外修学旅游"，但新中国成立后，中小学生通过旅行的形式进行学习在国内的教育发展史上并不多见，尤其是以国家教育政策文件的形式来规定学校实施此项活动更是前所未有。在研学旅行的开展过程中，"研学"和"旅行"两大基本要素缺一不可，"研学"在综合实践课程中无处不在，但"旅行"却很罕见，学生对去外地旅行充满了期待和好奇，会极大地调动他们参与考察探究的积极性和主动性。研学旅行可称为"行走的课堂"，在操作层面极大地丰富了综合实践活动课程的实施样式，给综合实践活动课程注入了新的生机和活力，必将推动综合实践活动课程的发展。

## （三）研学旅行丰富了综合实践活动课程的教育内容

在研学旅行中，学生要用"集体旅行"这种特殊的形式进行学习，旅行过程本身和在学校的日常学习生活有很多不同之处，由此也带来了很多与"集体旅行"这种独特形式相关的教育内容，这些内容除了能使学生增长见识、丰富阅历、树立"四个自信"外，旅行过程中，教师可以引导学生参与集体食宿、注意人身安全、遵守社会规则、讲文明礼貌、注意保护环境等，这些都是安全旅行和文明旅行要注意的问题，是学生综合素质提升的重要内容。研学旅行是在真实情境下开展生活自理能力教育、安全教育、公共道德教育、环保教育等诸多主题教育的最好时机，学校要抓住这些教育契机，让学生参与研讨、制定规则、分工合作、自我管理，充分发挥学生的自主性，提高教育的时效性。

---

① 刘璐,曾素林. 国外中小学研学旅行课程实施的模式、特点及启示[J]. 课程·教材·教法,2018,38(4)：136-140.

### 三、研学旅行不能取代综合实践活动

近几年,随着研学旅行的推进,有些学校为了赶时髦、尝新鲜,把正常开设的综合实践活动课程用研学旅行来代替,这样的做法不值得提倡。仅靠研学旅行难以全面落实综合实践活动课程的目标。

《纲要》指出,综合实践活动课程的总目标是让学生从个体生活、社会生活及与大自然的接触中获得丰富的实践经验,形成并逐步提升对自然、社会和自我的内在联系的整体认识,具有价值体认、责任担当、问题解决、创意物化等方面的意识和能力。综合实践活动课程的这些目标是需要通过综合实践活动的多个主题、多种活动方式整体设计、综合实施来达成的,并非一个主题或一种活动方式所能实现。研学旅行只是综合实践活动 4 种基本活动方式中考察探究活动下的一种活动形式,它强调学生在旅行中进行学习体验,对学生形成积极的价值体认和一定的责任担当意识有很重要的作用。但是,旅行中,学生真正能自主探究和设计制作的空间和时间有限,没有更多的机会提高自身问题解决和创意物化能力。这显然无法达成综合实践活动课程的总目标。

研学旅行的课程化建设还不完善,理论研究跟不上,多方支持的保障机制还不够健全,"重游轻学"的现象普遍存在,研学旅行还远未达到预期的目标。这种情况下,更不能用研学旅行来取代综合实践活动课程。

**拓展阅读**

研学旅行设计初衷是给学生充分的体验,不追求任务的完成与满满的活动安排,重要的是怎样将教育的意图巧妙地潜藏起来以培育学生的自主能力为主要目的。研学旅行是围绕某个(类)话题,聚焦某个(类)主题,注重学生体验、创造的综合性文化实践活动,是基础教育课程体系中综合实践活动课程的组成部分[①]。

## 第三节　研学旅行课程化的意义

课程是学校教育的核心,是规范教育教学行为的载体。"每一次教育改革,最终必然要深化、落实到课程这个核心问题上。倘若没有课程,教育便没有了借以传递其要旨、转达其意义、传播其价值观的媒介物或工具"。[②] 广义的课程是指"学生在学校和其他场所学习的全部内容与经历",课程主要由"目标、内容、结构、实施、评价"等要素组成。

我国自 2001 年教育部颁布的《全日制普通高级中学课程计划(试验修订稿)》中开始将研学作为综合实践活动板块的一项内容,随后颁布了《国民休闲旅游纲要》和《关于推

---

① 刘继玲.对研学旅行的理解及课程建设的几点思考[C].国家教师科研专项基金科研成果(十三):国家教师科研基金管理办公室,2017:310-311.

② 菲得浦·泰勒,科林·理查兹.课程研究导论[M].王伟廉,高佩,译.北京:春秋出版社,1989.

进中小学生研学旅行的意见》都传达了研学旅行与综合实践活动课程统筹发展的理念。在《意见》的新闻发布会上,教育部基础教育司司长吕玉刚特别强调,"研学旅行不是旅游,要有课程设计",并提出要对研学旅行的意义、目标、原则、途径、组织等方面做出全面部署。

研学旅行活动具有课程的特征和价值。首先,研学旅行具备的自主性、实践性、探究性等特征与综合实践活动课程的理念一脉相承,其次,研学活动打破了传统学校课程的框桎,深入到校外,通过学生的自主参与、动手实践等方式,发展学生的生活技能、集体观点、创新精神和实践能力,承载着基础教育阶段素质教育的重任。

为此,以课程来落实研学旅行,教育价值是显然的。只有通过课程化的规范发展,才有可能实现研学旅行活动的长足推动,这也是避免研学旅行实践过度随意和安排无序等问题的一种必要探索。随意者表现得像一般"春秋游",以"行走"和"观、听"为主,为完成社会实践活动的任务而已,对于一项教育活动如同课程一样的全要素体现却没有顾及。无序者缺少根据认知规律的流程设计与安排,以及没有按不同季节、不同区域、不同主题的系统设计。为此,如果要增强研学旅行的教育价值,就需要按课程的质性要求并针对一定的区域或主题,设计目标明确、科学可持续的研学旅行课程体系,这是落实研学旅行教育价值的需要,是深入推进中小学研学旅行工作的重要任务。

# 第四节　研学旅行课程设计和实施的政策依据和支撑[①]

研学旅行课程开发和实施是基础教育发展的客观需要与历史发展的必然,基础教育课程改革、高考改革、中考改革和中国学生核心素养的推出,是研学旅行的主要政策基础。

## 一、基础教育课程改革为研学旅行课程提供了基本定位

始于21世纪初的基础教育课程改革在小学、初中、高中各个学段轰轰烈烈地展开,其终极目标是促进学生全面而富有个性地发展,这是对原有的以升学、考试和知识传授为核心的应试教育的一种革命性变革,涉及的内容主要包括学习领域的变革、教学方式的变革、评价内容的变革等。

在学习方式变革中,新课程改革积极倡导"自主、合作、探究"为主的学习方式。新课程改革中的学习方式定位,决定了研学旅行课程实施中的学习方式定位,那就是,研学旅行课程一定不能成为教师导游式的灌输讲解过程和文化知识的学习记忆过程,而应该成为学生自主学习过程、小组合作学习过程,以及研究性学习过程。这应该也是研学旅行为什么要在"旅行"之前加上"研学"两字的重要原因。

---

① 朱洪秋.研学旅行课程的政策基础、理论依据与操作模型[J].中小学德育,2017(9):20-21.

## 二、高考、中考改革为研学旅行课程提供了动力支持

高考改革(以下称为"新高考")从 2014 年开始启动,2017 年全面推进,到 2020 年基本建立中国特色现代教育考试招生制度,形成分类考试、综合评价、多元录取的考试招生模式,健全促进公平、科学选才、监督有力的体制机制,构建衔接沟通各级各类教育、认可多种学习成果的终身学习"立交桥"。新高考把促进学生健康成长成才作为改革的出发点和落脚点,扭转片面应试教育倾向。与此相应地,其内容改革也以增强基础性、综合性为原则,着重考查学生独立思考和运用所学知识分析问题、解决问题的能力。新高考的改革方向,为中小学校积极开发和践行研学旅行课程提供了动力支持。2016 年 9 月,教育部出台了关于进一步推进高中阶段学校考试招生制度改革指导意见。意见提出的改革目标是,到 2020 年左右初步形成基于初中学业水平考试成绩、结合综合素质评价的高中阶段学校考试招生录取模式和规范有序、监督有力的管理机制,促进学生全面发展,维护教育公平。综合改革试点从 2017 年之后入学的初中一年级学生开始实施。试点之外的其他地区,可以继续按照现行的招生录取方式进行招生。中考改革(简称"新中考")对课程标准的修订、综合实践活动和综合素质评价的强化,必将引起中小学校对研学旅行这一新型育人方式的高度重视。随着课程改革的不断深化,综合实践活动课程的地位越来越受到重视。此外,中考改革还进一步推动了基础教育课程改革的深化。2015—2016 年,北京市接连修订中小学课程计划。在新的课程计划中,要求每个学科要有 10% 的实践性内容,这些课程内容应该到社会大课堂中去体验、去学习。

## 三、中国学生发展核心素养为研学旅行课程提供了育人目标

中国学生发展核心素养是 2016 年以来最热的教育关键词之一,它将对我国中小学教育改革发挥重要的导向功能。所谓学生发展核心素养,主要指学生应具备的、能够适应终身发展和社会发展需要的必备品格和关键能力。中国学生发展核心素养以科学性、时代性和民族性为基本原则,以培养"全面发展的人"为核心,分为文化基础、自主发展、社会参与三个方面,综合表现为人文底蕴与科学精神、学会学习与健康生活、责任担当与实践创新六大素养,具体细化为国家认同、国际理解、社会责任,人文积淀、人文情怀、审美情趣,理性思维、批判质疑、勇于探索,乐于学习、勤于反思、信息意识,珍爱生命、健全人格、自我管理,劳动意识、问题解决、技术应用 18 个基本要点。中国学生发展核心素养的提出,强调了全面发展这个核心,是落实立德树人根本任务的一项重要举措,是适应世界教育改革发展趋势、提升我国教育国际竞争力的迫切需要,也为研学旅行提供了育人目标依据。

### 研学旅行契合学生核心素养培育的主题要义[①]

**一、研学旅行夯实学生文化基础**

《中国学生发展核心素养报告》指出：文化基础重在强调学生能习得人文、科学等各领域的知识和技能，掌握和运用人类优秀智慧成果，涵养内在精神，追求真善美的统一，发展成为有宽厚文化基础、有更高精神追求的人。文化基础夯实的着力点体现在人文底蕴和科学精神两大核心素养上。研学旅行是通过组织学生集体旅行、集中食宿的方式走出相对封闭的校园，走进丰富多彩的自然世界和社会生活，去了解、感受乡土乡情、县情市情、省情国情；感受祖国大好河山，感受中华传统美德，感受革命光荣历史，感受改革开放伟大成就等。通过活动，让学生能在旅行的过程中陶冶情操，增长见识，体验不同的自然和人文环境，提高学习兴趣，提升中小学生的人文底蕴。此外，研学旅行中的"研学"，是学生基于自身兴趣，在教师指导下，从自然、社会和学生自身生活中选择和确定研究专题，主动地获取知识、应用知识、解决问题的学习领域。研究性学习强调学生通过实践，增强探究和创新意识，学习科学方法，发展综合运用知识的能力。在通过旅行的方式开展研究性学习的过程中，学生的理性思维、批判质疑和勇于探究的精神品质得以彰显和提升。

**二、研学旅行促进学生自主发展**

自主发展重在强调学生能有效管理自己的学习和生活，认识和发现自我价值，发掘自身潜力，有效应对复杂多变的环境，发展成为有明确人生方向、有生活品质的人，从而成就精彩人生。学生自主发展目标的实现需要依托学会学习和健康生活两大核心素养的培育来完成。研学旅行直面学生的现实生活，倡导学生通过生活来获得教育。正如伟大的人民教育家陶行知先生所说："没有生活做中心的教育是死教育。没有生活做中心的学校是死学校。没有生活做中心的书本是死书本。"字里行间透视出生活与教育及人的发展之间的关系，教育是基于生活并为人的健康生活和意义生存护航的。研学旅行让学生走出校园，走进鲜活的生活中去，通过自我管理、自我规划、自我约束等自主方式开展学习，对学生自我管理能力的培养及健全人格的修习具有重要的价值。在学习方式上，学生摆脱了纯粹书本学习的束缚，学习伴随着活动自然进行，自然世界的丰富多彩、社会生活的五彩缤纷内在地驱动着学生去探究、追问，学习的兴趣油然而生，自主学习占据主导，此时，学生的学习超越了学会的层面，走向会学、乐学的更高境地。可以说研学旅行很好地契合了核心素养中学会学习的主题要义。

**三、研学旅行推动学生社会参与**

社会参与重在强调学生能处理好自我与社会的关系，养成现代公民所必须遵守和履行的道德准则和行为规范，增强社会责任感，提升创新精神和实践能力，促进个人价值实现，推动社会发展进步，发展成为有理想信念、敢于担当的人。学生社会参与集中体现在责任担当和实践创新两大核心素养上。研学旅行过程中的山水游览、文化体

① 吴支奎,杨洁.研学旅行：培育学生核心素养的重要路径[J].课程・教材・教法,2018,38(4)：126-130.

验、民俗体验等将极大地促进学生对祖国文化、传统和山水的热爱,激发其爱国、爱乡情怀。正如顾明远先生所言,研学旅行是让学生走出学校、走向大自然、走向社会、走向世界,是拓展学生视野、增进学识、锤炼意识的好举措,也是让学生了解认识祖国的魅力山河、中华民族优秀文化传统的好方式。学生通过研学旅行,瞻仰革命圣地,考察社会民情,走进博物馆、博览会,用眼睛去观察,用心灵去感受祖国大好河山的壮丽,体会华夏文明的博大精深,了解祖国改革开放取得的伟大成就,在潜移默化中激发学生对祖国的眷恋之情,增强学生的民族自尊心、自信心和自豪感。研学旅行中的所闻所见能够深深鼓舞学生的斗志,激励学生担当责任。同时,学生通过研学旅行,可以在参与社会实践过程中应对各种挑战,在问题解决中不断提升实践创新能力。

综上所述,研学旅行在文化基础、自主发展和社会参与三个方面对学生核心素养有着积极的作用。随着我国经济和旅游业的快速发展,在国家层面,2016年教育部等11部门联合发布的《意见》将研学旅行纳入中小学教学计划,研学旅行在全国中小学已经逐步开展,研学旅行基地的建设,研学旅行课程开发、实施模式和保障体系也在发展和完善,有力地促进了中小学生核心素养的培养,推动了我国素质教育改革的发展。

# 第五节　研学旅行课程化的理论基础

《意见》要求各中小学要结合实际,把研学旅行纳入学校教育教学计划,与综合实践活动课程统筹考虑,促进研学旅行和学校课程有机融合,精心设计研学旅行活动课程,做到立意高远、目的明确、活动生动、学习有效,避免"只旅不学"或"只学不旅"。由此可见,研学旅行是研学和旅行的结合,是学校教育和社会教育的结合,是学科课程和实践课程的结合。为了让研学旅行有目标、成体系、收实效,我们应该强化其课程属性。课程理论、生活教育理论、建构主义理论、多元智能理论等从不同的视角对研学旅行"活动课程"属性给予支持,应成为研学旅行课程开发和实施的理论依据。

## 一、课程理论

### （一）以泰勒为代表的现代课程理论[①]

泰勒是美国著名教育学家、课程理论专家、评价理论专家,现代课程理论的重要奠基者,也是科学化课程开发理论的集大成者,被誉为"当代教育评价之父""现代课程理论之父",其《课程与教学的基本原理》被誉为"现代课程理论的圣经"。泰勒在《课程与教学的基本原理》一书中开宗明义地指出,开发任何课程和教学计划都必须回答四个基本问题。

（1）学校应当试图达到什么教育目标。泰勒认为教育目标主要有三个来源:对学

---

① 夏婧.现代课程理论的圣经——"泰勒原理"[J].天津市经理学院学报,2013(5):99-100.

习者本身的研究,对校外当代生活的研究,学科专家对目标的建议。

(2)如何选择可能有助于达到这些目标的学习经验。泰勒提出了选择学习经验的一般原则:为了达到某一目标,学生必须具有使他有机会实践这个目标所隐含的那种行为的经验,学习经验必须使学生由于实践目标所隐含的那种行为而获得满足感,学习经验所期望的反应,是在学生力所能及的范围之内的。即学习经验应该适合于学生目前的成就水平和心理倾向等方面的条件。

(3)怎样有效组织这些教育经验。在编制一组有效地组织起来的学习经验时,必须符合三项主要准则:连续性、顺序性、整合性。

(4)如何评价学习经验的有效性。评价方法与教育目标必须相符合才能使评价的结果有效。其中,确定目标是最为关键的一步,因为其他所有步骤都是围绕或紧随目标陈述的。所以,泰勒用了全书将近一半的篇幅来论述如何确定目标。

泰勒的现代课程理论作为西方课程理论的主导范式,揭示了课程编制的四个阶段:确定目标、选择经验、组织经验、评价结果,是现代课程论最有影响的理论构架,对我国课程理论研究和实践工作具有重要的借鉴意义。泰勒现代课程理论具有预设性、控制性、封闭性、操作性的特点,泰勒课程原理应成为研学旅行课程设计与实施的基本理论依据。

拓展阅读

## 目标模式在具体课程设计中存在的弊端

(1)坚持价值中立的立场,将教育活动化为训练活动。教师、学生的一切活动都只是围绕预定的行为目标进行和展开,限制了师生主动参与的意识和自主性活动的热情。

(2)遵循工业系统管理技术原理规划课程设计程序,引入一种物化机理于教育过程,导致了教育加工中的人性扭曲。

(3)只关注预设的教育目标的达成度,漠视非预设的或伴随性的学习成果,歪曲了课程的本质和功能。

(4)过分强调可测的教育目标,并将外显的教育目标予以原子化的分类和分层,造成学校课程设计过程中的机械主义及课程内容组织中的支离破碎状况。

(5)工具化的知识观与社会效用标准观,使课程扮演着社会适应及社会控制的手段之角色,对社会文化的批判、改造及重建缺乏责任意识和使命感。无论怎样,泰勒原理诞生后,在课程研究领域产生了广泛的影响,它是久久不能被超越的。它所概括出的课程编制的四个基本步骤为广大课程工作者所接受。直到今天,课程编制的基本模式还没有完全超出泰勒确立的框架。尽管有些学者的研究又进一步细化了这四个步骤(美国课程学者塔巴在这一模式基础上将课程编制的程序细化为七个步骤),但基本精神是完全一致的。因此,就目前情况来看,泰勒提出的课程编制的基本程序仍是基本适用的①。

---

① 夏婧.现代课程理论的圣经——"泰勒原理"[J].天津市经理学院学报,2013(5):99-100.

## （二）以多尔为代表的后现代课程理论[①]

20世纪70年代以来，随着后现代主义思潮影响的不断扩展，以多尔为代表的后现代主义课程观在批判以泰勒为旗帜的现代主义课程观的基础上异军突起。多尔批判泰勒模式把课程的重点放在课程目标的选择上，导致一种预定的目标。课程评价只关注目标是否得以实现，对于目标的适宜性则不关注。预先选择的目标作为目的提升到过程之上或外在于过程本身。多尔批判泰勒模式充斥着教育本质的工具主义或功能主义的观点，在此教育不是自己的目的，并非来自自身；它指向外在的目标并受其控制。多尔的后现代主义课程具有生成性、开放性、对话性、选择性的特点，顺应了人本化、个性化时代的特点和需求，是对泰勒现代课程理论的一种发展和补充，也是研学旅行课程个性化、人本化的重要理论依据[②]。

**拓展阅读**

多尔提出的后现代课程理论突出课程的个性化、互动性、生成性与创造性，为研学旅行课程建构提供了一种研究范式。多尔在教学目标、课程内容、课程组织、教学过程以及教学评价中都做出了重要的阐述。在教育目标上，后现代课程理论认为教学目标不应该预先设定，预先设定的目标反而会约束教师和学生创造力的发挥。研学旅行过程中学生接触到丰富多彩的事物，课程实施的不确定因素很多，在确保预定目标完成的情况下，注重旅行中生成性的目标，使教与学随情境、时间的变化而变化。在课程内容与课程组织上，多尔认为要有多种可能性或多重解释，要有"适量"的不确定性、异常性、模糊性；在教学过程中，后现代课程理论注重情境化的教学，在情境中教师和学生是平等的，师生参与的是一种对话、转变与反思的教学过程；在课程评价上，强调评价标准的多元性、动态性、模糊性，评价结果是下一步教学的反馈。在研学旅行开放性的课程中学生观看到同样的事物，但是每个人的观察点可能不尽相同，使学生对事物的认识存在差异。因此在建构课程中要注意考虑多方面的因素，使课程具有丰富性，改变单一学科的知识点教学，重视不确定性、师生充分互动的课程实施过程，同时注重课程评价，发挥评价的反馈与修正作用[③]。

## （三）以杜威为代表的活动课程论

杜威是20世纪著名的教育理论家和教育实践家，他依据自己独特的哲学观、心理学观和社会观，建立了实用主义教育理论体系，其中他的活动课程论是这一理论体系的突出表现。他针对传统教育的弊端，提出了"社会中心""儿童中心""活动中心"的教育原则，这些原则深入到他的课程论中，对20世纪的课程理论和实践产生了深远的影响。

---

① 王友缘.课程：从现代到后现代的历险——在泰勒与多尔之间[J].学前课程,2009(5)：11-13.
② 朱洪秋.研学旅行课程的政策基础、理论依据与操作模型[J].中小学德育,2017(9)：20-23.
③ 王万燕.基于核心素养的中学地理研学旅行课程建构研究[D].济南：山东师范大学,2018.

活动课程论的核心观点是重视儿童兴趣与需要的课程观,坚持探究性活动课程形式的课程观,儿童、知识和社会相统一的课程观,改造学科课程的活动课程观。

杜威提出,活动课程教学的过程乃是培养"思维的习惯"的过程,活动课程的教学应按照暗示、问题、假设、推理、检验这5步来指导儿童,只有这样,儿童的探究能力才能获得发展。他在《民主主义与教育》中,论述了活动课程教学中5个步骤的具体要求:教学法的要素和思维的要素是相同的。这些要素就是:第一,学生要有一个真实的经验的情境——要有一个对活动本身感兴趣的连续的活动;第二,在这个情境内部产生一个真实的问题,作为思维的刺激物;第三,他要占有知识资料,从事必要的观察,研究这个问题;第四,他必须负责一步一步地展开他所想出的解决问题的方法;第五,他要有机会通过应用来检验他的想法,使这些想法意义明确,并且让他自己去发现它们是否有效。[①] 这是一种"从活动中学"的教学步骤,在"活动"中思维,通过思维提出和解决问题,在"活动"中验证所获得经验的有效性。

拓展阅读

### 杜威活动课程论思想的主旨[②]

杜威推崇的课程是以儿童本身的社会活动为中心的课程,即"活动课程"。活动课程理论的主旨主要包括以下三个方面。

**一、以儿童为中心**

杜威认为,在教育中有机体的机能或行动是儿童的兴趣或冲动,兴趣是任何有目的的经验中各种事物的动力。他的课程时刻注意以儿童为中心,教材要适合儿童的实际,使儿童能理解选用。杜威十分重视兴趣在活动中的意义。他指出,教师设计活动必须从儿童的兴趣出发,如果在外部压力或强制的情况下进行活动,并不带有任何意义,也就违背了综合实践活动的出发点。在杜威的理论中学生的主体地位是绝对的。杜威提出:"学校课程中相关的真正中心,不是科学,不是文学,不是历史,而是儿童本身的社会活动。"儿童就是在各种活动(包括园艺、木工、金工、烹饪、缝纫、编织)中,以"做中学"——游戏、活动、操作、研究、交往等方式来获得经验。因此,从这个最基本的理念出发,我们对教育活动中教师和儿童的各自作用的看法就应该有别于传统教育。传统的分科课程重视系统化知识的教学,在教育活动中教师有顺序地由浅入深地传授知识,因此主要由教师唱主角,儿童像观众,而在活动课程中重视儿童经验的获得,在教育活动中儿童唱主角,教师是剧务,教师要根据儿童在活动中的需要提供相应的道具,因而成为儿童学习的"合作者、帮助者和引导者"。教师要尊重儿童,需要指出的是这种尊重绝非放任自由。杜威指出,"如果你放任这种兴趣,让儿童漫无目的地去做,那就没有生长,而生长不是出于偶然,他并不主张成人指导的自由放纵"。

---

① 赵祥麟,王承绪.杜威教育论著选[M].上海:华东师范大学出版社,1981.
② 李学丽.杜威的活动课程论对综合实践活动的启示——三中心教育原则视角下[J].当代教育科学,2010(4):10-12.

二、以社会为中心

基于学校即社会的观点,杜威所设置的课程结构是一个社会性的开放的结构,他所选择的教材内容都是与社会科学生活密切联系的,杜威主张把既符合儿童的能力和兴趣,又体现着社会现实等情境的纺织、烹饪、缝纫、园艺、木工制作等引入学校的课程,使每所学校都成为一个雏形的社会。同时,他认为学校各门学科如语文、算术、历史、地理等都是人类种族的经验,而儿童的经验中也包含着组织到各学科中去的那些因素——事实和真理。所以儿童和课程是"构成一个单一的过程的两极,正如两点构成一条直线一样,儿童现在的观点以及构成各种科目的事实和真理,构成了'教学',在这里,儿童是起点,课程是终点,只要把教材心理化,即把各门学科的教材或知识部分恢复到最初的经验状态,并将其引入儿童生活,让儿童直接体验,就能把两点联接起来。"杜威是要把学校变成一个雏形的小社会,社会上有什么职业,学校就设置什么课程、作业,学校将成为一个生活的真实形式,而不仅仅是学习功课的场所。至于选择何种课程的内容,杜威提出了"活动作业"的概念,他主张:"学校课程的内容应当注意到从社会化生活的最初不自觉的统一体中分化出来。"儿童学习的不应该是那些成人化、逻辑化的枯燥无味的教材,而应是那些符合儿童心理发展阶段、生动有趣、能发挥儿童个性的具体活动,这就是杜威所提倡的活动作业,这种作业是指:"儿童的一种活动方式,它重演某种社会生活中进行的工作,或者同这种工作相平行。"活动作业的类型包括以下几个方面:家庭技艺,如缝纫烹饪等;手工训练及工场作业,如木工、园艺等;模拟日常生活,如邮局、商店等。容易看出,活动作业实质上是一种综合课程的形式。

三、以活动为中心

杜威认为"儿童中心"和"社会中心"是紧密联系并高度统一的,在儿童与社会中有一个连接的共同要求——活动,活动使"儿童中心"和"社会中心"得以联合,可以说"活动中心"是"儿童中心"的进一步延伸。在杜威看来,无论是从经验论考虑,还是从心理学考虑或从社会角度考虑,活动都是儿童认识世界的最主要特征。儿童通过活动学习,获得经验,培养兴趣,解决问题,锻炼能力。它又可分为5个阶段:情境——学生要有一个对活动本身感兴趣的连续的活动;问题——情境内部产生一个真实的问题,刺激思维;假设——观察如何解决这个问题;推理——展开他所想解决问题的方向加以推敲;验证——用行动来应用和检验他的观念。学生通过这5个阶段的学习,来获取知识和经验,培养动手操作能力和创造力。杜威认为活动应该唤起儿童的新的好奇心与求知欲,应该把儿童的思想引向一个新的境界,否则,无论活动是多么令人惬意,也是毫无价值的,他认为有的即时性活动依靠一时的怪想和偶发事件,来发泄过剩的精力,并且这些活动彼此毫不相关。杜威认为这种琐碎的活动,除了娱乐外,不会有很大的效果。另外按照明确的指示和命令进行活动或复制现成的模型,不允许有所更改的活动,或在活动中选择不准有发生错误机会的材料和工具等,也不会有很大的效果。这些活动不能锻炼学生的判断力、选择能力,限制儿童的首创精神。杜威主张"从做中学",即把获取主观经验作为确立教材、教法和教学过程的基本原则。他认为应先教学生去"做",而不是去"学"。

四、对今天的启示

杜威的"活动课程论"不仅影响了20世纪的课程理论和实践,还对我们今天中小学课程改革中如何设计和开展活动课程有十分重要的启示①。

（1）活动课程的设置必须为学生创设丰富的问题情景，而这些情景能激发学生的兴趣，让兴趣去引导学生发现问题，促进学生的求知欲。

（2）活动课程的设计要将学生的需要列为一项重要的依据，活动课程的组织也要侧重于符合学生的心理序列。这就要求教师能考察学生的不同发展阶段的身心发展的特征、心理发展水平，根据这些内容科学地设计活动课程的内容。

（3）活动课程的设计要避免沦于形式化。为了"活动课"而活动，不能在教学过程中给学生以"引起思维"的情境、忽略对儿童思维的引导，不顾儿童的需要、仅仅为了应付活动课程的开展而设计的活动课程，在今天的教育实践中并不少见。它的后果也是显而易见的，如教师麻木指导对学生提出要求，学生则提不起兴趣机械操作。

（4）要学习杜威提出的"教学五步法"的思想内核，合理地设计活动课程的开设步骤。杜威的"儿童、知识和社会相统一的课程观"提出要立足于儿童、知识和社会内在统一的基础来设计课程。这启示着我们在设计活动课程的时候，既要注意儿童的兴趣、特点和发展要求，又要注意活动课程的知识性，还要把社会要求结合到活动课程的设计中去。

## 二、生活教育理论②

陶行知的生活教育理论主要包括"生活即教育""社会即学校""教学做合一"三方面内容。什么是"生活即教育"？陶行知指出，"生活教育是生活所原有，生活所自营，生活所必须的教育"。"从定义上说，生活教育给生活以教育，用生活来教育，为生活向前向上的需要而教育。"他还指出，"过什么生活便是受什么教育；过好的生活，便是受好的教育，过坏的生活，便是受坏的教育"。何谓"社会即学校"？陶行知认为，"整个社会活动，就是我们教育的范围"。"到处是生活，即到处是教育；整个的社会是生活的场所，亦即教育之所。因此，我们又可以说，'社会即学校'。"他还形象地比喻说：封闭的学校教育，就好像把一只活泼的小鸟从天空里捉来关在笼子里一样……这种教育在学校与社会中间造成了一道"高墙"，把学校教育与社会生活隔开了。"教学做合一"是"生活即教育"在教学方法问题上的具体化。陶行知说："教学做合一是生活法，也就是教学法。它的含义是：教的方法根据学的方法，学的方法根据做的方法。事怎样做就怎样学，怎样学就怎样教。教与学都以做为中心。"陶行知的"教学做合一"主张，是针对当时国内教育界普遍存在的以"教"为中心的现象提出的。陶行知反对以"教"为中心，反对以文字书本为中心的读死书、死读书、读书死的做法，这就从教学方法上改变了教、学、做分离的状态，克服了书本知识与生活实践脱节、理论与实际分离的弊病，收到了使学生增长知识、提高能力、完善素质的良好效果。陶行知先生的生活教育理论是研学旅行的理论依据之一，它要求研学旅行课程要坚持生活化、社会化、体验化的方向，还要克服研学旅行课程学科化、知识化的倾向。

---

① 朱安安.杜威的活动课程论及其启示[J].华南师范大学学报(社会科学版),2003(5): 133-135.
② 朱洪秋.研学旅行课程的政策基础、理论依据与操作模型[J].中小学德育,2017(9): 20-23.

## 三、建构主义理论

建构主义理论作为一种教育哲学,对当前的教育改革具有重要的指导意义,对当前的教学方式也产生了重要的影响。

在知识观上,建构主义强调知识的动态生成性,认为学习发生的过程是学习者通过对客体的信息加工而主动建构的,而知识建构是基于自身原有的知识经验的。因为每个学生的经验背景、思考模式不同,因此不能对学习者做共同起点、共同背景通过共同过程、达到共同目标的假设。在特定情境下的学习历程中学生可以按照自己对事物的理解建构对客体的认识,具有个性化、情境化的特点。在学习观上,建构主义强调以学生为中心,学生不是被动的知识"填鸭"对象,而是通过自身积极的自我管理与调节进行信息加工与意义建构,不断对新旧知识进行同化和顺应的过程。

在学生观上,建构主义认为学生不是空着脑袋进入学习情境的,学生是生活中的人,教师不能无视学生头脑中已有的知识经验;学生是独特的个体,对事物的看法与观点具有不同的观点,同时学生也是主动发展的个体,在教师的引导下学生能够实现自身的发展。

师生定位上,建构主义认为教师不是知识的传授者,而是学习过程的指导者、激励者、学生建构知识的忠实支持者。教师要通过创设理想的学习环境,激励学生运用原有的知识经验,促成知识经验的整合、组织与转化,构建知识意义与思维网络。

建构主义重视支架式、抛锚式教学,注重在学习支架和真实性问题中让学生对事物形成多方面的理解与认识。建构主义作为研学旅行课程建构的重要理论基础,对知识、学生、师生关系、学习环境、教学方法等都做出了全方位的阐述,对研学旅行课程建构提供了重要的参考与借鉴意义[①]。

**拓展阅读**

建构主义学习的特征概括为以下六点。[②]

情境性,学生的认识是在与外界环境相互作用中建构起来的。真实或接近于复杂多变的真实情境,有利于学生获取更多的信息,完成意义建构。

体验性,人的心理发展与实验活动是统一的。因此,在学习过程中,应该组织各种活动让学生参与其中,亲身体验,帮助学生完成社会文化的内化过程。

合作性,学生并不是空着大脑走进教室的,他们具有自己的知识经验基础,而且各不相同。教学要尊重并充分利用这种差异性,建构学习共同体,开展合作性学习。

反思性,学生认识世界的过程伴随着同化与顺应,只有通过不断地反思,才能达到新的平衡,有效地完成自我意义的建构。

---

① 王万燕.基于核心素养的中学地理研学旅行课程建构研究[D].济南:山东师范大学,2018.
② 黄宇,杨雪.建构主义学习理论视角下研学旅行的特征和原则[J].地理教学,2019(3):60-64.

目标性,学生学习的目标并不取决于外部预设,而是取决于在真实情境学习的过程中,由学生自己决定。情境锁定了目标范围,但是具体目标因人而异,并动态变化着。

积累性,新知识是在学生原有的知识经验基础上生长出来的,因此教学中要考虑学生现有水平与潜力,注意新旧知识建立关联,促进有意义的学习。

## 四、多元智能理论

多元智能理论是美国心理学家霍华德·加德纳于 1983 年提出的。他认为人的智力是由多种智能共同组成的,其中有言语、身体、视觉、逻辑、音乐、人际交往等多个方面。这几个方面的智能密不可分,每一种智能在人类认知结构中都发挥了重要的作用。因此,教师要引导学生在学习的过程中使用多种智能共同参与,尊重每位学生的个性,肯定学生的智能强项,促进学生的全面发展。

加德纳多元智能理论的提出为我们提供了一种个人发展的新模式,对地理研学旅行课程建构具有重要的意义。加德纳认为人类至少存在 8 种以上的智能:语言交流、数学逻辑、空间视觉、音乐节奏、肢体动觉、内省自知、人际交往和自然观察等[①],每个学生的智能具有广泛性和多样性,教学中应该注重学生智能的全方面发展。但是每个学生突出的智能组合往往不同,因此往往会表现出不同的认知能力,存在着个体之间的差异。

在传统的教学中,由于只重视学生的数理逻辑和语言智能为自主的智能,忽视了学生其他方面智能的发展,所以导致很多具有其他方面特长的学生得不到教师的重视,从而影响个体发展。多元智能理论让我们意识到不能仅仅重视学生一两方面智能的发展,要注重培养和发展学生各方面的能力,使各种能力之间占有同等重要的地位。同时不能用固定的课程埋没学生智能,要关注人与人之间的差异性、独特性,依据学生的兴趣、禀赋去开发课程、实施教学与评价。在多元智能理论的指导下,地理研学旅行课程建构要关注学生的个体差异,为每一个学生提供平等的发展机会。通过设计多样化的、能够培养学生多方面智能的实践活动,让学生在项目学习、问题解决、小组合作、主题探究等不同的教学环境中发展其突出的智能。教师也可以用特定的手段或方法去干预强化学生的弱项智能,促进每一个学生的全面发展,使每个人的智力潜能充分发展[②]。

研学旅行活动课程为学生发挥自己的个性,展示独特的智能提供了有效的平台。学生在真实的情境中感受和体验,并运用多种智能解决现实问题,提升探究能力。

在交互合作的过程中,参与者不断建构自我,不断提升合作精神和创新能力。

**【教与学活动建议】**

在班级中利用班会的时间以"研学旅行怎样开展才能有收获?"为题开展大讨论,让学生充分发表意见。教师对这些意见进行整理汇总并在家长群中共享。

---

① 霍华德·加德纳.多元智能新视野[M].北京:中国人民大学出版社,2008.
② 王万燕.基于核心素养的中学地理研学旅行课程建构研究[D].济南:山东师范大学,2018.

# 思考与实践

贾公祠研学
旅行方案

## 一、理论思考

1.《关于推进中小学生研学旅行的意见》《中小学综合实践活动课程指导纲要》中有哪些研学旅行活动课程开发的表述？

2. 研学旅行活动课程与学生发展核心素养有什么关系？

3. 研学旅行活动课程与综合实践活动课程有什么关系？

4. 研学旅行课程开发的基础理论有哪些？能够进行怎样的借鉴？

## 二、实践探索

1. 对之前的研学旅行方案进行丰富完善，使之具备课程目标、课程资源、课程组织和课程评价几大要素。

2. 用绘制思维导图的方式对以杜威为代表的活动课程理论进行系统学习。

# 第三章　研学旅行活动课程概述

## 本章学习目标

### 知识目标

1. 能够理解活动课程与学科课程、课外活动的区别和联系。

2. 能够理解活动课程的性质。

3. 能够阐释研学旅行活动课程的特点并进行案例分析。

### 能力目标

1. 能够诊断研学旅行活动课程开发中出现的问题并给出改进建议。

2. 能够提升活动课程意识和研学旅行活动课程设计能力。

3. 能够转变传统教学观念，在工作课程开发和实施中落实课程改革的精神。

## 核心概念

课程性质（Curriculum Nature）、基本理念（Basic Ideas）、课程价值（Curriculum Value）、关系（Relation）

## 引导案例

2018 年 10 月，太仓市实验小学各年级开展秋季研学旅行，各年级根据学生可活动的区域选择了不同板块中的不同主题开展了研学旅行活动。

低年级在"探访娄东家乡风土寻根"板块中选择相适应的主题。如一年级选择的是"亲近园林"主题，组织学生来到太仓的历史名园"弇山园"，在园中探访古迹，了解"弇山"与太仓本土娄东文化的渊源，体验传统游戏的魅力。二年级选择的是"走进新农村"主题，组织学生来到太仓新农村"电站村"，参观农场和果园，认识了很多农作物，参与了果树的采摘活动，并且深入了解了太仓特产——新毛芋艿。

中高年级选择了"美丽中国开放主题课程"板块中的相关主题。如三年级选择了"动物世界"主题，来到上海野生动物园，和各种动物来了一次亲密接触。四年级选择了"登高望远"主题，来到苏州穹隆山，攀登高峰挑战自我，探寻大自然的无限魅力。五年级选择了"对话历史"主题，来到无锡三国城，完成了一次穿越时空之旅。六年级则选择了"走近世界 多元文化理解"板块中的主题，来到上海迪士尼乐园，研究了中西方建筑、文化的不同，体验了一把异国风情。此外，每年的寒暑假，五六年级的学生还有到澳大利亚、英国、日

硬塞知识的办法经常引起人对书籍的厌恶；这样就无法使人得到合理的教育所培养的那种自学能力，反而会使这种能力不断地退步。

——斯宾塞(1820—1903 年)，英国哲学家、社会学家、教育学家

本、新加坡等多个国家、地区跨国研学旅行的机会[①]。

研学旅行活动课程具有活动课程的共性，也具有在旅行中进行研究性学习的个性。研学旅行活动课程具备什么样的性质？它秉承什么样的课程理念？有什么价值？对其开发的原则是什么？应该采用何种开发策略？本章将对上述问题进行系统回答。

# 第一节　研学旅行的活动课程的性质

研学旅行是一门由国家倡导和规约、地方统筹和管理、学校开发和实施的跨学科实践类活动课程。它是综合实践活动课程的组成部分，与国家课程并列设置，具备活动课程的一般属性，又有其自身的特性。

## 一、活动课程的由来和性质

研学旅行在《意见》中被定位为"活动课程"。研学旅行作为一种实践育人的活动课程，以活动来代替教材，以真实的情境来取代课堂。

### （一）活动课程的由来

在1992年颁布的《九年义务教育全日制小学、初级中学课程计划（试行）》中，一种新的课程类型——活动课程首次被列入课程计划，这一重要举措对于我国改革传统课程体系、推动课程现代化具有重大的意义。

首先，它将原来那些属于课外的活动——这些活动常常处于可有可无的从属地位——变成正规课程的一部分，表明我国在课程设置上第一次出现超越传统的学科划分范围的活动性课程，开始重视活动学习在课程体系中的地位和作用，这与当今国际上中小学课程改革中，重视以体验、活动为基础的综合学习的发展趋势相一致。它不仅有利于课程类型的多样化，而且可以说是我国学校课程观的一次认识上的飞跃。其次，活动课程重视在做中学，注重学生多方面的实际能力的培养，它有助于克服传统的学科课程的偏重书本知识学习、轻视能力的培养和发展，重理论轻实践的弊端。再次，活动课程重视学习过程所具有的教育意义，因此它有助于克服基础教育中的重结果、轻过程，有助于改变传统的教学中对学生的积极性和主动性重视不够的缺点，推动从以教师为中心向以学生为中心的教学转变。从以上几点来看，活动课程的导入实际上涉及课程思想、课程体系和教学形态的改造和更新，对于克服"应试教育"带来的弊端，推动素质教育有着巨大的积极意义。

从新中国成立以来基础教育的课程和教学实践来看，长期以来我们实行的是单一的学科课程，统一的教学大纲和内容，划一的班级授课和唯一的评价标准，学生往往被当作被动的教育对象，对其主体性和个性等缺乏应有的重视。而在"应试教育"的影响下，学科

---

① 孟初薇.研学旅行课程内容设置方法及其注意点[J].江苏教育研究,2018(35)：34-38.

课程的这些局限性不断被强化甚至推向极端,这不仅对学生的发展产生了消极的影响,同时也在很大程度上约束了教师的积极性和创造性。这种状况与当代社会对人的发展提出的要求是相悖的。面对信息社会和知识经济时代,构建以人的能力发展为核心的教育已成为一项紧迫任务。

在知识经济社会中,随着知识总量的迅速增长和知识更新速度的加快,单靠青少年阶段在学校里学习的知识将难以应对一生,人必须学会不断地通过学习更新自己的知识,可见提高学习知识的能力比学习知识本身更重要;知识经济社会还要求人们具有更强的知识综合能力、创造能力、社会责任感以及团队合作精神。而在培养这些能力方面,以知识灌输为中心的传统学习模式已越来越难以适应了。因此,要使学生学会学习、学会运用知识解决问题、学会筛选知识和创造知识,就必须使基础教育从知识学习中心转向能力培养中心。从这个意义来说,改革原有的课程结构,大力加强活动课程的教学,是符合历史发展趋势的。1992 年新课程计划颁布以来,活动课程受到教育界的广泛关注,成为我国中小学课程改革的研究和实践中的一个热点。

## (二)活动课程的性质

活动课程的性质决定了它有助于弥补传统的学科课程的不足或缺陷。回顾近百年来的课程发展史,可以说活动课程正是针对传统的学科课程的某些弊端而被提出并发展起来的。经过近百年的演变,目前在许多国家,活动课程虽然并不一定都是作为独立的课程形态存在,但活动教育已作为一种课程思想渗入课程设计和教学中,它所强调的学生主体性、做中学、综合学习、知识与能力的统一等学科课程往往欠缺的教育价值得到普遍的重视。

活动课程是以综合性信息和直接经验为主要内容,以学生主体的学习活动及体验学习为主要形式,以促进学生的认知、情感、行为的统一协调发展为主要目标的课程及教学组织形态。与学科课程相比,活动课程具有以下特点。

### 1. 实践性

活动课程是以探究体验为主要形式的实践活动,把智力活动和操作活动更紧密地结合起来,强调"做中学",重视直接体验和经验学习,重视知(识)行(为)统一,努力扩大学生的认识范围,丰富其认识方式,克服传统教学中重理论、轻实践,重知识、轻能力的偏向。在活动课程学习中,活动本身既是手段也是目标,因为在活动过程中学生可以获得经验并提高能力。

### 2. 综合性

活动课程的内容可以不受学科知识体系的局限,常以涉及多学科的综合信息和直接经验为主。因此,它有助于弥补按知识体系分科学习的不足,有利于知识的整合运用和能力的均衡发展。

### 3. 以学生为中心，尊重学生的主体性和个性

活动课程强调学生是教育和学习的中心，强调发挥学生自身的主动探索和创造精神，注重学生的自我组织和互相启发。由于活动学习不拘泥于统一的方法和同一种答案，因而也就给每个学生的个性化学习留下了广阔的空间，为他们的多样化发展提供了充分的可能性。

当然，由于活动课程是以体验学习和直接经验学习为主，它在学习的深度和效率方面就必然受到局限，因此它不可能完全取代学科课程在知识学习上的重要作用。学科课程有利于知识的系统学习，有利于正确而高效地掌握人类已有的知识，而活动课程有利于培养学生积极的态度，掌握学习方法，综合地运用知识，提高解决问题的能力和创造能力。只有将两者有机地结合起来，使它们真正成为学校课程体系中相辅相成、互为补充的有机整体，才能使学校的课程适应未来社会的需要，达到素质教育的目标[①]。

**拓展阅读**

#### 活动课程认识中的几个误区[②]

误区一：对于活动课程开设的担心。学生的负担本来就很重，再加一门活动课，不是更重了吗？

这种担心是不必要的，因为设立活动课程不是增加一门新的学科课程，而是将分科学习中难以有效进行的一些内容通过活动和跨学科的综合学习来完成。实践证明，活动课程是进行综合性学习（如环境、人口、健康、国防、安全、减灾、交通、科学与技术、艺术等）的最好的载体；以主题形式设计的学习内容和以小组、个人等形式为主的教学组织，有利于发挥学生的学习积极性和自主性。因此，它不仅不会加重学生负担，还会有效地促进学生综合能力的提高，对提高学生的学习质量产生积极的影响。这一点已经为很多活动课程的实践所证明。从笔者曾参加过的活动课实验来看，学生对活动课不仅没有负担感，而且表现出很大的兴趣和积极主动性，并轻松愉快地达到了课程的目标。

误区二：可以用学科课程中的活动教学来代替活动课程，而不必单设活动课程。

学科中的活动教学和活动课程有着各自的目标指向和功能，不可以简单地替代；从现实性和可能性来说，学科课程中的活动也难以替代活动课程。首先，在传统学科教学中占主要地位的、脑的认知活动的性质，不同于活动课程中所倡导的自主活动。其次，就目前展开的有关活动教学的研究来说，尽管它所依据的活动思想和倡导的活动原则与活动课程有共同之处，但与学科课程中的活动教学相比，活动课程具有更强的跨学科性和综合性，而且在目标和内容方面比学科活动教学更加广泛。比如，我们曾经在实验学校做过的"环境学习课"，其目标和内容中不仅要学习掌握有关环境问题的知识，而且要培养关心环境问题的态度和"保护环境，从我做起"的行为方式。而这样的学习活动是很难在目前的学科课程中实现的。学科课程中的活动教学虽然也具有一定的综合性和实践性，但它终

---

① 高峡.关于活动课程性质和定位的几点认识[J].课程·教材·教法,1998(11)：28-30.

② 高峡.关于活动课程性质和定位的几点认识[J].课程·教材·教法,1998(11)：28-30.

究是解决本学科内特有课题的学习,受到学科的局限。另外,在活动课程中,学生主体的活动始终占据主导地位,并贯穿于整个学习过程;而在学科课程中,活动学习则更多的是一种辅助性手段,并在时间和空间上要受到更多的局限。因此重要的问题是,要积极研究活动课程的思想和教学组织策略,以改进传统的灌输式教学思想和方法,进而有效地发挥学科课程和活动课程各自的优势。而以学科中的活动教学替代活动课程是不妥当的。20世纪90年代初设立活动课程的同时取消了原有的课外活动,并基本按照原来课外活动的类别对活动课程进行了"类"的划分,使这项改革带有一些强化和规范课外活动的色彩。因此有人认为我国的活动课程是由课外活动演变而来,它不过是将原来属于课外的一些学习活动纳入课内而已,这在学习目标和内容上没有什么本质的变化。

误区三:在教学实践中,有人经常将活动课程与课外活动相混淆,一些学校或教师按照原来组织课外活动的形式和方法来组织活动课,以为强调了活动就是活动课程。

这也是对活动课程的一种误解。随着课程研究的深入和活动课程实践的发展,今天对活动课程的认识就不能仅仅停留在规范课外活动的浅层次的理解上。既然它是作为一种课程形态被纳入课程体系之中,就有必要依据课程原理和课程设计思想对其目标、实施原则、内容和方法,以及评价管理等进行深入的研究和探索,而不能仅仅将其简单地等同于课外活动。

实际上,尽管活动课程与课外活动在注重学生的主体性活动、重视体验和实践学习等方面有着许多共同点,但两者之间有着本质的区别,不能互相取代。两者的主要不同点在于,活动课程是面向所有学生的必修课程,不带有选拔性质,要求所有学生都要参加学习并使其能力在原来的基础上有所提高;而对于课外活动,学生可以凭兴趣确定是否参加以及自由选择活动内容,课外活动也可以带有选拔的性质,它以发展学生某方面的专业兴趣和技能为主要目标,而活动课程的目标是通过面向全体学生的活动学习,给学生提供一个进行自主、共同、综合的学习机会或空间,使其知识学习、实际体验、态度养成、能力培养等统一起来,全面发展学生的能力和个性。所以,从促进学生全面发展的学校教育活动的整体目标和课程体系的完整性来说,活动课程与课外活动都有存在的必要。无论是以活动课程取代课外活动,或是死板地按照课外活动划分和操作活动课程都是不妥当的。

应当在设立和完善活动课程的同时,继续保留和丰富课外活动,并使校内与校外的课外活动有机结合起来,使之能在丰富学校生活、满足学生的兴趣和爱好、发展学生的特长、促进素质教育方面发挥更大的作用。为此,在活动课程的实施中,应避免简单化的"类别"划分和安排活动课时的做法,可将不同"类别"的活动加以综合,课时打通使用,将长课与短课相结合;活动课程的教材或教学参考等不应强求统一,而应强调多样性和突出地方特色,鼓励以社区和学校为主体设计和编制灵活的活动课教学计划;活动课程的教师应以兼职为主,同时应鼓励学校从社会上聘请兼职教师,采取校内教师和校外教师相结合的办法。有必要进一步改变目前课程计划中课时安排过满、缺乏弹性的问题。给学校的课程实施和学生的课外活动以更多的余地。

学科课程、活动课程和课外活动,是学校有组织、有计划、有目的的教育活动,即广义的学校课程的三个必要组成部分,它们具有不同的特点和功能,在素质教育和学生的全面发展中,发挥着不可相互替代、相辅相成的作用。要真正实现素质教育,推动课程改革的健康发展,必须正确地把握三者的性质和相互关系,注意发挥其各自的优势,实现功能互补。要实现这一点,还需要我们在理论和实践上做进一步的探索。

## 二、研学旅行活动课程是一门地方和学校主导的课程

《基础教育课程改革纲要(试行)》明确规定了实行国家、地方、学校三级课程管理体制,其目的是发挥课程管理的自主性,能够放开权力,让各地区根据自己本地区的特色,充分考虑到当地经济和社会的发展,充分发挥本地区的资源,打造出具有地区特色并且符合中小学生身心发展规律的活动课程。

研学旅行活动课程丰富了中小学地方课程、校本课程的内容,使地方课程、校本课程突破地域限制,开展异地研学,扩展了地方课程、校本课程的呈现方式。这要求设计者在设计课程教学前首先应该明确学校的教育哲学,明确学校的愿景、使命和育人目标。教学设计的主题、目标及活动内容要高度契合校本文化。主题应放在学校课程体系的序列中,与其他学校课程呈现有序列性、梯度性关系。

研学旅行教育政策要落到学校层面,最佳的途径是校本化。这里的"校本化"是指学校通过精准把握国家政策,结合自身办学目标和特色,依据原有课程结构,将研学旅行政策对接、落地、融入、镶嵌进原有课程体系中的过程。简言之,就是把国家关于研学旅行的教育政策落地到学校层面并与其他课程融合,成为"学校自己的课程"。

### 拓展阅读
#### 北京中学研学旅行活动课程校本开发的路径[①]

北京中学在进行研学旅行活动课程校本开发的过程中总结出了校本化一般路径:吃透政策—实地考察—分析校情—找准对接—落地生根(见表3-1)。吃透政策,即精准把握和精心研究国家关于研学旅行的政策文本,并对其中的要求和方向及底线形成理性认识,用来指导学校的研学旅行。实地考察,即在吃透政策的基础上,带着问题,对开展研学实践的其他学校进行实地考察,形成考察报告。分析校情,即在有了教育文本和外出考察的前提下,运用SWOT分析法,对学校的办学目标、愿景及学校面临的优势、劣势、机会和挑战进行系统梳理分析,达成共识。找准对接,即在对政策、他校及本校校情综合分析的基础上,找到教育政策与学校发展的内在关系,综合分析教育政策对学校发展的影响和作用。落地生根,即把教育政策落地到学校某一个具体的结合点上,并予以执行和积极推进。总之,教育政策校本化的过程,本质上就是"政策内化—课程外化"的双向过程。

---

① 余国志.研学旅行的校本表达与演绎——以北京中学"中华文化寻根之旅"研学课程为例[J].基础教育课程,2019(20):13-21.

表 3-1　教育政策校本化的一般路径

| 步　　骤 | 分析研究的要点 |
| --- | --- |
| 吃透政策 | 1. 研学政策出台的背景<br>2. 研学政策的价值旨趣<br>3. 研学政策的具体要求 |
| 实地考察 | 1. 该所学校是怎么做的<br>2. 该所学校做了什么<br>3. 该所学校为何能做 |
| 分析校情 | 1. 学校的办学方向、目标和愿景<br>2. 学校面临的优势、劣势、机会和挑战 |
| 找准对接 | 1. 教育政策与学校发展的内在关系<br>2. 教育政策对学校发展的影响和作用 |
| 落地生根 | 1. 教育政策和学校发展的结合点<br>2. 在学校执行和推进的路径和方法 |

## 三、研学旅行活动课程是一门跨学科综合课程

研学旅行活动课程是中小学综合实践活动课程的重要方式,与学科课程并列设置、相互补充,是中小学课程结构不可或缺的组成部分。研学旅行活动课程与学科课程都以生活为共同的根基,不同的是学科课程是间接经验的学习,研学旅行活动课程是旅行中直接经验的获取。

研学旅行活动课程不属于哪一门学科课程,它超越了知识类别,超越了文科、理科的界限,模糊知识的边界,以主题为核心组织课程。研学旅行的跨学科性也促进了学科知识的深度和广度,学科课程基础知识、基本原理在研学旅行活动课程中得到应用、延伸、综合、重组与提升。研学旅行活动课程离不开学科课程基础知识的支持,也是对学生学科素养养成的实践检验,是对各学科领域学习成果的拓展和加深,提高了学生对学科知识的整合能力。

研学旅行课程的综合性体现在学生在面临某种真实情境、解决相关问题时,所运用到的知识不可能仅仅是单一学科知识,可能还需用到其他学科知识。例如,学生在研究"工业地域"时,不仅需要运用地理知识探究工业区位因素,可能还需要物理和化学知识了解工业的生产,需要历史知识了解工业的发展历程。因此,研学旅行课程往往是多学科知识的综合,需要学生多角度分析问题,综合地认识事物,从而培养学生从整体上认识和分析事物的综合思维,整合头脑中的相关知识,形成思维网络,促进结构化知识的形成[1]。

当下的学校教学活动还是以分科教学为主,选用相应教材,根据教材内容开展教学。在教学活动中,教师按照学科单元进行文本知识的解析,让学习者通过想象,运用所学的

---

①　王万燕. 基于核心素养的中学地理研学旅行课程建构研究[D].济南：山东师范大学,2018.

学科单元知识,对相关问题进行分析与解答,在一定层面上降低了学习者综合运用知识解决问题的能力。由于学科教学是以文本知识解读为主,所学的知识是通过文字符号的意义解读,学生凭借逻辑推理、思考理解与掌握,学习的知识与现实生活缺少真实性联系,书本的知识与现实的生活时常是不一致的,这在一定程度上影响了学习者的生存能力和生活能力的提升。

知识的习得和能力的提升,需要将书本知识融入生活世界,将分科支离破碎的文本性知识统觉起来,才能形成个体的知识和能力。"由于我们的认识模式把对象孤立于它们的自然环境和它们构成其部分的整体,所以出于认识的必要性,我们需要把特殊的知识放置到它们的背景中和把它们在一个整体中定位"①,才能理解与掌握知识,形成技能。

在研学旅行活动课程中,学生运用已经掌握的经验和学过的知识,来解决旅行中的现实问题,加深对于知识的学习、理解和掌握,以及激发努力汲取新知识的动力。研学旅行活动课程涉及的内容不是单一的学科知识,旅行生活提供的真实情境涉及所有学科知识,包括自然学科知识、社会学科知识和人文学科知识。研学旅行活动课程能将学校学习的文本知识在具体的社会实践中加以综合运用与印证,是一门跨学科课程②。

## 四、研学旅行活动课程的特点

研学旅行是过程,是每一个课程主体在动态的旅程中所经历的快乐、欣慰、汗水、沉重、气喘吁吁等各种复杂的课程体验。正因研学旅行的这种复杂性与动态性,研学旅行活动课程情境的异地性、活动的探究性、过程的体验性③、知识的生成性、设计的开放性、参与者的合作性等特性便显现出来了。

### (一)情境的异地性

"儿童直接体验的情境是学习的源泉。"④学习、理解与掌握知识仅仅从文字符号本身是无法获得其真实意义的,知识的意义是在一定的情境之中的。获得与构建知识的意义必须使其回归到一定的情境之中,通过观察、思考与探究,使知识在头脑中形成的意义具体化、一致性,逐步建构自我知识和形成个体性知识⑤。

相比于学校课堂中文本式教育缺失真实情境的状态,研学旅行活动课程让学习者进入具体的旅行生活情境中,在真实的地方——自然景区、乡村田野、人文遗迹、博物馆、企业工厂、营地或高校等开展探究。这些地方将学生置身于惯常环境以外真实的自然、社会、历史情境中,为学生提供了一种沉浸式的学习体验。当学生在这个过程中与在地的人和物互动并产生联系时,他们对学校学科知识的理解便逐渐转化为学生感兴趣的生活情

①　McIntosh E G. The clinical approach to teacher education[J]. Journal of Teacher Education,1971(22): 18-24.
②　殷世东.中小学研学旅行的意旨:变革学习方式[J].教育评论,2019(11): 3-7.
③　钟生慧.研学旅行设计:理论依据与实践策略[D].杭州:杭州师范大学,2019.
④　张静静.寓身学习研究[D].上海:华东师范大学,2017.
⑤　殷世东.中小学研学旅行的意旨:变革学习方式[J].教育评论,2019(11): 3-7.

境[①]。从这个层面来说,研学旅行课程是通过情境并在情境中实施的。它让学生在鲜活有趣的学习情境中,经历思考、探究、体验和反思的过程,从而自然地脑有所思、心有所感。

## (二)活动的探究性

研学旅行主要是研究性学习与旅行体验相结合。所谓研究性学习,是指教师通过指导学生,以科学研究的方式去获取知识、运用知识解决复杂的实际问题的一种专题探究式学习[②]。

探究是更主动、更深度地搜集和调查信息的不断迭代的过程。当学生"用脚去丈量世界、用眼睛去观察社会、用心去感知社会、用自己的方式去探究社会"[③]的时候,研学旅行活动便始终被置于探究之中。课程不仅仅是跑道,也是奔跑的过程。课程不仅仅是传递所知道的而是探索所不知道的知识的过程。当学生们面对一个具有挑战性的问题,他们提出问题,搜集资料,并尝试解答问题,之后他们会提出更深刻的问题——这个过程会持续、循环直到他们得到一个满意的答案或解决方案。师生也在这个不断提出问题、解决问题的过程去"教"和"学",研学旅行的开展过程便成了师生合作创造知识、生成知识的实践过程。

## (三)过程的体验性

研学旅行过程的体验性是"课程中不断活动着的状态"。学生对从书本与课堂上被动接受知识的理解是浅层次的,要想发生深度学习,深刻理解学习内容,就要求学生必须亲自去实践,走出教室,走到自然与社会环境中,积极参与旅行中开展的各项教育活动,如考察、实验、调查、操作、制造等活动。

研学旅行活动课程以旅行作为学习的载体,将学生带回到对他们自己的身体、情感、思维和言语的有意识的感觉中,让学生在旅行的过程中充分地动手动脑,以身处活态的文化时空中,体验社会文化生活的丰富多彩,激发学习热情,增强个体自主发展的内发性动力。在这种体验过程中,学生会调用知、情、意、行等多方面的能力获得对事物丰富的认识,做出自我选择与自我反思,从而达到一种深层次、个性化的学习[④]。通过学生的亲身实践体验将知识学活,从而实现从知识到能力和素养的转化与提升,实现研学旅行综合的育人价值。

作为一种群体性活动,研学旅行的体验性主要体现在两个方面,一是个体内在的体验性,另一个是集体的体验性。换句话说,个体内在的体验性是把个体体验到的、感受到的要素与已存在于内心的要素相互碰撞,产生了某种联系之后获得触动,再在内心进行转化的过程。而集体的体验性,更加强调一种交互性和生成性。在群体活动中,个体从原本封闭、以自我为中心转变成开放的社会交往,在互动与交往中实现了信息交换和体验传递。

① 张良.论素养本位的知识教学——从"惰性知识"到"有活力的知识"[J].课程·教材·教法,2018(3):50-55.
② 高新昱.济南市小学研学旅行综合实践活动调查研究[D].济南:山东师范大学,2019.
③ 吴颖惠.研学旅行需要注意的几个问题[J].中国教师,2017(17):9-11.
④ 王万燕.基于核心素养的中学地理研学旅行课程建构研究[D].济南:山东师范大学,2018.

因此,研学旅行活动具有体验性,它既包括个人的体验也包括集体体验[①]。

### (四)知识的生成性

生成性,即将知识设计为待验证的假设或要探究的学科知识问题,强调让学生去经历"课程知识要与知识产生的情境相结合、与知识产生的过程相统一"[②]的过程。研学旅行课程是在真实的生活环境中进行的,每个学生的观察点不尽相同。因此,在课程的实施过程中可能并不是按照预设好的方向发展,随着学习内容的不断加深,学生的认识和体验不断深入,会不断生成新的目标、新的问题,这就激发学生创造性地去解决问题,寻找问题的答案。

在传统的学科教学中,学习是对固有知识技能的直接接受。研学旅行不是传播知识的工具,是要打破学科知识的窠臼,让学生在经验中去创造和重新创造我们和我们文化的工具。学生在研学旅行中对知识、生命和心智发展的过程进行反思性分析和理解,来促进自我转化,并不断丰富个体对知识学习和生命的理解。

### (五)设计的开放性

研学旅行打破了学校课堂一言堂的课程格局。研学的情境是开放的,研学旅行活动课程提供开放的教育活动时空,营造良好的动态生成空间,促进学习者自主与自由发展。课程以学生现实的旅行生活环境为基点,按照身心发展特点以及人才培养的需要,有计划、有组织地开展教育活动,必然要求课程设计的开放性。

研学旅行活动课程的内容不是教材规定的,而是学生根据自己的能力、兴趣和爱好选择的;研学旅行活动课程目标设定倡导不同层次的学生在各自的起点根据自己的能力获得最优发展;研学旅行的时空根据学校的条件、个人的能力和家庭的条件来确定;研学旅行活动课程的进程要进行开放性设计,根据参与者的能力逐步扩展与生成。参与者在研学旅行的过程中,能够从现实生活世界的情境中搜集解决问题的第一手资料,并随着认识的不断深化,体验不断丰富。现实问题没有唯一的答案,有利于发散思维,成果形式是多种多样的。课程评价也要实现多元化设计,倡导多主体参与、多种评价量规,不仅体现了以学生为主体,也体现了尊重学生之间的差异性。

### (六)参与者的合作性

研学旅行活动课程以集体团队的形式组织实施,参与者有共同的目标,通过合作完成任务。因此,在课程实施的过程中团队成员需要开展合作学习。研学旅行的开展有利于变文本式学习的个体化学习方式为合作性学习。参与者走出校园,走进自然,融入社会生活,遇到的问题也是不可预测的,需要根据情境的变化不断思考和采取对策。为了研学旅行的共同目标,必须相互帮助与交流。每一位参与者在活动进行时既要考虑自身的感受,也要考虑团队其他成员的感受,在张扬个性的同时要融入团队中,保持团队关系的和谐,

---

①　罗瑶.农村小学研学旅行实施现状与对策研究[D].武汉:华中师范大学,2019.

②　张良.课程知识观研究[D].上海:华东师范大学,2012.

形成研学旅行共同体。参与者在活动中相互启发、互爱互助、互教互学,从而提升参与者的合作精神和能力。研学旅行成员可以跨越班级组合,甚至校际联合开展,组合成一个学习水平、学习风格和个性、知识层面不同的异质研学旅行团队,从而取长补短,对观察到的事物进行多种解释,开展交互性思维,激发思考,形成多种认识。在争鸣中不断探究,不断生成,不断发展。

拓展阅读

## 研学旅行的意涵特点①

### 一、研学旅行是"做中学"的体验性学习

真正的研学旅行应当是体验式的、真实的社会活动,是基于发现学习的原则,创造出的了解对象、概念和操作的教育教学新方式,它的首要目的就是依托于旅行让学生进行体验式的学习活动,这种学习要求将学生置于实际情境当中,通过自身所经历的高质量的体验来获得发展,也就是杜威所论及的"做中学"。研学旅行让学生在旅行的过程中进行体验性学习,学习主题更为强调人与自然及社会的关系,有效地促进书本知识和生活实践经验相融合。杜威认为"做中学"是最好的一种教学模式,教育不只是让学生记忆百科全书式的知识,它就是儿童生活成长的过程和方法,倡导从生活中学习,从经验中学习,从做中学,让学生在教室中、书本里学到的"死"知识走入学生真正的日常生活体验当中,使学生获得更为持久的印象和深远的影响。卢梭在《爱弥儿》中指出,"我们最好的启蒙老师就是自己的手、脚和眼睛,如果用书本来代替这一切,无非是教导我们用别人的推论和判断"。学生通过眼看、耳听、鼻嗅、手触等方式去亲身体验和认知自然与社会中那些鲜活的事物,并将其与早先教室中所习得的抽象词汇与概念建立起稳固的联系,这是编纂得再完美的教材都难以企及的。这种"做中学"的研学旅行可以让学生获得实际操作和真实体验,从而使其产生对事物的好奇心和兴趣,并生成想要学习更多知识和技能的欲望。特别要指出的是,研学旅行这种体验式的学习方式对那些在标准化考试或课堂中表现不佳的边缘学生或后进生提供了一个独特的机会来获得理解和重拾对于学习的乐趣,这些学生往往在传统的教学模式下表现得不尽如人意,但研学旅行可以让他们摆脱畏惧的教室和书本而走入自然环境当中,通过在具体生动的实践操作中习得知识和技能,从而激发他们积极学习的态度和自信心,重新回到正确的发展轨道上来。

### 二、研学旅行是构建学习共同体的合作学习

通常来说,研学旅行带领学生去的地点总是独特的、有特殊意义的,不同于随便可以复制的教室环境,每个学生都需要观察所处的自然环境和社会环境,并创造和体验所产生的个人意义。研学旅行不同于压抑紧张的课堂,它是在轻松、愉快、活泼的环境中激发学生的天性和乐趣,并将不同学习能力的学生结合起来以形成和建构出学习共同体。也就是说,研学旅行是一种合作学习的表征形式。这种学习共同体下的学习并不只是单纯传授知识和提升学生认知能力,而是更为关注和培养学生在集体协作的学习活动当中的沟通交往能力、协作对话能力、批判思考能力等。此外,通过研学旅行而形成的学习共同体

---

① 薛博文.中小学研学旅行的价值意蕴与发展策略[J].现代教育科学,2020(1):19-25.

往往会是异质性学生分组,这种分组能让不同学习能力或不同社会经济文化背景的学生间产生沟通,从而丰富学习经验及扩展认知思考,也能在组内成员中形成积极互助的学习气氛,借由情感上的相互支持以达成团体的学习目标。同时,研学旅行可以提供更好的面对面的互动机会,成员之间可以以言语或非言语方式提供回馈,学习和运用交往技巧以形成有效沟通,并化解彼此之间的冲突和矛盾;学会鼓励和分享自己的思想与感情,也有助于学生形成健康向上的社会主义核心价值观与正确的人生目标。

三、研学旅行是跨领域多学科的综合性学习

研学旅行不是常规的单一分科教学,它需要跨越与融合多元学科和领域来达到其所希望实现的教育目标。现阶段教育方针要求培养中小学生所必备的核心素养,而学生的核心素养发展必然是全方位多维度的,要涉及各学科各个领域的知识和能力,而这种跨界素养就可以很好地通过研学旅行的方式来加以培养。语文、数学、生物、地理、历史等相应的各类科目都可以整合到预先设计的主题路线当中,让学生在轻松愉快的学习氛围中得到熏陶和发展。比如,为了让学生感悟民族精神和国家意识,可以设计相应的红色革命研学旅行主题活动。通过参观当地的爱国主义革命教育基地,了解革命先烈为祖国独立而抛头颅洒热血的英勇事迹。在这其中,学生通过瞻仰革命圣地,不但掌握了相应的历史知识,增强了学生的民族自尊心和自信心,也提高了学生的政治意识和思想觉悟,激励了学生自我担当的责任。此外还可以在研学旅行结束后记录感想或撰写游记,进一步提升学生的表达能力和语文写作能力,从而促进学生核心素养的生成与发展。

# 第二节 研学旅行活动课程的基本理念[①]

## 一、以全面落实立德树人根本任务为宗旨

研学旅行课程帮助中小学生了解乡情、市情、省情、国情,使中小学生开阔眼界、提升家国情怀;着力提高他们的社会责任感、创新精神和实践能力;促进中小学生培育和践行社会主义核心价值观,激发中小学生对党、对国家、对家乡、对人民的热爱之情;创新人才培养模式,引导学生主动适应社会,推动全面实施素质教育;增强他们对中国特色社会主义的道路自信、理论自信、制度自信和文化自信,全面落实教育立德树人的根本任务。

## 二、以真实问题情境为学生素养培育的课程内容

研学旅行必须走出校门,学生面对的不是传统课堂中抽象化的知识点和虚拟环境,而是现实世界的真实问题情境。研学旅行在课程建设、基地规划、线路选择、课程实施、教学设计、课程评价等各个环节,都要以培育学生发展核心素养为主线,基于真实的问题情境,

---

① 段玉山,袁书琪,郭锋涛,等.研学旅行课程标准(一)——前言、课程性质与定位、课程基本理念、课程目标[J].地理教学,2019(5):4-7.

促进课堂学习与旅行探究深度融合,获得对自然、社会的真实体验,启发学生发现问题、分析问题,依靠集体合作,解决现实问题。

## 三、以引导探究和合作学习为课程教学方式

研学旅行从教育均衡和学生发展核心素养出发,强调集体旅宿、集体研学,在改变学生个人接受性学习方式的同时,也注重学生独立探究和个性发展。在自然、社会的真实情境中开展丰富多样的实践活动,突破学科界限,突破学生个性差异的局限,推进多学科融合、主题式学习,倡导研学课程资源共享、研学创意和成果分享,发展团队合作精神,培育学生主动学习的态度和多样化的学习方式。研学旅行的学业评价既要注重集体业绩,也要防止滥竽充数,还要进行个性化写真描述。

## 四、以思维品质的培养作为重要的课程目标

研学旅行课程具有开放性,要求研学活动过程中将发散思维与收敛思维相结合,将辩证思维培养作为重要的研学目标,不追求任务结果和呈现方式的一致,而是注重培养学生思维的深度和广度,思考解决同一问题的不同路径和表现方法。研学旅行课程又要基于一定的主题开展,要精心挑选适宜学生发展的活动内容并加以整合。实践活动不能停留在肤浅的操作层面,必须以综合思维引导操作,从实践中实现思维进阶。研学旅行的学业评价必须兼顾研究的深度和操作的合理化程度。

 拓展阅读

### 研学旅行活动课程推动教育理念变革①

研学旅行是学校教育的有效补充,其课程目标、课程实施、学习方式和教学空间的创新推动着教育理念变革。

一、课程目标:由单向度人的培养到全人的培养

研学旅行是教育教学的重要组成部分,是培育综合素质人才的有效途径。研学旅行改变分科施教的"单向度人"培养模式,转向培养"有道德、有知识、有能力、和谐发展"的"全人"。研学旅行将学生带出课堂,以自然、社会、生活和社区为教材,以考察探究、社会服务、职业体验等活动为基础,融通地理、美术、科学、自然、科技、数理化等学科,在真实的场景中,让学生发现问题、探究问题、解决问题,联结他人、体验社会,开阔视野,丰富情感体验,增强综合素质,健全人格。"学习活动本身固有地包含着学生与自然世界,学生与社会世界,学生与自我世界的三重关系,因此,学习是一种三位一体的完整的实践活动。"研学旅行通过构筑三位一体的实践环境,从生活、生命等层面,培养自然人、社会人和文化人。

---

① 汤碧枝.研学旅行中的教育理念变革与教师角色重塑[J].教师教育论坛,2019,32(10):39-42.

二、课程实施：由知识解读、呈现与复制到研、学、旅结合

在校内，教师往往基于固定的教材进行知识的解读、呈现与复制。有别于校内课程实施方式，研学旅行在课程实施上尤其强调研、学、旅结合，它是一门将研究性学习和旅游体验相结合的课程。研学旅行之"研学"是指研究性学习，即"学习的内容是生成性的，不是静态的科学知识、文字语言符号，而是鲜活的社会生活世界，在对话、观瞻、探究中不断衍生新的意义"。研究性学习要求学生在研学旅行过程中带着问题或者专题去旅行，最终通过实践和探索获得知识。这种课程实施方式，将课程从单纯的文本呈现与复制中解放出来，让学生在更自由的环境下进行创造性的自主学习。研学旅行通过寓学于游，将实践知识、理论学习与休闲娱乐结合在一起，让学生在不同的人文环境和社会环境中得到成长。

三、学习方式：由个体学习到集体性学习

较之学校课堂中学生独立学习的特点，研学旅行更强调集体性的合作学习。马卡连柯强调，学校教育应先建立合理的集体，使集体对个人产生合理的影响，即在集体中，通过集体和为了集体而进行教育。研学旅行的课程性质决定其学习方式是集体主义学习，即个体和个体之间相互配合，相互合作，共同完成研学活动。在研学旅行过程中，学生和学生、学生和教师形成共同体，共同探讨问题，相互倾听，相互交流，共享知识，交流经验，这有助于学生在交往和对话中学习。

四、教学空间：由圈养办学到走出校门

长期以来，我国采取"足不出校，学不出书"的教学模式，将学生圈养在封闭的学校空间中，学生逐渐成为被动学习的受教育者。"所谓教育，不一定拘囿在课堂之中——校园、郊外、大自然，博物馆、科技馆，乃至目之所至，都可以是无形的教育场所和教学资源；心灵和智慧在课堂之外的收获，完全无法被任何一种优质的课堂所取代。"研学旅行作为校外教育活动，是校内教育的一种补充，能有效融通学校教育和校外教育。研学旅行跳出学校围墙，打破课本限制，依托自然环境和社会环境中丰富的资源，能极大地调动学生视觉、听觉、触觉等多种感觉，使学生在亲密接触具体事物的过程中获得最直接的经验和感受。"只有个体切身的经历才称得上学习，也才能使外在的知识内化为学习者自身的经验。"

# 第三节　研学旅行活动课程开发的原则

开发研学旅行课程的目的是培养学生的内涵特质，促进学生培育和践行社会主义核心价值观；促进书本知识和生活经验的深度融合，加深学生与自然、文化的亲近感；锻炼学生自主交往、吸收接纳的能力；加深对本土文化的理解，培植学生对家乡的认同感与自豪感；开阔学生视野，理解、尊重、接纳多元文化，从而实现"自由成长和社会责任相伴、民族情怀与国际理解融通"的教育[①]。在进行课程开发时应该遵照如下原则。

---

① 孟初薇.研学旅行课程内容设置方法及其注意点[J].江苏教育研究,2018(35)：34-38.

## 一、多元主体共同发力，进行研学旅行活动课程研发

研学旅行活动课程开发是一项系统工程，需要课程开发者对国家有关研学旅行的政策有深刻的领会，对课程开发与设计理论和技术有一定的掌握，对学校办学理念、办学特色、育人目标等有清晰的认识，还需要对研学旅行活动资源有一定的了解。

研学旅行是一种复杂的综合实践教育活动，学校是开发研学旅行活动课程的当然主体，但不是唯一主体。不只是学校设计出活动方案就能把活动落到实处，它还涉及寻找能实现课程目标的资源和载体，考虑学生吃住行、课程现场实施和安全管理等。研学基地（营地）和服务机构在资源开发、场地熟悉、现场实施、安全管理等方面比学校更具优势，也能配合学校将研学活动课程落到实处。这种配合就是根据自己的职责和资源优势，对研学旅行活动课程进行细化完善，开发出更具操作性的研学旅行活动课程。也就是说，一个完整的研学旅行活动课程，是由学校课程主导、基地（营地）课程实施、研学服务机构课程补充组成的研学旅行活动课程链，他们相互独立、各显特色，相互支持、互为补充。因此，研学旅行活动课程开发主体应该是一个复合型的多元化主体。以学校为主导、研学基地、旅行社共同参与的协同备课方式是最佳选择。

## 二、课程要具备课程目标、课程资源、课程组织、课程评价四要素

从系统思维的角度，首先应该形成与育人方向一致的课程目标和针对学生的行为目标，然后有依据地选择并改造资源、设计研学旅行活动组成课程内容，再安排调整好教学活动和课程实施。最后，建立课程评价机制。

在课程设计时，学校要明确课程设计的逻辑。第一，设定研学课程目标，解决"为什么去，去干什么，目标是什么"的问题；第二，根据课程目标，选取相应的课程资源，即为达成课程目标解决选取"什么样的资源"的问题；第三，根据课程资源的特点，确定学习内容和学习方式，即解决"学什么""怎么学"的问题；第四，在课程实施环节，解决"怎样学起来，需要搭建什么样的项目平台，提供什么样的学习支架"的问题；第五，对课程进行评价，即解决"学得怎么样，整体表现怎么样"等问题①。

### 📝 拓展阅读

北京中学在长期的探索中总结出研学旅行活动课程设计的流程，见图 3-1。

---

① 余国志.研学旅行的校本表达与演绎——以北京中学"中华文化寻根之旅"研学课程为例[J].基础教育课程，2019(20)：13-21.

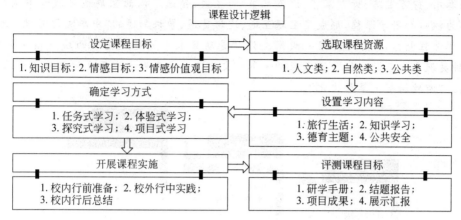

图 3-1 北京中学研学旅行课程设计逻辑流程图

## 三、分学段、分学年整体设计进阶式研学旅行课程

研学旅行课程是活动课程,必须基于学生的认知情感特点、兴趣爱好、发育特征等进行课程开发。活动的组织要侧重于符合学生的心理序列。这就要求教师能考察学生的不同发展阶段的身心发展水平的特点,根据这些特点科学设计活动课程的内容,随着学生年龄的增长,他们所涉足的区域会越来越广阔,课程的难度也会逐渐增加,更具综合性。因此,研学旅行课程内容的设计应基于学段特点。

研学旅行不能是校外活动碎片化、随意性的简单拼合,只是学生跟着教师和导游到某个地方玩了一圈,缺少"研"和"学"的意味。有的学校 1～6 年级都去同一个地方游学,就会出现"低年级的学生看不懂,高年级的学生不要看"的尴尬局面。这种不规范、不成系统的现象直接影响了研学旅行的教育效果。现在从课程整合的视角把研学旅行活动课程化、系统化,将"研学旅行"作为一个生活化的主题活动课程,根据学生的年龄特点和认知特点优选相适应的课程内容,并与学科学习整合,与校内班级、学校层面活动整合,从而实现"研学旅行"课程主题、学习方式、知识内容、参与主体的整体设计。

### 拓展阅读

#### 北京中学探索建设进阶性研学旅行活动课程体系[①]

北京中学通过"三点预设",即"需求点"——根据社会发展和学生成长需求,选择确定具体的研学资源;"联系点"——研学资源与学科知识有什么联系;"教育点"——研学资源对学生思想品德、个性心理、个体成长等方面的发展具有哪些价值,以校本化和课程化作为研学旅行落地的两个关键抓手,研发了覆盖贯通小、初、高学段,以"知根—寻根—培根"为主轴的一体化、分学段、有序推进的研学课程贯通体系(见图 3-2 和表 3-2),特别是以

① 余国志.研学旅行的校本表达与演绎——以北京中学"中华文化寻根之旅"研学课程为例[J].基础教育课程,2019(20):13-21.

"读万卷书、行万里路、听万家言、说万家事"为主线,精选了以北京周边区域和中国"两河文明"为核心的研学课程,形成了主题互通、逻辑贯通、学科融通的"中华文化寻根之旅"课程,具体课程包括:"崇文致理·徽州文化""灵动隽永·吴越文化""西域风情·丝路文化""钟灵毓秀·巴蜀文化""汉风唐韵·秦陇文化""大象无形·中原文化""厚德载物·齐鲁文化""游牧骑射·草原文化"。

图 3-2　北京中学小、初、高综合一体化研学课程体系图谱

表 3-2　北京中学小、初、高研学课程一体化贯通课程体系

| 学段 | 知根课程 | | 学段 | 寻根课程 | 学段 | 培根课程 |
|---|---|---|---|---|---|---|
| 一年级 | 七彩蝴蝶园 | 北京植物园 | 六年级 | 灵动隽永·吴越文化 | 十年级 | 责任担当·边疆支教 |
| | 孔庙、国子监 | 西山森林公园 | | 大象无形·中原文化 | | 生涯规划·职业体验 |
| 二年级 | 北京老字号 | 自然博物馆 | 七年级 | 汉风唐韵·秦陇文化 | 十一年级 | 坚毅笃行·戈壁徒步 |
| | 石花洞 | 京剧体验馆 | | 厚德载物·齐鲁文化 | | 爱心感恩·公益服务 |
| 三年级 | 中华民族园 | 农业博物馆 | 八年级 | 钟灵毓秀·巴蜀文化 | | |
| | 北京天文馆 | 洼里乡居楼 | | 西域风情·丝路文化 | | |
| 四年级 | 古建博物馆 | 黄花城水长城 | 九年级 | 崇文致理·徽州文化 | | |
| | 颐和园 | 北京科技馆 | | 游牧骑射·草原文化 | | |
| 五年级 | 故宫博物院 | 航空博物馆 | | | | |
| | 胡同、四合院 | 北京猿人遗址 | | | | |

　　知根课程主要在小学阶段开设,以活动型课程为主。课程内容聚焦北京周边区域文化,如西山文化、皇家建筑、环境物候、植物生态等,通过走访北京地区的自然、人文和科技等遗址、古迹,了解和体验发生在身边的自然和文化现象,厚植学生的人文基础。

　　寻根课程主要在初中阶段开设,以体验型课程为主,聚焦区域典型文化,走向外省,了解中华优秀传统文化在各地域的典型代表;进而走向世界,了解世界文明和优秀文化,培养具有国际视野、多元文化素养的创新拔尖人才。

　　培根课程主要在高中阶段开设,以实践型课程为主,聚焦人生职业规划、理想信念及价值观。以中华优秀传统文化和世界优秀文化为根,转知为行、转智成识,即把所学知识和经验用来认识世界、改造世界,进而把这种通过行动获得的智慧转化为内在的见识,以此提升自身的修养与格局。

## 四、根据行前、行中、行后时间轴线开发对应的前置课程、现场课程和拓展课程

按"三段论"方式设计研学旅行课程要综合校内外教育优势,按照行前课程、行中课程和行后课程的"三段论"方式进行设计,不同阶段侧重不同内容。例如,行前课程要突出安全和规则意识的培养;培养实践探究意识和能力的反思评价要以行后课程为主。目标明确、内容充实的行前课程和行后课程将有助于研学旅行取得良好的教育效果。

### 🔖 拓展阅读

**北京中学研学旅行的行前、行中、行后课程**[①]

优质的研学课程在实施过程中既要体现课程的系统性、逻辑性和结构性,又要给学生带来愉悦的学习体验。北京中学"中华文化寻根之旅"研学课程分为行前、行中和行后课程,三者共同构成了整个研学旅行课程体系的闭环。

行前课是指研学旅行全过程中开展的一种前置课程,其主要作用是为行中的课程开展和行后的课程评价做铺垫。行前课的主要内容为:研学目的地基本知识介绍,研学过程中的小组活动安排,研学过程中的科研课题和学习任务发布。

行前课主要是回答两个重要问题,即:为什么要去那个地方? 去那个地方做什么? 关于第一个问题,行前课应从以下四个维度来回答:一是从学校课程体系的角度介绍,让学生认识到研学课程是学校课程体系中众多的课程之一,严肃而权威。二是从中华文化的角度介绍,让学生认识到中华文化由很多地域文化组成且博大精深,因此,去不同的地方进行文化体验是一种成长的需要,有助于我们做一个有根的人。三是从学生未来发展角度来引导,说明未来各种学习活动,包括升学考试,都更加注重中华优秀传统文化的积累和积淀,而文化寻根课程契合了学生未来发展的需要。四是从青少年充满好奇心、求知欲及冒险精神等角度介绍,可设置一些悬疑和剧情待解的项目,引起学生的兴奋和好奇。

关于第二个问题,其实质是要求学生回答:到那里,我们可以做些什么? 可以获得什么? 学习目标是什么? 我们将这部分内容分为学习和旅行两个板块。学习板块教给学生一些常规知识,以及对课堂知识学习的拓展、印证和延伸;旅行板块开展爱国主义教育、安全教育、生活教育、公德教育等,帮助学生调整身心状态,做到生活与教育相结合。通俗一点说,就是要全面介绍目的地的各方面资料和信息,并发挥其教育功能。

在回答了这两个问题之后,一般而言,我们将行前课的设计流程分为三个环节:第一个环节主要介绍目的地信息,可以采用当地的宣传片进行情境导入;第二个环节主要介绍本次学习的任务,按照"四题递进"(主题—专题—问题—课题)的方式和顺序设计选题,师生双向结对,选择课题、项目、任务单等;第三个环节主要是对小组人员进行安排和分工,

---

① 余国志.研学旅行的校本表达与演绎——以北京中学"中华文化寻根之旅"研学课程为例[J].基础教育课程,2019(20):13-21.

如分为管理组、安全组、课题组、导游组等,确保人人有事做、事事有人做。

行中课是指在研学旅行过程中,研学导师指导和帮助学生开展学习任务的过程和活动,主要涵盖研学导师指导小组学生学习的研究课、晚间的分享会和进度报告会,以及学生自主开展的学习。行中课主要有以下4种学习方式:任务式学习(与学科学习挂钩)是指根据学科知识体系,基于目的地和资源点的特点和优势而设计的一种学习方式。体验式学习(以具身学习为主)是指通过学生亲自在场和听、看、说、做、观、演等身体感官参与的一种学习方式。研究性学习(以考察探究为主)是指学生以从学习生活和社会生活中获得的各种课题或项目设计、作品的设计与制作等为基本的学习载体,自主采用研究、探索等思路方法开展的一种学习方式。服务式学习(以社会公益实践为主)是指学生走进社区,或者以岗位角色扮演等方式,将课堂学习与现实问题和需要结合起来的一种学习方式。

行后课是指研学旅行结束后学生回到学校后的评价课程。评价是课程的重要一环,斯塔弗尔比姆认为,"评价最重要的意图不是为了证明(prove),而是为了改进(improve)"。为此,学校主要采用过程性评价、发展性评价以及增值性评价来评价学生的表现。在具体操作上,主要是借助几项大活动来达成对学生进行评价的目的。除了常规的师生、生生通过纸质表格互评以外,还可以开展专项活动,专门进行研学成果的汇报和展示(见图3-3)。如研学成果汇报会,主要是汇报研学课程中取得的学习成果;过程分享会,主要是分享研学过程中的所见、所闻、所思、所得;项目进展会,主要是汇报小组项目学习的阶段性成果、存在的问题及展望;反思改进会,主要是阐述研学过程中所存在问题的改进思路和协商方案等,用看似非常规的评价方式来"倒逼"学生的成长和发展。通过活动开展的系列评价,让课程育人的功效可见,让学生的成长看得见,更重要的是革除了"行前热热闹闹,行中轰轰烈烈,行后冷冷清清"的研学弊病。

图3-3　北京中学"中华文化寻根之旅"研学课程评价体系

## 五、基于主题教育框架开发课程

学校要坚持正确的教育价值引领,紧紧围绕立德树人的根本任务,从学生的年龄特点和发展需要以及研学旅行资源出发,确定各个学段研学旅行活动课程的主题,制定学校开展研学旅行活动的总体规划,使研学旅行活动课程主题明确、层次分明、目标清晰。

研学主题引导着学校研学旅行活动课程实施的方向,决定着研学课程实施的方式与目的地。研学主题确定后,结合研学目的地的资源,通过多途径调研研学任务与目标,梳理研学点涉及知识的内涵和外延,搭建研学知识之间的脉络,实现课堂内外知识的关联与迁移。教师通过深入分析课程内容,有助于清晰定位研学主题、理解课程框架和实施路径,为有效抓住教育契机做好准备①。

拓展阅读

### 太仓市实验小学研学旅行课程四大主题板块②

太仓市实验小学研学旅行课程内容的设计与选择,根据区域的地理位置及资源价值来进行合理遴选。以学校为圆心,学生可以涉足的距离为半径,把研学旅行课程按区域分为"漫步校园跨校一日体验""探访娄东家乡风土寻根""美丽中国开放主题课程""走近世界多元文化理解"四大板块,共16个主题。

板块一为"漫步校园跨校一日体验",共设 3 个主题课程,主要针对中低年级学生开展:①校园拾趣——结对乡镇学校,认识不同的校园环境,体验不同学校的特色文化;②生态探秘——开发校园生态园,进行户外观察;③跨校交友——结识异校小伙伴,进行住家体验,锻炼交往能力。

板块二为"探访娄东家乡风土寻根",共设 4 个主题课程,主要针对中低年级学生开展:①走近圣贤——了解娄东名人的生平事迹,热爱家乡,传承家乡文化;②寻访老街——畅游古镇老街,了解相关历史文化典故,感受江南古镇文化底蕴;③亲近园林——游览江南园林,知道它们的来历,培养对建筑、园林的审美情趣;④走进新农村——了解周边农村的发展变化,体验农民的生活,感受种植乐趣。

板块三为"美丽中国开放主题课程",共设 5 个主题课程,主要针对中高年级学生开展:①红色追踪——了解英雄的丰功伟绩,用红色精神滋养心灵,培养爱国主义情怀;②科技畅想——体验科技馆里的互动游戏,培养探究能力和思维能力;③登高望远——攀登高山,锻炼身体,增长见识,培养坚韧不拔的意志品质;④对话历史——游览历史名城,传承中华优秀文化,增强民族自豪感;⑤动物世界——了解动物的特征和习性,热爱生命和自然,提升生态保护意识。

板块四为"走近世界多元文化理解",共设 4 个主题课程,主要针对高年级学生开展:①地标建筑——参观世界各国的地标建筑,进行中外建筑比对研究,促进对不同国家历史和文化的了解,提高建筑、艺术审美的意识和能力;②特色美食——理解中西饮食文化及礼仪规范,把握本民族的文化特征;③人物印象——深入观察和了解身边的一个人物,学会不同国家待人接物的礼仪和方法,学会国际合作与分享;④物候特征——感受不同国家地区的气候变化,提高环保意识,拓展生存能力。

## 六、课程开发中实现多学科融通整合的动态设计

随着教育体制改革及素质教育的推进,传统的校园教育难以满足德育和树人的综合要求,而研学教育恰好将校园教育与校外教育、课堂教育与实践教育相结合,成为传统校园教育的重要补充方式。

① 张映雄,明镜.研学旅行活动课程开发主体探微[J].教育科学论坛,2020(1):68-70.
② 孟初薇.研学旅行课程内容设置方法及其注意点[J].江苏教育研究,2018(35):34-38.

一方面,弥补传统教育被动教授和分科教学的弊端,通过情境融入、实践体验的方式,综合学科知识与社会文化、理性思维与非理性思维等内容。在"研学旅行"课程开发过程中,把旅行过程中遇到的困难、发现的问题与学科教学内容联系起来,盘活原有的学科知识,让学科知识得到情境解读和迁移;在游学过程中促进学科技能的真正形成;突破学校课堂教学及分科教学的局限,探索多学科融合的创新型校外活动课程模式①。

**案例**

### 茶文化研究②

| 活动主题 | 活动领域 | 活动内容 |
|---|---|---|
| 茶文化研究 | 语文领域 | 小小新闻员、自主阅读、茶的诗文欣赏、调查参观记录、活动心得体会、讨论汇报交流等 |
| | 数学领域 | 采茶工作量以及茶叶价值构成的计算 |
| | 科学领域 | 实地考察茶叶产地,研究茶的种类与茶区分布、茶叶加工技术、茶具材料特性等 |
| | 体育与健康领域 | 攀登茶山、茶的保健功效 |
| | 艺术领域 | 茶的鉴赏、茶技茶艺,有关茶的曲艺、书画等 |
| | 品德与社会领域 | 茶的历史研究、实地考察、社会调查、交流汇报展示、敬茶活动 |

**案例分析**:"茶文化研究"主题活动突破了单一的学科视界,进行多学科的交叉与融合,融合语文、数学、科学、体育、艺术、文化等多个领域的内容,进行整合设计,同时,加强了活动内容与当代社会生活、与学生经验实际的联系,设计了茶的历史、茶的科学、茶的礼仪、茶艺表演、茶的文学、茶的诗词等活动内容,很好地实现综合实践活动的综合价值。

另一方面,在研学旅行课程设计中整合学科实践活动。按照行前、行中、行后三个阶段梳理校内不同学科的实践活动,以全过程体现教育价值的视角进行统整。在一定程度上弥补校园教育动态性不足的问题③。研学旅行的课程设计力求把多种学习方式、多个学习主题、不同学习内容、多门学科、多类参与主体等整合设计,做到游中有学、学中有研、学研结合、激思导学。

学校的教育教学内容可以融入研学旅行,引导学生开展研究学习;研学旅行中也会产生许多教学资源,教师要学会挖掘这些教学资源,并将其应用到日常的教育教学中,以丰富教学资源。例如,在落实各学科的单元主题教学时,恰好在先前组织学生开展过相关主题的研学旅行,教师应当将研学旅行中产生的各种资源合理利用到课堂教学中,让课堂学习变得更加立体、生动④。

---

① 段玉山,袁书琪,郭锋涛,等.研学旅行课程标准(一)——前言、课程性质与定位、课程基本理念、课程目标[J].地理教学,2019(5):4-7.

② 黑岚.小学综合实践活动课程的设计、实施与评价[M].北京:清华大学出版社,2020.

③ 马莹.整合与规范 研学旅行的价值取向与路径选择[J].中学政治教学参考,2019(27):86-87.

④ 黄敏.开展研学旅行要处理好三种关系[J].教学与管理,2018(36):64-67.

研学旅行课程不同于学校内的学科教学课程,是活动式课程,是以学生为主体,学习为中心,强调切身体验和融通多元经验的体验教育。研学旅行具有互动性、综合性、教育性、隐喻性、生活性、快乐性、健康性、体验性等特征,因此其课程是复杂多样的。课程开发要遵循全员参与、全程参与和全面参与的基本原则①。

# 第四节　研学旅行活动课程的价值

## 一、研学旅行活动课程是学生发展核心素养的有效载体和关键环节

### (一)研学旅行活动课程融通学校教育与现实生活,为学生全面发展奠基②

研学旅行中研究性学习与旅行体验相结合,是全面培养人的有效方式之一,它是一种全方位、立体式的学习方式,是学校教育的重要环节,是校园内学习方式的有益补充,在这一学习方式中能够达到物我相通、相融、相摄,将书本知识与现实生活联系起来,在体验中感受、在实践中接受教育,锻炼各方面能力。研学旅行活动课程将学生的发展拉入广阔的社会真实的环境中,有利于调动学生的学习积极性,激发学生学习兴趣,将学生与书本、与学科知识的关系转变为学生与丰富多彩的社会文化生活的关系;研学旅行活动课程开启和展开对书本知识的理解与运用,并在研学旅行中得以深化和提高,"不登高山,不知天之高也;不临深溪,不知地之厚也";通过体验学习,学生学会与人相处,学会分享与合作,学会健康的生活方式,培养学生的创新精神和创新能力,促进发展核心素养形成。在研学旅行的过程中,将学校教育与现实生活融通,理解生活、感悟人生,提升学生社会生活文化综合素养,为学生全面发展奠基。

### (二)研学旅行活动课程增加学生人文底蕴,培养科学精神

"读万卷书、行万里路"是我国优秀的传统教育理念和人文精神。中小学生通过对物质文化遗产资源如名胜古迹、博物馆、纪念馆等,以及一些非物质文化遗产如民俗、音乐、礼仪等的体验和探究,感受祖国美丽的大好河山、了解国情和优秀的传统文化,增强自身的人文知识和素养,培养个人的审美情趣,理解和掌握一些科学的认识方法和实践方法等。

中小学学生处在知识快速增长的年龄阶段,除了课本知识的学习,他们也渴望走出学校,走进大自然和社会,学习课本以外的知识。卢梭的自然教育理论认为,自然教育的目的是要顺应孩子发展的天性,让孩子成为充分发展的"自然人"。无论是传统文化、现代文

---

① 薛保红.师资与课程:把好研学旅行的品质关[N].中国青年报,2018-11-15(012).
② 殷世东,汤碧枝.研学旅行与学生发展核心素养的提升[J].东北师范大学学报(哲学社会科学版),2019(2):155-161.

明和当代科技,学生通过自己的眼睛和耳朵,亲自去看、去听、去感受、去思考,才能形成更为深刻的感性和理性认识,学习到更为丰富立体的文化知识,同时在研学过程中形成正确的世界观、人生观和价值观。学生在学习古今中外人文领域基本知识和成果的过程中,发展以人为本的意识和价值理念,增加崇尚真知、涵养、文化修养和个人的人文底蕴,培养自己独立思考、判断和实践的能力。

### (三)研学旅行活动课程有利于学生的自主发展

学生对自己学习和生活的有效控制管理,对自我价值的认识和发展,是其自主发展的重要内容。学生要做到主动学习,养成健康的生活方式,才能达到自主发展的目标。研学旅行活动课程以学生的自主发展为目标的设置,并具备开放性、探究性、体验性等课程特点,能够助力于学生自主发展[①]。

在研学旅行活动课程中,学生根据自己的兴趣爱好,选择适合自己的研究主题,自主选择与决定研学旅行方案、行动路线、行动时间,以及行动伙伴等,指导教师只是引导者、研学旅行的伙伴、学生安全的护卫者,在整个研学旅行活动中,学生始终处于主体地位。在研学旅行活动课程提供的开放空间中,学生的学习活动以自由自觉的状态去寻求、体味,充分发挥想象力,发现并捕捉灵感,超越课堂预设,跨越学科边界,进行有效的学习。学生了解与认识自然、社会与自我,积极开放地思考问题,在与同伴的合作中解决问题,获得知识,形成技能。研学旅行为学生的自主发展提供宽松的、自由的时空,在参与活动中,积极思考与探究,获得真情体验、具身认知,充分发挥个体的潜能,提升自我发展能力,实现本真学习。

研学旅行活动课程在外地实施,学生日常生活都靠自己解决,能够锻炼自己的生活技能,培养自主的生活习惯。同时集体活动要求团结协作完成,培养了学生的集体意识和合作精神。在研学旅行过程中,养成良好的健康生活方式和习惯,学习优良的文明礼仪和行为方式,培养热爱自己、热爱集体和热爱生活的美好情感,为学生在旅行中学会有效管理自己的学习和生活提供了机会,有利于学生健康生活的自主发展。

### (四)学生在研学旅行活动课程中融入社会文化生活,增强社会责任感

从学生核心素养来看,作为人的本质属性,社会参与重在强调处理好自我与他人、与社会的关系,学生通过社会参与,可以认识他人,融入集体,适应社会,并在社会参与的过程中,学会和他人相处,培养自己的集体荣誉感和责任感,成为一个有理想、有担当的人,最终实现自我的社会存在价值。

学生的社会责任感需要在具体的社会文化生活中,通过体验,才能感悟,进而增强。在研学旅行活动课程中,学生了解社会、了解自然、了解历史、了解国情、了解异地文化,充分利用"社会教育力",增强自己的民族自豪感和社会责任感。同时,在研学旅行过程中,

---

① 胡铁贵.发展研学旅行对我国中小学生核心素养培养的重要意义[J].当代教育实践与教学研究,2019(18):218-219.

思考人类与自然的和谐相处,以利于人类自身与自然可持续发展,从而形成积极的人生态度。

### (五)研学旅行活动课程能够融通学科课程,夯实学生发展的基本素养

研学旅行是一种通过旅行、"在场"观察开展的一种体验式的学习活动。在研学旅行的过程活动中,将所学的知识与社会实际文化生活联系起来,将各门学科知识融为一体,在综合的基础上进行分析与思考,以获得真情体验,习得知识与技能。在研学旅行活动中,所学的知识融会贯通,优化知识结构,从而形成概括性、综合化、更高级的知识信息。学生在实践体验、合作探究、思考论证中将多学科的知识结合起来进行综合分析问题,改变头脑中孤立的知识点存在状态,解决现实的社会生活问题,有利于促进学生综合思维的发展。学生在研学旅行小组或群体式的课程学习中,既锻炼了自己与他人沟通交流与合作的能力,又发展了多角度搜集处理信息、获取新知识的能力,有利于促进学生创新精神和实践能力的发展与提升。学生在研学旅行课程中不仅能够深切感悟知识发生的过程,还提高了解决问题的能力和社会实践的能力,为学生自身的全面发展奠定了基础。[①]

## 二、促进教师转变观念,提高课程意识和课程开发能力

2001年新课程改革要求转变教师的教学观、学生观,转变教师的教育理念,由原来的知识的传授者转变为知识的引导者,由原来师生关系中的权威者转变成学生的朋友,不再是"教师教、学生学"这样一种死板的状态,教师也不再是两耳不闻窗外事,一心只想教好自己所担任的学科。随着研学旅行政策的颁布,人们开始意识到,课程不再只是单纯地指知识,现在的课程更多的是经验和体验;教师不再一味地教给学生间接经验,而是将学生的间接经验和直接经验相结合;教学不是一味地授受关系,而是教师和学生之间形成一种教学相长的关系;教师不能只研究一门学科,而是要提高自己的课程开发能力,根据本学科的特点,开发适合学生的研学旅行活动。除了教师自身意识到自己的观念需要转变,学校也应该提供给教师一些培训,将教育部下发的政策及时向教师进行解读,并定期地让教师外出研修,开阔教师的眼界,丰富教师的知识与感性经验,使教师能够第一时间捕捉到政策的价值,及时地更新自己的观念。各位教师之间也要进行交流,交流近期发生的事件以及自己对教学的反思与感悟,通过交流,教师可以获得许多不一样的信息,扩充自身的知识储备。

## 三、推进课程改革,引导课程生活化

研学旅行政策自颁布之日起,便受到了各个小学的重视,它们开始逐渐进行学校的课程改革,立志将课程立足于实践,面向生活,能够为学生运用学科知识解决实际问题提供

---

① 王万燕. 基于核心素养的中学地理研学旅行课程建构研究[D]. 济南:山东师范大学,2018.

了广阔的空间。随着几个试点学校的开展,越来越能体现课程只有不断地生活化,只有不断地与学生的实际生活相联系,为学生所熟悉,才能激发学生不断探讨和创新的兴趣,学生才能在自己熟悉的环境中体验真正的课程,感受真正学习的意义。因此,研学旅行综合实践活动的开展促进了课程的改革,使课程不断地生活化,使学生越来越多地获取直接经验,从而去解决实际生活中遇到的各种问题①。

# 第五节 研学旅行活动课程开发中存在的问题②

## 一、重旅行、轻研学,课程沦为"眼睛课程""耳朵课程"

研学旅行是"一路行程,一路学程",课程设计应该体现出"游中研、行中悟"的特性。只有在研学旅行中科学处理研学与旅行的关系才能实现学游相长、学游共进的效果。但调查发现,众多学校将研学旅行诠释成"说走就走"的春秋游。学校缺乏前置课程设计,没有行前的探究方法研讨、知识储备和技能训练。更为严重的是,现场课程中的实践活动、探究活动被走马观花、浮光掠影的观光、游览、听讲解取代。旅行结束后也没有相匹配的拓展课程。研究性学习和体验式教学环节的缺失、课程教育意蕴不足,导致研学旅行课程无法发挥综合实践育人的作用。

## 二、学科嫁接痕迹明显,课程开发落入应试教育窠臼

研学旅行的天然优势是在动态、变化的情境中激发学生感官感知通达开放、感觉感悟积极迸发。研学旅行不是以书本为世界,而是以世界为书本。旅行过程中只有轻松地玩、自由地学,才能保证研学旅行活动课程与课堂教学的有效衔接。只有让学生在愉情悦性的游览过程中不知不觉地受到教益,才能保证校内学习与校外学习的互相畅通。研学旅行不是课堂的简单搬家,不该落入应试教育的窠臼,而应该充当学科知识之间互通整合的桥梁,使学生在行走中实现书本知识和生活经验的深度融合。

📝 **拓展阅读**

### 处理好学与游的融合关系③

研学旅行是将研究性学习和旅行体验相结合的校外教育活动,具有教育与实践的双重意义。在实施过程中,既要彰显活动的教育价值,促进学生综合素质的发展;也要赋予活动以实践意义,让学生获得充分的体验。在研学旅行中,应当处理好学与游的融合关系。

---

① 高新昱.济南市小学研学旅行综合实践活动调查研究[D].济南:山东师范大学,2019.
② 曲小毅.研学旅行课程化的路径探讨[J].教学与管理,2020(6):44-46.
③ 黄敏.开展研学旅行要处理好三种关系[J].教学与管理,2018(36):64-67.

一、以游促学,彰显游之教育价值

旅行体验是研学旅行的实现形式,研究性学习需要旅行体验来达成。旅行的目的不只是单纯的景点游览时学生的玩耍,还需要通过旅行发展学生各方面的能力,提升学生的综合素质。为了达成旅行中的研学目标,需要在旅行体验中实现游之主题性、知识性和成果性,以彰显旅行体验的教育价值。

(一)彰显游之主题性

学校旅行体验的主题,主要是关注学生的发展,渗透教育性。在主题的确立过程中,一方面要立足于学生的学段学情、学习目标和兴趣爱好,以学生发展的需要为出发点,并结合学校的培养目标、教育理念和办学特色等相关因素;另一方面要充分考虑当地的地理优势和旅游资源,在综合考虑各方面因素的基础上形成具有教育意义的旅行主题,指导旅行向着教育的方向发展。

(二)彰显游之知识性

研学旅行是一种具有教育性的实践活动,其旅行体验比一般的旅行更富有知识性,知识性体现在整个研学旅行过程中。首先,旅行目的不仅在于丰富学生的经历,还在于提升学生的综合能力,旅行目的直接决定着旅行主题的确立,旅行的知识性从主题开始。其次,研学旅行是一种对学生进行教育的实践活动,除了像一般的旅行需要对路线和景点做详细的了解以外,还需要行前向学生讲解旅行的相关知识,并与教育基地接洽,沟通旅行的教育内容和活动组织。最后,作为研学旅行的导游,需要更广的知识面,除了景点本身的知识,还要了解学生的年龄特征、兴趣特点和学习目标。

(三)彰显游之成果性

《意见》中指出:"各地要建立健全中小学生参加研学旅行的评价机制,把中小学组织学生参加研学旅行的情况和成效作为学校综合考评体系的重要内容。"研学旅行既关注学生的体验过程,也注重旅行体验所带来的教育实效。如果活动轰轰烈烈地开展过后给学生留下的只有开心的体验,和普通的旅行没有太大的区别,那么这样的研学旅行未实现预期目标,不能称作是成功的。旅行过程,除了教育基地组织的一系列活动外,还包括回校后开展的成果评价活动,如征文、摄影、绘画、旅行游记和调查报告等,以落实研学旅行体验的实效。

二、融学于游,赋予学以实践意义

研究性学习是研学旅行的内在要求,是通过旅行体验这种外在形式实现的。如果缺乏真正的旅行体验,研学旅行便失去其生存的土壤。只是在传统知识灌输基础上的学习,不能称其为研学旅行。因此,研学旅行中的研究性学习是在旅行体验中完成的,赋予学以开放性、体验性和探究性,饱含着实践意义。

(一)赋予学以开放性

研究性学习既可以是对理论知识的学习,也可以是对实践活动的探究。研学旅行是研究性学习和旅行体验相结合的校外教育活动,很显然,这里的研究性学习是在校外的旅行体验中进行的。学校与教师即使是引导学生开展研究性学习,但如果还是局限在与平时的学习环境差别不大的狭小空间中,则不是真正的研学旅行。研学旅行中的学之开放性,除了学习空间的开放性外,还要求学习内容的开放性。虽然每次旅行有确定的主题,但这只是一个活动的方向,具体的学习内容是围绕主题并根据学生的个性差异灵活设计的,充分尊重学生的个性发展,让学生在自身的体验下获得各自的成长。

(二)赋予学以体验性

"研学旅行要因地制宜,呈现地域特色,引导学生走出校园,在与日常生活不同的环境中拓展视野、丰富知识、了解社会、亲近自然、参与体验。"研学旅行要求学生参与体验,在体验中开展研究性学习,增强自身的实践能力。学校在安排旅行体验的过程中,一方面,由于对学生学习任务的过度忧虑,容易倾向于将大部分的旅行时间花费在对学生的知识传授上,忽视学生的亲身体验;另一方面,旅行体验的时间是有限的,花在学习内容上面的时间越多,留给学生体验的时间也越少,学生在活动过程中没有获得应有的体验,难以达到研学旅行的实践性目标。对于学生的研究性学习,应当给予学生足够的体验时间,通过亲身的深刻体验,学生能够更好地理解知识,锻炼发现问题、思考问题和解决问题的能力,实现全面发展。

(三)赋予学以探究性

研学旅行中的学是指研究性学习,注重对学生发现问题、思考问题和解决问题能力的培养,注重学生的思维训练过程,而不是学生被动地接受外界传递的知识。探究性教学是实现研究性学习的有效途径,因此,应当赋予研学以探究性。探究重在过程,应当贯穿于研学旅行的各个环节。在研学的内容选择、研学的活动组织以及研学的学习方式和成果展示形式等各个环节,充分调动学生的积极性,让学生参与到每个环节的讨论中来,对于过程中的相关事宜,给予学生发表意见的机会。

## 三、课程开发不成体系,呈现出无规律、非连续性特征

课程体系是研学旅行课程化的标识之一。但是从学校开展研学旅行的实践来看,由于缺乏顶层设计和统筹规划,最终不能生成具备主题序列性和主题模块的研学旅行课程体系,现实操作中,缺乏统领、主题过于单一、主题序列性不明显的现象十分严重。很多学校经年累月地在各个学段千篇一律地开展同一个主题活动,没有进行同一主题统领下学期之间、学年之间、学段之间子课题的梯度性、递进性和纵深性设计。课程体系建设中的另一问题是不同主体之间没有实现模块化。有的学校设计了众多主题的研学旅行活动课程,但主题之间缺乏校本文化的统领,不能实现与校本课程之间的有效整合,缺乏与国家课程及研学旅行课程之间的良性互动,因此不能形成模块化的课程体系。

## 四、课程评价体系不完备,缺乏科学的评价机制

过程评价不充分是课程评价中比较普遍的问题。首先,研学旅行课程的实践性、综合性、生活性和开放性等特点决定了过程评价与结果评价只有相互结合才能生效。一方面,研学旅行处于动态、变化的情境中,学生学习的内隐性给过程评价带来了难度。另一方面,应试教育体制下过程评价的薄弱使研学旅行的评价体系和评价机制缺乏可供借鉴的"模板"。其次,课程的多元评价机制薄弱。虽然学校都认为教师一锤定音的传统评价方

式存在弊端,认同多元评价机制的科学性,但评价主体如何确定、评价权重如何赋予、评价量规如何细化等问题尚未突破。再次,对研学导师的评价方案缺失。虽然《意见》有"加强学生和教师的研学旅行事前培训和事后考核"的明确表述,但是极少有学校出台对研学导师的考核评价方案。对评价主体、评价量规、评价等级以及与评价相挂钩的授课资质等问题尚未进行有益的探索。

## 第六节 研学旅行活动课程开发的策略

### 一、学校树立科学、系统的课程体系意识,做好顶层设计

将研学旅行课程纳入学校课程体系,首先要找准研学旅行课程在学校课程体系中的定位——处理好与国家课程、其他校本课程之间的关系。主题化、模块化、序列化地整体规划研学课程的校本体系。学校要树立大资源观,结合校本文化挖掘地域资源的教育价值。结合课程教学、地域特色、学生兴趣、学校优势等生成众多研学主题后,要对主题进行归类梳理,归入相应的主题模块。与主题模块相对应的课程应该体现出序列性和连续性,既有分学段课程,又要有跨学段课程;既有因地制宜、突出地域特色的区域内课程,又有开阔视野、体验异地文化的跨区域课程;既有学校课程,又有年级课程、班级课程;既有自然景观及人文景观的赏析类课程,又有以研究课题为导向的研究性课程。

### 二、以多元主体协同备课的方式实现课程设计的落地

研学基地更了解资源特色和研学对象,旅行社最擅长线路设计和交通食宿安排,而对学生探究能力、校本文化最有发言权的是一线教师。因此,以学科教师为主导,研学基地、旅行社共同参与的协同备课方式是最佳选择。首先,以学科教师为主导,一线教师协同备课。针对不同的研学主题形成多学科知识点储备,尤其要打破文本格局,跨学科整合课程资源。课程中的知识来源于生活,学生所习得的学科知识最终会回归于现实生活中,而研学旅行就是在眼前的真实世界和脚下的生动自然中贴近生活、感悟生命的活动,因此研学旅行的课程开发必然要求多学科知识共同参与。其次,基地是研学旅行的载体,基地课程是研学旅行课程的核心。以研学基地和旅行社为代表的第三方机构在充分调研中小学课程要求和办学理念的基础上带着课程来竞标,教师也要走进基地实现与基地的对接备课。最后,学生代表及家委会代表再一次讨论,形成最终课程方案。有条件的学校或研学基地要率先进行研学旅行课程信息平台的研发尝试,以便在开放空间中让多方同步共享数据资源。

### 三、给予机制保障,将研学旅行课程纳入教学计划

只有给予课时和学分方面的制度保障才能最终促成研学旅行课程的落地实施。目前,国家尚未有培养研学旅行专职教师的机制,研学旅行课程的授课教师多是学科教师兼任。研学旅行活动课程没有固定的教材和课程标准,自主研发的难度较大,学校更应该配备研学旅行课程开发相关的课程费用、课时费或补贴等作为激励,以充分调动教师课程开发和实施的积极性。同时,各级主管部门要给予课程开发必要的经费支持,各旅游主管部门也应该减免相关景点和场馆费用,严格执行学校交通优惠政策,最大幅度地降低课程开发成本。

### 四、建立三级评价体系,有效统整学生评价、教师评价、学校评价

在对学生的评价中,除自评、师评外,将研学基地纳入评价主体的范畴中,实现学生和基地的互动评价,使基地建设更加契合研学需求,也帮助学生审视自己的探究习惯和行为。在进行过程评价时要把握旅行活动的异地性特征,将对异地文化的理解力、包容力,以及与当地人的交际能力作为学生评价的重要内容。还要健全学生研学旅行课程的档案系统,鼓励学生自己设计、积累、分享档案记录,为过程评价提供支撑材料。档案袋的相互借阅可以使学生共享研究成果,也可为新的研学旅行指导教师快速进入角色提供帮助。对教师的评价也应该成为研学旅行课程评价的题中之意。对学生评价的出发点和最终归宿是"帮助",即便划分了等级也是为了学生更好地审视自己,而非资源分配。但对教师的评价要与其是否具备研学旅行课程指导教师的资质挂钩。教师的评价要着重考察他们是否有课程方案,是否在研学旅行过程中恰当地扮演了学生的学习伙伴和有效引导者等。最后教育主管部门要将对生、对师评价的完备性作为考核学校研学旅行落实状况的评价指标之一。只有建立三级评价体系,才能促成研学旅行课程高品质、可持续开发。

**【教与学活动建议】**

在班会上请学生们讲一讲历次研学旅行中印象最深刻的关于小组合作的故事。引导学生思考研学旅行中有哪些方面需要进行小组合作?什么样的合作是最有效的?期望一些怎样的研究伙伴?

# 思考与实践

贾公祠方案说课

## 一、理论思考

1. 研学旅行活动课程具备怎样的性质?

2. 研学旅行活动课程的价值体现在哪里?

3. 研学旅行活动课程开发的原则是什么?

4. 研学旅行活动课程有哪些理念？

## 二、实践探索

1. 调研所在学校研学旅行活动课程的开发现状，着重考察其课时、师资配备、在课程体系中的位置、课程方案中各要素的完备度等，形成调查报告提交给教学主管。

2. 利用家长会向家长宣传研学旅行活动课程的价值，并与家长商讨如何发挥课程的优势及家校合作进行课程开发、实施和评价的机制。

第二篇

## 课程开发篇

# 第四章　研学旅行活动课程目标和课程资源

**本章学习目标**

### 知识目标

1. 能够理解育人目标、课程目标、教学目标之间的关系。
2. 能够识记综合实践活动课程的总目标和学段目标。
3. 能够解析研学旅行活动课程的总目标和学段目标。

### 能力目标

1. 能够识别资源的教育价值并将其转化为研学旅行课程资源。
2. 能够结合学段特点开发研学旅行课程资源。
3. 能够掌握整合资源的方法。

### 核心概念

育人目标（Educational Objectives）、课程目标（Curriculum Objectives）、教学目标（Teaching Objectives）、课程资源（Curriculum Resources）、资源开发（Resource Development）

### 引导案例

巴蜀小学严格把好课程入口关，通过举行招标会，让更多具有资质保证和课程开发能力的社会单位，以课程开发主体的身份参与到学校研学课程建设中，形成了一种校内外协作的 N-N（多对多）课程开发模式，充分整合了学校资源与社会资源。

招标内容主要包括"课程开发"和"商务评审"两个方面。"课程开发"项共 80 分，包括"课程特色与设计"和"课程实施与保障"各 40 分，由学校研学旅行课程专项工作小组、学术委员代表、家长代表、学生代表、上级及社会专业人士代表组成评委组，根据评分标准，现场打分填写"评标记分表"（见表 4-1）。

"课程特色与设计"由基地提前进行设计，主要评比：一是课程目标，切合小学生特点和巴蜀育人目标，基于学科（课程标准、教材）；二是课程特色，有课程的完整设计方案，有创新性、独特性；三是课程设计，有教育性、童趣性和可操作性，现场展示清晰、效果好；四是课程影响，能够有意识、有能力、有效率地进行课程总结梳理和不同形式的传播，形成了一些成果，产生了一定范围内的口碑。"课程实施与保障"由基地介绍，并提供相关佐证

若想系统地研究某个教育计划，首先必须明确要达到的教育目标。
——拉尔夫·泰勒，美国教育学家、课程理论专家

材料,主要评比:一是课程研发,有固定的课程开发团队和较高水平的研发能力;二是教师队伍,有稳定、充足和较高素质的教师团队实施课程;三是实践场所,有实践基地或战略性合作伙伴;四是课程评价,有全程实施的评价办法,关注到个体与集体;五是安全保障,有安全意识、各种情况相应应急处理措施和机制,有正规的用车渠道,有保险购买等。"商务评审"为 20 分,包括招标书规范、基地资质、材料真实性等。

表 4-1 学生"研学旅行"课程方案招标评标记分表①

| 序号 | 课程特色与设计(40 分) | | 课程实施与保障(40 分) | | 商务评审(20 分) | 总分 | |
|---|---|---|---|---|---|---|---|
| | 先入等 | 再评分 | 先入等 | 再评分 | | 分数 | 排序 |
| 1 | | | | | | | |
| 2 | | | | | | | |

注:1. 各项 40 分。其中,A 等(35~40 分)、B 等(30~34 分)、C 等(30 分以下)。

2. 分数请填齐"先入等""再评分",最后填"总分"。

这个案例对你理解课程资源开发有什么帮助?研学旅行活动课程建设过程就是用课程理论、课程意识的视角将研学旅行活动课程化的过程。研学旅行活动课程首先应该具备课程的四要素:课程目标、课程资源、课程组织和课程评价。研学旅行活动课程目标是什么?课程目标之下主题活动目标该如何确定?确定目标的原则有哪些?方式有哪些?成为研学旅行活动课程资源要符合哪些条件?课程资源开发在研学旅行活动课程实施中有什么意义?资源开发时应该遵循哪些原则?带着这些问题开始本章的学习。

# 第一节 研学旅行活动课程的课程目标

## 一、育人目标、课程目标、教学目标三者的关系

人类的一切活动都是有目的的,教育活动也不例外。教育活动的目的是通过课程实现的,课程是教育活动的核心,是人才培养的具体体现。因此,育人目标位于课程目标的上位,统领着、引导着课程目标。课程目标的确定是要在学校育人目标的基础上进行的。

所谓课程目标,是指课程本身要实现的具体目标和意图,学生完成该门课程后所应该达到的知识、能力与素质的基本标准与要求。课程目标是课程建设的魂,是整个课程的内在核心要素和指导整个课程编制的关键准则,是课程内容、教学目标和教学方法确定的基础②。课程目标不是单一的,而是不同目标的有机组合,各个目标之间彼此联系,共同作用于课程。不同年级之间的课程目标是一个连续的统一体,高年级的课

---

① 张帝,陈怡,罗军.最好的学习方式是去经历:研学旅行课程的校本设计与实施——以重庆市巴蜀小学为例[J].人民教育,2017(23):19-24.

② 黑岚.小学综合实践活动课程的设计、实施与评价[M].北京:清华大学出版社,2020.

程目标是建立在低年级的课程目标的基础之上的。课程目标是分层次的,由不同的维度目标构成。课程目标的确定是一个复杂而又具有创造性的过程,是充分发挥课程编制者智慧的结果。

所谓教学目标,即教学目的和要求,专指课程教学中教师对学生学习结果的预期,也称课程教学目标,简化为"教学目标"。教学目标是通过一个特定教学过程(如一节课、一个主题活动过程或者是研学旅行活动课程中一个具体课时活动)实现的。教学目标是指学生通过一个教学过程的学习结果,这个学习结果可以是某种知识、某种技能,也可以是某种观念、态度的形成或获得。教学目标是关于教学将使学生发生何种变化的明确表述,是指在教学过程中所期待得到的学生的学习结果,是教学过程中的教与学的互动目标,具有可操作性和细化的特点。在教学过程中,教学目标起着十分重要的作用。教学过程以教学目标为导向,且始终围绕实现教学目标而进行。教学目标是课程目标分解、细化了的一小部分。当完成和落实了每一个小教学目标的同时,课程的大目标也就实现了。

因此,育人目标、课程目标和教学目标之间是层层分解的关系(见图 4-1)。

图 4-1 育人目标、课程目标、教学目标三者关系

 拓展阅读

### 课程目标与教学目标的区别与联系[①]

一、两者的区别

(1) 含义不同。课程标准通常包括了几种具有内在联系的标准,主要有内容标准(划定学习领域)和表现标准(规定学生在某领域应达到的水平)。课程目标是指课程本身要实现的具体目标和意图,学生完成该门课程后所应该达到的知识、能力与素质的基本标准与要求。教学目标是指学生通过一个教学过程的学习结果,这个学习结果可以是某种知识、某种技能,也可以是某种观念、态度的形成或获得。

(2) 指导对象和范围不同。课程目标指导整个课程;而教学目标只是指导某一节课的过程。两者的指导范围大小有差异。

(3) 具体程度不同。课程目标较为抽象,是一门课程整体完成后所要实现目的的概括性描述,不做具体性要求;而教学目标则较为具体,是对一个特定教学过程的具体要求。

(4) 实施主体不同。课程目标的实施主体涉及教育管理部门、课程指导机构、师资培

---

① 黑岚.小学综合实践活动课程的设计、实施与评价[M].北京:清华大学出版社,2020.

训基地、教材与教学参考书的编写者与审核者、学校的专业教师和教辅人员以及全体接受课程教育的学生;而教学目标的实施主体只包括担任课程教学任务的专业教师、教辅人员以及全体接受课程教育的学生。相对教学目标来说,课程目标的实施主体范围更广。

(5)灵活程度不同。课程目标往往是国家教育管理部门组织有关专家研讨、推敲的结果,一旦被确定,就不会轻易改动,具有一定的导向作用;而教学目标往往是由任课教师根据自己对课程的理解和实际教学情况来确定的,某节课甚至某个教学活动环节上的教学目标都是可以灵活调整的。

二、两者的密切联系

教学目标是课程目标分解、细化的一小部分。当完成和落实了每一个课堂小教学目标的同时,课程的大目标也就实现了。课程是学校教育的核心,课程目标对日常教学工作进行导向;教学是实施课程目标的主要途径,教学目标是对课程目标的细化。二者的提出或指定的依据相同。两者都是以课程标准所限定的范围和各科教材内容所应达到的深度为依据,都必须服从于学校的培养目标,服务于培养社会主义接班人这一整体的国家育人总目标,具有相同的服务对象。虽然课程目标与教学目标存在着诸多差异,但是两者在教学中所起到的作用是相同的。都是教学过程的出发点和归宿,都对落实教学大纲、制订教学计划、组织教学内容、明确教学方向等起着重要的导向作用。

总之,课程目标与教学目标之间的关系是既有区别又密切联系的,教师要把握好它们之间的关系,这样有助于提高教学工作的自觉性和主动性。

# 第二节  育人目标、课程目标、教学目标在研学旅行活动课程中的规定

## 一、育人目标

2014年教育部研制印发《关于全面深化课程改革落实立德树人根本任务的意见》,提出"教育部将组织研究提出各学段学生发展核心素养体系,明确学生应具备的适应终身发展和社会发展需要的必备品格和关键能力"。2016年核心素养课题组历时三年集中攻关,并经教育部基础教育课程教材专家工作委员会审议,最终形成研究成果。中国学生发展核心素养以科学性、时代性和民族性为基本原则,以培养"全面发展的人"为核心,分为文化基础、自主发展、社会参与三个方面,综合表现为人文底蕴与科学精神、学会学习与健康生活、责任担当与实践创新六大素养,具体细化为国家认同、国际理解、社会责任,人文积淀、人文情怀、审美情趣,理性思维、批判质疑、勇于探索,乐于学习、勤于反思、信息意识,珍爱生命、健全人格、自我管理,劳动意识、问题解决、技术应用18个基本要点。中国学生发展核心素养的提出,强调了全面发展这个核心,是落实立德树人根本任务的一项重要举措,是适应世界教育改革发展趋势、提升我国教育国际竞争力的迫切需要,也为研学旅行提供了育人目标。

拓展阅读

## 培养学生关键能力对中小学研学旅行活动课程开发的要求①

2017 年 9 月,中共中央办公厅、国务院办公厅印发《关于深化教育体制机制改革的意见》,在"健全立德树人系统化落实机制"中充分肯定了校外资源的育人功能,明确提出要注重培养支撑终身发展、适应时代要求的四大关键能力:认知能力、合作能力、创新能力、职业能力。中小学研学旅行活动课程是培养学生关键能力的重要载体。

中小学研学旅行活动课程是基础教育教学的重要内容,应承担起培养中小学生关键能力的重任。首先应审视研学旅行活动课程开发本身,明确培养学生关键能力给研学旅行活动课程开发带来什么样的要求,才能助力优质研学旅行活动课程的生成和中小学生关键能力的培养。

一、中小学研学旅行活动课程开发应合乎培养学生认知能力的目标

中小学研学旅行活动课程应培养学生认知能力,即在培养学生基础知识和基本技能的过程中,引导学生增强独立思考、逻辑推理、信息加工、学会学习、语言表达和文字写作的素养,进而养成终身学习的意识和能力。于是,对中小学研学旅行活动课程开发也带来了相应要求。第一,该门课程应力求达到何种教育目标。针对这一问题,无论是出于对中小学生本体的研究,还是对校外研学旅行要素的研究,我们都不难发现,一是中小学生有认知的需求及必要;二是校外资源是促进认知的重要内容。因此,要求研学旅行活动课程目标的选取应包含认知能力维度。第二,在选择何种资源组成课程内容时,其中教育目标是影响课程内容选择的重要因素,既然将培养学生认知能力作为中小学研学旅行活动课程目标之一,那么,在选取研学旅行基地、划定研学旅行主题、设计研学旅行活动等的过程中,应包含有利于实现学生认知能力增长的课程内容。第三,在组织、实施研学旅行活动课程时,应注重培养学生认知能力的有效性,通过提供适宜的实践探究、指导教学等,确保学生能有机会不断发展与认知有关的技能,体会认知能力发展的过程。第四,在课程评估中,评估标准之一便是达成教育目标的程度,其中就应该关注对学生认知能力的评定,以便进一步改善各课程要素以更加有效地培养学生认知能力。

二、中小学研学旅行活动课程开发应合乎培养学生的合作能力的目标

将培养学生合作能力作为中小学研学旅行活动课程的育人目标之一,即要求该门课程力求在培养学生基础知识和基本技能的过程中,能引导学生学会自我管理,学会与他人合作,学会过集体生活,学会处理好个人与社会的关系,遵守、履行道德准则和行为规范。因此,在研学旅行活动课程目标的表述中应含有相应的行为目标,并以有利于培养学生合作能力的形式陈述具体的说明。在选择何种资源组成课程内容时,可以将旅行过程中集体生活这一部分的衣、食、住、行的自我管理划定为课程内容之一②。此外,可将研学旅行以小组合作的形式进行。在研学旅行活动课程实施中,一是应把握住集体生活的珍贵机会,培养学生学会过集体生活;二是应利用小组探究等形式,力求在以小组为学习单位的

① 曾素林,刘璐.基于关键能力的中小学研学旅行活动课程开发的挑战与对策[J].教育探索,2019(1):29-33.
② 朱洪秋."三阶段四环节"研学旅行课程模型[J].中国德育,2017(12):16-20.

活动实施中有效促进学生之间的合作,培养学生学会与他人合作。同样地,在课程评估中,评估标准体系被要求含有检查学生的合作能力的模块,以便准确评定学生合作能力的水平和各课程要素在提升学生合作能力方面的贡献与不足,然后对各课程要素加以修正,以更加有效地培养学生的合作能力。因此,在中小学研学旅行活动课程开发过程中,应从课程目标的确立、课程内容的选择、课程实施的设计、课程评价的探索等方面注重培养学生的合作能力。

三、中小学研学旅行活动课程开发应合乎培养学生创新能力的目标

为了让广大中小学生在研学旅行活动课程中激发出好奇心、想象力和创新思维,养成创新人格,鼓励他们勇于探索、大胆尝试、创新创造,从而培养学生的创新能力,那么,必然要对中小学研学旅行活动课程的开发过程提出要求。第一,将培养学生创新能力表述成为具体的、清楚的包括创新行为方面和创新内容方面两个维度的课程目标。第二,在选择课程资源时,应选择对学生而言较为新奇,使学生有机会创新创造并获得满足感的课程资源。第三,在进行课程设计时,一方面是在对资源环境进行观察分析的基础上,把它们改造成为更符合培养学生创新思维的课程环境;另一方面就是通过在不同的环境下抛出需要发挥想象力和创新思维、需要进行尝试和探索的问题,引发学生的思考、尝试、探索和创新,设计成为一系列含有创新思维的研学旅行活动。第四,对课程实施和教师行为还应做出规划,对各项活动的开展顺序、开展方式做出大量的预先规划,也包括随着研学旅行的进行而开展的规划,其中的教师行为更多应是对学生创新能力提升有帮助的引导行为,且注重对学生达成课程目标的过程性评价,以指导后续的课程实施。

四、中小学研学旅行活动课程开发应合乎培养学生职业能力的目标

对中小学生来说,发展学生的职业能力是越来越被重视的一个维度,因而我们必须关注中小学研学旅行活动课程如何能引导学生适应社会需求,树立爱岗敬业、精益求精的职业精神,践行知行合一,积极动手实践和解决实际问题。因此,为了培养学生的职业能力,在研学旅行活动课程开发过程中,要求在培养学生基础知识和基本技能的基础之上注重职业认知、实践与体验。无论是以某职业认知、职业体验为主题的研学旅行活动课程开发,还是其他主题的研学旅行活动课程开发,都应该含有职业能力方面的教育设计。研学旅行课程资源不仅包括景观资源,人文资源也是相当丰富的,研学旅行基地有各式岗位的从业人员,研学旅行课程环境中也能与许多职业有间接关联。这就要求课程开发者对选定的研学旅行基地进行细致的考察,挖掘出可进行职业教育的部分,进而设计出合乎培养学生职业能力的课程内容。当然,开发一门以某职业为专题的研学旅行活动课程对培养学生职业能力是再好不过了,课程开发过程中应当着力于创造职业体验、实践及感悟的机会,通过直观的形式对一个岗位、整个行业以及共同的职业精神有直观的认知和感悟。

不管是中国学生发展核心素养体系,还是《关于全面深化课程改革落实立德树人根本任务的意见》倡导的四大关键能力,都是对"全面发展的人"的解读。因此,要以培养面向未来的全面发展的人作为研学旅行活动课程目标的上位目标。研学旅行课程目标的设定要以此为基础展开。

## 二、研学旅行活动课程目标设定

### （一）研学旅行活动课程目标依据

课程目标的制定不是一蹴而就的事情，需要课程编制者的精心考虑与细致打磨，是在澄清一些有关课程目标的基本哲学假设的前提下，根据具体实际情况，并经过集体审议而做出的一致性的价值判断。一般来说，确定课程目标的依据有以下三个方面。

**1. 学生发展的需要**

学生的受教育阶段是人的发展阶段中的特殊阶段，这个阶段就是要充分满足学生的发展，为其走向社会做好充足的准备。学生的成长发展是一个极其复杂的系统工程。满足学生的发展，就是要满足学生的现实生活需要和终身发展的需要，这是课程目标制定的根本依据。课程目标要以"满足学生发展需要"为核心，着眼于每一个学生的全面发展是课程目标制定的基础。在课程目标的制定中，要充分考虑学生兴趣爱好以及他们的发展需要。如何立足于学生的学习兴趣爱好和年龄特征，促进中小学学生的身心和谐而又全面的发展，不仅仅是学生课程开设的根本，也是制定课程目标的基本依据。立足于学生发展的课程目标，才能真正地体现课程开设的价值，回归教育的本质。

**2. 社会发展的需要**

接受课程的对象是学生，学生不是孤立存在的个体，他们生活在社会中，并与社会发生着各种各样的联系，学生的成长与社会的发展是相互依赖、相互促进的。当代社会的发展对于学生的成长不断地提出新的要求。这是一个快速变化的社会，可持续发展、全球化、信息化和知识化是这个社会的标签。这些社会特征与要求对学校教育和学生的学习与生活产生了深远的影响，要求新时代的学生要具有信息搜集与处理的能力、交流与合作的能力、自主获取知识的能力，以及终身学习的观念等。课程编制者在制定课程目标时，要充分体现这些新的时代要求。

**3. 科学技术发展的需要**

随着时间的流逝，科学技术的发展更是突飞猛进，随着科技的发展，人类文明也不断向前发展。科学技术既是我们认识自然、改造社会，以及自我完善的有效手段，也是我们在当今社会必须掌握的知识与技能。现代科学技术发展迅速，其基本趋势是分化与综合，新学科、新知识的不断出现，学科门类越来越细；学科之间的联系日益密切，交叉学科和边缘学科的不断产生，综合性越来越强。科学技术的迅猛发展直接影响着课程的形态和课程内容的组织。中小学生必须要适应科学技术的发展，培养自己运用知识解决问题的能力、创新精神和创新能力。以科学技术的发展需要作为课程目标制定的依据，才能使课程的知识结构满足科学技术发展对于学生的培养要求。

## （二）研学旅行活动课程目标①

《指导纲要》将研学旅行归入综合实践活动课程的考察探究方式中，因此，研学旅行活动课程目标的确立首先应该参照综合实践活动课程目标体系。在新颁布的《指导纲要》中对综合实践活动课程的课程目标进行了总与分的设计，也就是既规定了综合实践活动课程的总体目标，也规定了综合实践活动课程的小、中、高不同学段的学段目标。

**拓展阅读**

### 《中小学综合实践活动课程指导纲要》中的课程目标规定②

······

二、课程目标

（一）总体目标

学生能从个体生活、社会生活及与大自然的接触中获得丰富的实践经验，形成并逐步提升对自然、社会和自我之内在联系的整体认识，具有价值体认、责任担当、问题解决、创意物化等方面的意识和能力。

（二）学段目标

1. 小学阶段具体目标

（1）价值体认：通过亲历、参与少先队活动、场馆活动和主题教育活动，参观爱国主义教育基地等，获得有积极意义的价值体验。理解并遵守公共空间的基本行为规范，初步形成集体思想、组织观念，培养对中国共产党的朴素感情，为自己是中国人感到自豪。

（2）责任担当：围绕日常生活开展服务活动，能处理生活中的基本事务，初步养成自理能力、自立精神、热爱生活的态度，具有积极参与学校和社区生活的意愿。

（3）问题解决：能在教师的引导下，结合学校、家庭生活中的现象，发现并提出自己感兴趣的问题。能将问题转化为研究小课题，体验课题研究的过程与方法，提出自己的想法，形成对问题的初步解释。

（4）创意物化：通过动手操作实践，初步掌握手工设计与制作的基本技能；学会运用信息技术，设计并制作有一定创意的数字作品。运用常见、简单的信息技术解决实际问题，服务于学习和生活。

2. 初中阶段具体目标

（1）价值体认：积极参加班团队活动、场馆体验、红色之旅等，亲历社会实践，加深有积极意义的价值体验。能主动分享体验和感受，与教师、同伴交流思想认识，形成国家认同，热爱中国共产党。通过职业体验活动，发展兴趣专长，形成积极的劳动观念和态度，具

① 段玉山，袁书琪，郭锋涛，等.研学旅行课程标准（一）——前言、课程性质与定位、课程基本理念、课程目标[J].地理教学，2019（5）：4-7.

② 教育部.关于印发中小学综合实践活动课程指导纲要的通知[Z].教材〔2017〕4 号.http://www.moe.gov.cn/srcsite/A26/s8001/201710/t20171017_316616.html?from＝timeline.

有初步的生涯规划意识和能力。

（2）责任担当：观察周围的生活环境，围绕家庭、学校、社区的需要开展服务活动，增强服务意识，养成独立的生活习惯；愿意参与学校服务活动，增强服务学校的行动能力；初步形成探究社区问题的意识，愿意参与社区服务，初步形成对自我、学校、社区负责任的态度和社会公德意识，初步具备法治观念。

（3）问题解决：能关注自然、社会、生活中的现象，深入思考并提出有价值的问题，将问题转化为有价值的研究课题，学会运用科学方法开展研究。能主动运用所学知识理解与解决问题，并做出基于证据的解释，形成基本符合规范的研究报告或其他形式的研究成果。

（4）创意物化：运用一定的操作技能解决生活中的问题，将一定的想法或创意付诸实践，通过设计、制作或装配等，制作和不断改进较为复杂的制品或用品，发展实践创新意识和审美意识，提高创意实现能力。通过信息技术的学习实践，提高利用信息技术进行分析和解决问题的能力以及数字化产品的设计与制作能力。

3. 高中阶段具体目标

（1）价值体认：通过自觉参加班团活动、走访模范人物、研学旅行、职业体验活动，组织社团活动，深化社会规则体验、国家认同、文化自信，初步体悟个人成长与职业世界、社会进步、国家发展和人类命运共同体的关系，增强根据自身兴趣专长进行生涯规划和职业选择的能力，强化对中国共产党的认识和感情，具有中国特色社会主义共同理想和国际视野。

（2）责任担当：关心他人、社区和社会发展，能持续地参与社区服务与社会实践活动，关注社区及社会存在的主要问题，热心参与志愿者活动和公益活动，增强社会责任意识和法治观念，形成主动服务他人、服务社会的情怀，理解并践行社会公德，提高社会服务能力。

（3）问题解决：能对个人感兴趣的领域开展广泛的实践探索，提出具有一定新意和深度的问题，综合运用知识分析问题，用科学方法开展研究，增强解决实际问题的能力。能及时对研究过程及研究结果进行审视、反思并优化调整，建构基于证据的、具有说服力的解释，形成比较规范的研究报告或其他形式的研究成果。

（4）创意物化：积极参与动手操作实践，熟练掌握多种操作技能，综合运用技能解决生活中的复杂问题。增强创意设计、动手操作、技术应用和物化能力。形成在实践操作中学习的意识，提高综合解决问题的能力。

研学旅行活动课程目标既要体现综合实践活动课程目标的精神，又要体现研学旅行在旅行中进行研究性学习的特质。

## 1. 研学旅行活动课程总体目标

研学旅行课程的总目标是：中小学生通过亲近和探究自然，接触和融入社会，关注和反省自我，体验和感受集体生活，逐渐获得价值认同、实践内化、身心健康、责任担当等意识和能力。

（1）价值认同

欣赏祖国大好河山，感受中国传统美德，体验社会经济巨大发展成就，尊重中华民族优秀文明成果，了解中国共产党的历史和光荣传统，理解、接受并践行社会主义核心价值观，形成国家意识、文化自信和拥护党的意识和行动，提升家国情怀和人文底蕴。

（2）实践内化

在校外真实情境中，经历问题研究的过程，获得探究体验和经验，形成发现问题、提出问题、分析问题、解决问题的志趣和能力，在实践中内化、提升知识和素养，强化批判质疑、勇于创新的科学精神。

（3）身心健康

缓解学业紧张和压力，放松身心，提高审美情趣。磨炼体魄和意志，提高吃苦耐劳的精神和抗挫力。深化安全意识，提高自我保护和生存能力。体验社会文明建设，养成健康的行为习惯和生活方式。学会生活，提高生活质量和品位。

（4）责任担当

适应集体生活和研学，形成团队意识和互助精神。学会交流和分享研学成果和创意，提高与人交往的能力。养成规则与法制意识，明辨是非，自尊自律。养成文明礼貌、宽和待人的品格以及积极参与和谐社会建设的意愿和能力。形成社会责任感以及积极履行公民义务的意识和能力。在现实情境中强化可持续发展理念、绿色生活方式和行动能力。

## 2. 研学旅行活动课程学段目标

《意见》中明确了研学旅行课程针对基础教育三个学段，主要覆盖小学四至六年级，初中一、二年级，高中一、二年级共 7 个年级。研学旅行课程各年龄段学生的生理、心理发育有很大不同，学生通过研学旅行课程培养的价值认同、实践内化、身心健康、责任担当的意识和能力也有因年龄而导致的程度差别。针对不同学段学生的价值认同、实践内化、身心健康、责任担当应该有不同的学段目标（见表 4-2）。

表 4-2　研学旅行活动课程的学段目标

| 目标 | 小学四至六年级 | 初中一、二年级 | 高中一、二年级 |
|---|---|---|---|
| 价值认同 | 感受乡土河山之美，感知乡土文化中的优良传统，了解当地的革命史迹，了解家乡历史和发展与祖国的关系，明晰并初步践行社会主义核心价值观，初步形成国家意识、文化自信和拥护党的意识 | 了解旅行目的地生态环境优势，体会地方文化反映的中国传统美德，认知地方历史演变和现实发展中的革命传统和改革理念，接受并践行社会主义核心价值观，形成国家意识、文化自信和拥护党的意识 | 认知旅行目的地体现的中国传统美德、革命光荣历史，理解旅行目的地历史和现实所反映的在中国共产党正确领导下中华民族复兴的光辉业绩和宏伟前景，理解、接受并践行社会主义核心价值观，形成国家意识、文化自信和拥护党的意识和行动，培养家国情怀和人文底蕴 |

| 目标 | 小学四至六年级 | 初中一、二年级 | 高中一、二年级 |
|---|---|---|---|
| 实践内化 | 在校外真实情境中，对于给定的简单问题，初步学会搜集、处理信息，初步掌握研究问题、使用工具的简单程序和方法，学会集体生活、集体研学，能够初步提炼实践经验，整理、总结和展示研学成果，并从中获得体验乐趣，初步形成动脑探索、动手实践，以及与人合作、师生互动的习惯 | 在较为复杂的校外真实情境中，对于给定的较为复杂的课题，能够搜集、处理相关信息，应用所学知识，发现其中较为简单的科学问题，初步运用科学研究方法和手段分析解决问题，能够主动联系指导教师，积极参与小组分工合作，学会整理、概括实践经验，获取新知识，掌握新技能，完成较为简单的研学报告或其他形式的研究成果，并能与人交流分享，从中获得成功体验，形成乐于实践、敢于质疑探索、实事求是的科学态度，初步形成创新意识和能力 | 在复杂的校外真实情境中，面对现实问题，能够运用所学基本理论、基础知识，搜集和处理有关信息，发现值得探究的实际问题，积极参与团队研学，制订科学的研究计划和路径，运用适合的研究方法和设备，主动争取教师和专业人员的指导，自主发现、分析和解决问题，完成研学成果的创作，展示和推广成果，获得成就感，养成科学态度和创新精神，培育科学伦理和人文素养，提升实践意识和能力 |
| 身心健康 | 亲近自然，体验文明，放松身心。初步学会体验生态之美，初步树立中华民族文化自信心，养成尊重生命、热爱生活的态度和爱美情趣，初步形成投身生态建设、文明建设的意愿。在集体生活中敢于面对困难，克服困难。磨炼体魄，锻炼意志，形成健康生活、独立生活的意识。提升安全意识和自我保护能力 | 走进自然，走进社会，开阔视野，缓解学业紧张和压力。学会发现和欣赏大自然与社会中的美，形成生态文明意识、传承中华民族优秀传统的意愿，应用研学成果为生态建设、文明建设作贡献。在研学旅行过程中培养刻苦耐劳和抗挫折的精神和能力，形成积极锻炼的态度和健康生活的习惯。形成安全意识和行为能力，能够力所能及地参与研学旅行安全保障工作 | 养成热爱自然、热爱社会的情感和自然、社会审美情趣。学会自我放松和缓解学业紧张和压力。理解生态文明、社会文明的美学实质，形成陶冶情操、创造美的意识和能力。能够积极评价和参与生态建设、文明建设。养成艰苦奋斗的精神、坚韧乐观的心态和良好的心理素质。养成健康的生活方式和积极的生活态度，提高生活质量和品位。具备安全基础知识、基本理论和基本技能，以及积极参与安全建设的意愿和能力 |
| 责任担当 | 置身大自然、社会和集体生活，了解乡情乡史及其所反映的家国关系，产生较强的爱乡爱国情感和努力学习建设家乡、报效祖国的志趣，感受社会主义事业接班人的责任和荣誉。形成热爱集体、互爱互助、从小事做起等表现自我价值的意识和能力。了解建设法治社会、和谐社会的基本内容，具有参与社区服务、保护环境的初步意愿 | 融入大自然、社会和研学团队，理解地方实情和发展问题以及地方与中央的关系，树立爱国理念和报国志向，具有社会主义接班人的意愿，学好建设家乡、建设祖国的本领并付诸研学行动。形成团队意识，自觉承担研学中的责任，在研学活动中服务社会，从中体验自我价值和社会责任感。提升法治意识和生态理念 | 学会在自然考察和社会调查中认知国情国力、国家发展前景和问题，形成热爱社会主义祖国、成为社会主义事业接班人的高尚情操和人生观。培养集体主义和勇于担当的精神，有意识、有能力取得解决现实问题、为社会发展作贡献的研学成果，并从中提升自身全面发展的素养。形成公民意识，履行公民义务，树立可持续发展观念，形成积极参加社会建设和生态建设的社会责任感 |

📖**拓展阅读**

## 把握要点，推动研学旅行课程系统有效实施①

**一、课程目标要进行有效统整和分解**

课程目标是课程的核心，它影响着课程教材的选择、课程资源的组织、课程实施方案的制定以及对课程实施效果的评价。基于此，学校要综合多方面考虑，科学制定研学旅行课程总体目标，要立足促进学生"全面而有个性地发展"的需要，与学校的办学理念、育人目标相一致，同时要回应国家教育政策要求，有利于学校课程生长和教师专业发展。在总目标的统领下，学校还要根据不同学段学生的身心特点、认知水平等进行有效的目标分解；同时统筹考虑知识目标、能力目标、情感态度、价值观等，帮助学生在活动中培养自主学习、创新实践和逻辑思辨能力，形成良好的生活学习习惯，健全人格品质，增进社会责任感和家国情怀。

以北京市东城区史家小学分校为例，学校秉承"多元、灵动、开放"的教育理念，设计了"阅世界，悦无界"研学旅行课程。课程包含"情系史分，相约宁夏·毕业季""上海音乐之春""走进诺贝尔·芬兰瑞典"三个专项课程，旨在让学生经历在不同地域、文化间的探索体验，了解更多的未知世界，在此过程中学会独立思考，提升解决问题的能力。其中"情系史分，相约宁夏·毕业季"专项课程是针对毕业年级进行设计的，主要包括以下目标：让学生了解地域、区域地理知识，体验社会状况；与学科知识结合，在实践体验中探究学科问题；在整个课程中加强文化熏陶，了解历史上的西夏文化；重视品格教育，锻炼自我管理能力；增强团体意识，加强爱国主义教育等。

**二、课程内容要突出丰富性和自主性**

由于学生的兴趣爱好各不相同，因此学校在研学旅行课程内容设置方面，要深度挖掘利用教育资源，在一次课程活动中设计多元化的目标和内容，以兼顾学生的个性化需要，为学生的自主发现和发展提供广阔的空间。为此，在课程开发设计阶段，就要考虑到学生的知识构成和兴趣取向，引导学生参与选择研学路线和学习内容，师生共同研制研学手册、设计研究课题，将学生从被动接受者转变为主动选择者，充分发挥学生的主观能动性，调动他们的参与兴趣。以北京市京源学校为例，该校的研学旅行课程以三年为一个周期，共设计了"自然与科学探索""人文与艺术体验""专业社团拓展"三个研学主题，其中在"自然与科学探索"主题下，规划了长白山、青岛、内蒙古等多条研学线路，在每条线路中设计了不同的活动领域，组织了丰富的实践活动内容，提供学生多元的实践学习体验（见表4-3）。同时学校规定，学生可以综合考虑自身兴趣、家庭情况、距离远近、时间长短等因素，确定自己想要参与的内容，在校期间至少参与三次不同类型的活动。

---

① 杨德军，王禹苏.当前研学旅行课程实施中的问题与对策[J].中小学管理，2019(7)：12-14.

表 4-3　北京市京源学校"自然与科学探索"研学主题内容设置

| 序号 | 研学地点 | 活动领域 | 活动内容 | 时间 |
|---|---|---|---|---|
| 1 | 长白山 | 综合科考 | 地质学课程、生物学课程、人文课程 | 7 天 |
| 2 | 青岛 | 专项科考：海洋清洁能源 | 资源与环境科学课程 | 5 天 |
| 3 | 内蒙古 | 综合科考 | 动植物学课程、天文学课程、考古学课程 | 9 天 |
| ⋮ | | | | |

# 三、研学旅行教学目标的设计

## （一）教学目标的设定方法

研学旅行教学目标的设定方法如下。

### 1. 确定目标的构成

研学旅行活动目标是由主题活动的总目标、各阶段的目标以及各个阶段中一次活动的目标构成的。三个层次的目标是一个整体，是从一般向具体的递进，上位与下位的关系。主题活动总目标是指学生参加完成此次活动需要达到的标准与要求。主题目标要根据研学旅行活动课程目标和学段目标进行确定。阶段目标为学生参加各个阶段活动指明了方向和规定了要求，如选题阶段的目标、实施阶段的目标。一次活动的目标是对学生参加一次活动应达到要求的规定。每次活动的合集构成了一个主题活动。每次的活动目标是对主题活动总目标的分解与具化。

### 2. 主题活动目标的设计步骤

对于研学旅行活动课程指导教师来说，主题活动方案中教学目标的设计对主题活动的顺利进行尤为重要。为什么要研究这个主题，主题的延展程度如何，学生们能够从中收获什么？这些都体现在主题活动目标的设计上。一个主题下研学旅行活动的内容可以被无限扩展和延伸。教师在制定主题研学旅行活动方案时，是围绕总目标不断解析的过程，是不断细化活动目标的过程，目的是把比较宽泛的方针与实现他们的教学策略进行结合，以某种形式较好地表达教学策略，使教学策略对于学习者来说能够被测量。不同学段、不同年级的研学旅行活动的实施，具有不同层次的教学目标。研学旅行活动课程指导教师在确定活动目标时，要弄清活动对象的学段和年级，这样才能更好地确定教学目标的层级。

一般来说，主题活动目标的设计包含以下几个基本步骤。

（1）分析学生在进行这个主题活动之前，对该主题的了解和认知程度，为该主题进行过哪些准备。

（2）依据"学校研学旅行活动课程总体实施方案"和"学校学年（或学期）活动计划与

实施方案"的主要任务和目标确定活动目标的层次与结构。

（3）按照主题活动的主要任务将活动目标进行表述，包括学生应该发展的能力、获得的情感、掌握的技能，或者是某种体验的获得。

（4）确定与目标相适应的评价方式，用以检测目标实现了多大程度。

### 3. 教学目标的具体化、情景化和个性化

研学旅行活动目标的具体化，是主题活动目标从"普遍性目标"走向"行为性目标""生成性目标"和"表现性目标"的过程，在目标设计时，要对学生提出可操作、可执行的活动操作方式的要求。在研学旅行活动目标的设计中，不要出现"放之四海而皆准"的目标设计，如"学会合作，增强信息搜集与处理的能力"等，像这样的目标表述，使不同类型的主题活动的实施过程变成了相同的活动方式的简单重复，挫伤学生们探究的兴趣与积极性。没有具体的教学情境的和主题背景的目标制定，很难在活动实施中真正地发挥作用，因此，研学旅行活动的目标需要情景化。教师在活动目标的设计时，还要注意对于活动主体，也就是学生进行分析。针对兴趣、特征、能力不同的学生，设计不同的活动目标。研学旅行活动通常是以小组的方式进行，但是也鼓励学生个体的进行，因此，对于这些独立进行主题研学旅行活动的学生，活动目标可由教师指导，学生独立完成，这体现了活动目标的个性化。

## （二）研学旅行课程目标和教学目标确定的注意事项

研学旅行课程目标和教学目标确定的注意事项如下。

### 1. 目标的层次性

由于研学旅行活动的主体是学生，学生在知识基础、能力、兴趣等方面都存在着不同，因此在活动中的表现和发展也不同，所以教师在设计活动目标时，应该注意目标的层次性，这样有利于引导和调控学生的研学旅行活动，并对其进行正确的评价。

### 2. 突出重点目标

在主题研学旅行活动的目标体系中，目标的设置应该有所侧重，重点的活动目标要突出，在权重的分配上，要向重点的活动目标进行倾斜。

### 3. 关注生成目标

研学旅行活动总体目标的实现有赖于具体活动的实施，但是在具体活动的实施中又会生成新的活动目标，这些生成性的活动目标是随着学生主题活动的不断深化而生成的。研学旅行活动鼓励学生的主动生成，不断深化活动主题。

### 4. 注重目标的整体性

整个主题研学旅行活动的目标虽然是分开陈述的，但是这些目标是一个有机的整体，相互联系，相互容纳，共同作用，实现研学旅行活动的目的。

### 5. 学生是目标表述的主体

研学旅行活动的主体是学生,因此活动目标的表述主体也应该是学生。例如,"培养学生的社会责任感"这句活动目标表述,实际上就是将教师作为行为主体,应该换成"学生通过亲自体会了……感受了……学生的社会责任感得到了培养与提升"。

### 6. 目标的表述一定要清晰、具体与明确

在活动目标的表述中,一定不要使用一些模棱两可、有歧义的,或者难以评价的表述。如"学生掌握信息搜集和获取的能力"的目标描述就会让学生在活动中不知道如何进行,在评价中不知如何评价,但是如果将其改成"学生掌握使用百度、360等搜索引擎的方法与技巧"这种目标描述,相对来说,活动目标就比较具体,可操作性会更强。

## (三)教学目标确定遵循的原则

教学目标确定遵循的原则有全面性、具体化和层次化。

### 1. 教学目标的全面性

研学旅行教学目标的设计要具有全面性,具体体现在能力、情感和知识的全面性上。能力的维度应该是全面的,在学生问题解决能力培养上,应该包括独立思考和操作能力、研究和探索能力、创新与创造能力、终身学习能力、人际沟通与交往能力等21世纪人才必备的关键能力。重视情感维度目标的全面性,包括学生的求知欲、社会责任感、合作意识、创新精神等情感。研学旅行活动课程与学科课程不同,避免从知识学习的角度出发去设计研学旅行活动,但是研学旅行活动依旧是知识获取的一种有效方式,只是这里获取的知识类型不同,但获取知识的全面性要求是一样的,包括经验性知识、综合性知识和方法性知识等。

### 2. 教学目标的具体化

研学旅行教学目标的设计经常出现"普遍性目标"的取向,就是在设计活动目标时过于高度概括,目标太过模糊、宏大。只给了一些总体目标的要求,如有的主题活动目标的设计是这样的:"本主题的目标是引导学生了解社会,发展学生的创新精神与实践能力,以及良好的个性品质。"这种目标只体现了研学旅行活动课程的核心价值,导致活动目标空化、虚化和泛化。研学旅行活动课程的总目标和各个学段的目标是指在研学旅行活动课程整体实施或在该门课程完成一个学段实施时学生要达成的目标,是一种"普遍性目标"。教师在具体的主题教学中要对其进行再度设计,将其具体化、个别化和情景化。再如"探索所学知识与技能""提升学生的综合思维等核心素养""培养学生的文明习惯、团队合作意识和文化宽容精神""增进对不同文化的认识和尊重"等,虽然目标的设计较为全面,体现了对知识、技能、道德和情感等方面的要求,但仍然较为宽泛,在实践中较难实施。研学旅行活动课程应强调课程教学目标设计,注重目标的明确性(Specific)、可测性(Measurable)、可实现性(Attainable)、相关性(Relevant)和时限性(Time-based),目标描

述注重行为动词的使用,追求可达成、可操作和可评估[1]。

### 3. 教学目标的层次化

研学旅行课程教学目标设计要突出层次性。主题教学目标和开题课或方案交流课或成果汇报课等具体课程的教学目标应该逐层具体化。当前,研学旅行课程教学目标设计难以区分层级,甚至将不同层级目标混为一谈,且往往是以知识与能力、过程与方法和情感态度价值观三维课程目标取代主题活动目标。当然,以三维目标取代具体的教学目标不只存在于研学旅行中,而是带有一定的普遍性。造成这一现象的原因主要是"我国长期受大教学小课程的观念影响,以及一线教师对三维目标的割裂理解"[2]。研学旅行课程教学目标设计需要保持纵向上的连贯性和层次性,避免教育经验的非连续性;在主题活动目标把握上,需要更加注重结合学生学情和当地实际,防止研学旅行变成"假大空"的旅游。只有这样,研学旅行活动在宏观上才有清晰的方向,在微观上各个具体活动才有明确的要求,进而确保整个活动的开展过程不至于混乱无序。

# 第三节 课程资源概述

为了增强课程对地方、学校和学生的适应性,新一轮国家基础教育课程改革不仅设置了包括国家课程、地方课程和校本课程的计划框架,而且还强调学校和教师要创造性地实施新课程。对教师而言,国家课程和地方课程的实施,离不开课程资源的支持,校本课程的开发更是需要大量课程资源的支持。没有课程资源的支持,再美好的课程改革设想也很难变成实际的教育效果。

研学旅行活动课程虽然被纳入了《指导纲要》,但具体的实施内容和形式则完全由学校和教师来决定。研学旅行活动课程的具体内容和形式是在实践过程中动态生成的。课程资源的开发与利用将学生和教师的生活经验纳入教学过程中,有利于激发师生在教与学中的积极性和主动性。此时,课程资源的作用比以往任何时候都显得更加重要。

## 一、课程资源的含义和特点

课程资源是指形成课程的要素来源以及实施课程的必要而直接的条件。课程资源既是课程要素,又作用于课程本身。它直接决定课程实施范围和水平的人力、物力和财力,时间、场地、媒介、设备、设施和环境,以及对于课程的认识状况等则属于课程的实施条件。它的特点是作用于课程但不构成课程本身的直接来源[3]。课程资源具有如下特点[4]。

---

[1] 李臣之,纪海吉.研学旅行的实施困境与出路选择[J].教育科学研究,2018(9):56-61.

[2] 陈志刚.对三维课程目标被误解的反思[J].课程·教材·教法,2012,32(8):3-8.

[3] 喻婷.基于高中地理课程资源开发的地理实践力培养研究[D].贵阳:贵州师范大学,2019.

[4] 黑岚.小学综合实践活动课程的设计、实施与评价[M].北京:清华大学出版社,2020.

## （一）丰富性

从以上分析可以知道,课程资源是相当丰富的。课程资源绝不仅仅是教材,也不仅仅限于学校内部,课程资源涉及学生学习与生活环境中所有有利于课程实施、有利于实现教育目标的所有教育资源,所以课程资源具有丰富性。由于各地区发展的不平衡,虽然有的地区、学校条件资源缺乏,但素材性资源还是相当丰富的,如与饮食有关的、与健康有关的、与自然有关的、与教育有关的、与风俗习惯有关的,以及有关社区文化生活的、有关历史传统的、有关社会热点问题的,等等。

## （二）客观性

从本义上讲,课程资源是某种物质的天然来源,是本来就有的。但是,课程资源的开发和利用却是需要人们发挥主观能动性,并依据一定的目的来进行的。由于不同的主体在课程观、知识水平、能力水平、实践经验等方面存在差异,因此,当不同的主体对同一课程资源进行开发和利用时,其广度、深度及达成教育目标的效果就会有很大差异。这说明课程资源是客观的,但课程资源的开发与利用却是取决于人的主观能动性的。

## （三）可利用性

相当一部分课程资源在课程设计之前就已经存在,它们具有转化为学校课程或支持课程实施的可能性。但是,可能性不等于现实性。要想成为现实的学校课程或课程实施的现实条件,这些课程资源还需要进行转化。有时,课程资源中的教育性因素与非教育性因素可能交织在一起,因此,只有经过筛选或转化,这些课程资源才可能成为学校课程或有利于课程实施的基本条件。一般来说,我们可以根据教育哲学、学习理论和教学理论,从有利于实现教育理想和办学宗旨、符合学生的身心发展特点、满足学生的兴趣爱好和发展需要及提高教师教育修养的现实水平等方面来筛选。

# 二、课程资源开发的主体[①]

课程资源开发的主体有教师、学生、学校及社会。

## （一）以教师为主体的课程资源开发

真正地让教师以课程为中介教学生而不仅仅是教教材,最有效的办法就是加强教师队伍建设,使教师成为课程资源开发的主体。如果从"师定课程"出发,教师的知识与技能、过程与方法、情感、态度与价值观等就是教学过程中经常要遇到的课程资源。教师作为课程资源,与其自身的知识结构、综合素质等密切相关。除了开发与利用自己"师定课程资源"外,教师还可以结合校内外课程资源的存在方式,进行创造性的工作。此外,教师

---

① 黑岚.小学综合实践活动课程的设计、实施与评价[M].北京:清华大学出版社,2020.

之间要相互合作与帮助、相互团结与促进,在交流经验、共享课程资源的过程中,共同积累开发和利用各级各类课程资源。总之,教师是最重要的课程资源,他们决定着课程资源的鉴别、开发、利用和积累,他们是素材性课程资源的主要载体。

### （二）以学生为主体的课程资源开发

在目前弹性课程与多元教材出现的情形之下,课程资源开发的主体正在由单一的课程与教学专家主导向多元化方向发展,其中包括利用和消费课程资源的学生。学生在新课程中,既是课程资源的消费者,又是课程资源的开发者,尤其是在现代信息技术广泛运用到教学与生活的各个方面的背景下,学生获取知识与信息的途径多元化,学生之间的相互交流与学习越来越频繁,学生本身也成了特殊的课程资源。与此同时,学生在合作学习、探究学习、自主学习的过程中,相互之间都成为对方的课程资源。以学生为主体开发的课程资源不仅形式灵活多样,而且还具有多渠道、多层次、多类型等特点,这对学生兴趣的培养、能力的锻炼、合作精神的形成具有积极作用。开发与利用课程资源的过程,就是学生学习、发展的过程,而这种过程还会影响到其他学科的学习过程。

### （三）以学校为主体的课程资源开发

所谓以学校为主体的课程资源开发,主要是指对学校的图书资料室、多媒体教室等的开发。这些机构以前就存在,但没有把它们作为课程资源的开发对象来认识。许多学校的图书馆、资料室、多媒体教室都没有很好地加以利用。今后,学校在这方面要做的工作主要是:首先,加强对校内课程资源场所的建设,把校内课程资源与校园文化建设、校园潜在课程等结合起来,为教师和学生能够顺利地开发课程资源创造条件;其次,在校本课程的建设中,把学校课程资源的开发作为一项重要的工作来抓,使校本课程与地方课程相互支持,并成为两种资源的补充;再次,学校要主动与社区、部队、工厂、农村、家庭等联系,把校外课程资源与校内课程资源有机地结合起来,并使校外课程资源成为校内课程资源不竭的源泉。

### （四）以社会为主体的课程资源开发

社会上的许多资源,如图书馆、科技馆、展览厅、青少年活中心、农村、部队、政府机关、企事业单位、高等院校和科研院所,以及广阔的自然资源、信息化课程资源等,这些课程资源的功能与价值远远没有发挥出来。学校和教师要有意识地开展专题性的课程资源开发,为学校课程资源库存容量的增加创造条件。

## 三、研学旅行课程资源的分类

研学旅行活动课程资源的来源广泛多样,按照不同的划分标准,可以将研学旅行活动课程资源分为不同类型。

## （一）按照课程资源的空间分布划分

按照课程资源的空间分布，可以将研学旅行课程资源划分为校内课程资源和校外课程资源。校内课程资源是行前课实施的基础，是指学校范围之内的课程资源，包括校内的物质资源，如各种场所、设施（如图书馆、实验室、专用教室、信息中心、实验实习农场、工厂等）；校内的人文资源，如教师、学生、校纪校风、校容校貌、学校的文化设施、学校发展的历史等；学校的活动资源，如班团队活动、体育节、文化节等。

校外资源涵盖的范围较广，不仅包括学生出行中的异地资源，如旅游景区、文化场馆、研学基地、交通工具、住宿场所、餐饮场所中有教育和探究价值的事物及现象，还包括出行前和出行后实施前置课程和拓展课程的家庭资源、社区资源、社会资源。家庭资源包括学生家长的职业特长，学生家庭的图书、报纸、杂志、计算机等，学生家族发展的历史、人物、生活中的典型故事等；社区资源包括社区的人力资源以及各种场所的文化景观、风土人情、风俗习惯、物质设施等；社会资源包括社会（历史）现实事件、社会热点焦点问题、典型的社会现象；丰富的旅游资源是我们生存和生活的基础，也是我们开发和利用的重要课程资源，包括自然资源和人文资源等；信息化课程资源，利用虚拟的信息空间集合相关知识、图片、数据等，为研学旅行行前课的实施提供相应的支持。

## （二）按照课程资源的存在形态划分

根据课程资源的存在形态，可以分为物力资源和人力资源。物力资源是以物质形态存在的课程资源，如校内资源中的设施设备——图书馆、实验室、教室、计算机、各种基地、文化设施等，校外资源中的家庭环境、社区设施设备、文化古迹、自然景观和自然资源等。人力资源是以人为载体而存在的资源，包括学校内的教职员工以及他们的情感、态度、价值观、生活方式和人格等，学生的学习风气、班风、校风等；校外的家长、社会人员以及他们的生活方式、价值规范、行为准则、人际关系等。

### 拓展阅读

研学旅行活动课程不仅要开发一切可供学生进行体验和探究的素材，还要开发出有利于研学旅行活动课程实施的一些资源。包括资源包、工具包、教师指导手册等。

一、学生活动资源包

根据地方或学校活动领域目标，选择有助于学生实践活动的相关知识、图片资源形成有一定联系的资源包，如人物故事、典型历史、民间传说等。

二、学生活动工具包

学生在研学旅行活动过程中，需要真实记录和搜集显示学生发展过程的资料，这些资料既可以反映学生亲身参与了活动过程，也可以用于评价学生参与活动的绩效等，相关的工具有活动方案表、活动卡（观察、调查、访问等计划表）、评价卡、活动反思（体会、感想）卡（表）等。

三、教师指导手册

为了帮助教师认识、了解研学旅行活动课程的有关理念、实施方式和教师的指导方式等,学校可以开发一些有利于提高教师认识的文本资料,如教师指导用书、案例集或资源包等。

课程资源分类的多样性,证实了课程资源存在不同的种类与存在方式,体现了课程资源的丰富性以及开发、利用的灵活性和多元性。

# 第四节　研学旅行活动课程资源开发

## 一、研学旅行活动课程资源应符合的条件

研学旅行能超越教材、课堂和学校的局限,在活动时空上面向学生的整个生活世界,密切学生与自然、与社会、与生活的联系。在学校的围墙之外,有社会资源、自然资源、文化资源、体育资源、科技资源、国防资源、历史资源、人力资源等丰富多彩的各类资源。资源纵然丰富,但并非所有资源都能成为研学旅行活动课程的资源。作为小学研学旅行活动课程的资源,必须符合以下条件。

### (一)资源要具备安全性

在研学旅行活动课程实施中,学生从校内相对单一的教学空间进入校外丰富多彩的多元空间,这对学生的安全管理提出了更高的要求。因此,任何对学生的身体、心理有伤害和消极影响的资源都不能成为研学旅行活动课程的资源。在选择和利用资源时,教师必须把安全作为重要的指标,认真对待,逐一检查,不能有任何疏漏。

### (二)资源要具有教育价值

资源,从本意上讲是某种物质的天然来源,是本来就有的,是客观存在的各种事物。作为课程资源的各种事物必须能够为教育服务,有利于课程实施和教育目标的实现,或可以直接转化为学校课程,或能够为课程的实施提供良好的条件,也就是说,具有教育价值是第一条件。研学旅行非一般意义上的旅游,而是一种教育形式,被纳入中小学校的教学计划,属于综合活动实践课程。所以,研学旅行的课程资源必须首先体现其教育性,重在为"研学"提供支持。

### (三)资源要与课程目标相吻合

研学旅行活动课程资源的开发与利用旨在改变学生的学习方式,提高学生的实践能力和综合素质,发展学生的个性特长,完善学生的健康人格。因此,教师必须在可能的课程资源范围内,精选那些对学生终身发展具有决定意义的课程资源,使之优先得到运用,如学校要帮助学生掌握参与社会生活的各种本领,就必须全面了解学生有效参与社会生

活所应具备的知识、技能和素质,以及社会为个人施展才能所提供的各种机会,筛选出重点并优先运用于课程实施,凡是和课程目标联系不紧密或有所偏离的课程资源,都不能进入研学旅行活动课程资源的范畴。

### (四)资源要与中小学生身心特点相对接

研学旅行活动课程的实施对象为在校的中小学生。中小学生都是未成年人,身心处于发育过程中,不是很完善健全,生理与心理都需要特殊研究与对待。他们具有如下特征:身体活力无限,但又相对柔弱,容易受伤;心理好奇、探索欲望强,又容易争强好胜、嬉戏打闹;大多数都处于人生最叛逆的时期,加之大多为独生子女,家中长辈对孩子的安全方面要求严格[①]。

研学旅行是从小学四至六年级,初中一、二年级,高中一、二年级三个学段开展的教学活动。不同年级、不同学段的学生身心发育差别较为明显,在知识面、生活阅历、思维方式、情感体验等方面都有所不同,在活动参与、制作表达、总结等方面也存在差异。因此,学校和教师在选择研学旅行活动课程资源时要明确资源对接的学段特点,注重软硬件资源的适应性。即便是和其他年级或年段学生使用同样的资源,在运用方法、活动组织等方面也应体现出不同年龄的差异性。

**拓展阅读**

不是所有文化资源都能成为教育资源的,所以我们要选择能转化为教育资源的文化资源,然后将其中的教育资源转化为适合各年龄段的课程资源,最后将整合好的课程资源在教学环节中转化为学生的学习成果、学习品质和学习能力。

### (五)资源的采购成本低、消耗少

研学旅行活动的课程资源中有一部分是条件性资源,需要一定的投资,但这并不是说一定要花钱购买才能实现。最关键的还是如何充分利用现有的课程资源,校外丰富多彩的社会空间、自然空间、生活空间、生产空间中的一些事件和事物本身无须多大成本,但却都可以成为研学旅行活动课程实施的重要资源。而且只要利用得当,同样能达到预期的教育效果,即便是一定要使用仪器、设备,也要尽可能地选择和购买价格低廉、成本低、消耗少的。

### (六)资源要有可重复利用价值

由于目前教育经费比较紧张,各地区、各学校发展不平衡,应避免每次出行就购置一次设备设施等,而是要尽量利用学校、社区、生活中的现有资源。如果有些活动确实需要购买仪器、设备,那也要考虑其是否可以多次使用、重复使用,否则,将会浪费有限的教育经费。

---

① 陆庆祥,孙丽.研学旅行基地课程资源的开发之道[J].湖北理工学院学报(人文社会科版),2019,36(5):8-11.

与学科课程相比,研学旅行活动的课程资源不一定是规范的、系统的、专门化的,关键在于教师是否具有敏感的资源意识,是否善于开发与利用现有资源。另外,研学旅行活动课程资源的利用特别强调综合,因此,我们应从多学科、多维度、多价值的角度去加以分析。

## 二、中小学研学旅行活动课程资源的开发[①]

### (一)资源开发在研学旅行活动课程实施中的意义

资源开发在研学旅行活动课程实施中有三个意义。

#### 1. 研学旅行活动课程自身的特点及其深入发展需要强化课程资源的开发

首先,研学旅行活动课程内容的综合性及其发展需要课程资源开发。研学旅行活动课程以淡化学科界限、加强知识整合为特征,主张课程与生活、学校及社会、本地与外地的有机联系,其内容体现着个人、社会和自然的内在统一,凸显着科学、艺术、道德的和谐。换言之,研学旅行活动课程的内容超出了单一学科知识的范畴,是静态的文本材料所无法涵盖的。因此,研学旅行活动课程的开展不能囿于静态封闭的文本材料,必须借助丰富的课程资源支持。

其次,研学旅行活动课程过程的开放性需要课程资源开发。研学旅行活动课程的实施必须突破课堂教学的时空局限,向社会生活领域和自然环境延伸,而这种开阔的空间场所与课程资源有着十分密切的联系。在课程实施过程中,应该充分认识到研学旅行活动课程的过程性、动态性,学会主动地开发内容丰富、形式多样的课程资源,为学生有效地开展研学旅行活动创造有利条件。

最后,研学旅行活动课程目标的生活体验性及其发展也需要课程资源开发。研学旅行活动课程强调以学生感兴趣的体验性知识学习为对象。学生走出书本、走出教室,走向自然、走向社会,通过活动、实践,获得体验,在"做""考察""探究"中感悟人生、积累经验,认识事物之间的联系和关系,建构活动的意义,从而获得自身的整体发展。体验存在于活动、实践之中,包括生活体验、自然体验、社会体验、生产体验、文化体验等,这也就决定了研学旅行活动课程的实施需要丰富的课程资源。

#### 2. 学校改变学生学习方式、培养健全人格需要强化课程资源的开发

研学旅行活动课程为学生构建了一种开放的学习环境,提供了获取知识的多种渠道以及将学到的知识加以综合并运用到实践中的无限可能。研学旅行活动课程更深层次的价值追求不是对儿童进行科学训练,而是使教育在理论和实践的层次上回归儿童的本性、建构学生的健全人格。丰富的研学旅行活动课程资源可以激发学生参与课程建设的兴趣,调动学生多种感官参与课程教学,使学生身临其境,在这个过程中增长知识、陶冶情

---

① 黑岚.小学综合实践活动课程的设计、实施与评价[M].北京:清华大学出版社,2020.

操,形成正确的价值观和人生观。可以说,研学旅行活动课程资源的开发与学生的身心发展、人格健全有着不可分割的联系。因此,研学旅行活动课程资源开发的意义重大,它必然带来学生的学习方式的重大变革,并对学生健全人格的形成产生不可估量的影响。

### 3. 学校提升教师的课程意识需要强化课程资源的开发

课程意识是教师对课程系统的基本认识,是对课程设计与实施的基本反映。研学旅行活动课程资源的开发对提升教师的课程意识具有重要意义。

(1)研学旅行活动课程资源的开发有利于确立教师实践的课程观。

研学旅行活动课程资源的开发打破了学校、社区以及家庭之间的堡垒,要求教师在广阔的空间里实施课程,使学生走出课堂、融入生活,在广泛的课程资源中,指导学生进行活动、探究与体验。

(2)研学旅行活动课程资源的开发有利于教师主导作用和学生主体地位的确立。

教师在开发课程资源时,要充分考虑学生的生活经验、发展需要、兴趣爱好,让学生以自己喜欢的方式积极主动地参与活动。同时,教师不能代替学生的活动,而是为学生提供建议,解决疑难。因此,教师是作为活动的组织者、引导者、参与者,与学生一起在活动中发展。

(3)研学旅行活动课程资源的开发有利于学校与家庭、社会的密切联系。

建立基地、参与社区活动、开设讲座等活动可使学校与社会联系更加紧密,使学校和家庭在为学生提供什么样的资源上达成共识,并就资源开发中的问题,如活动的时间、安全、开支等取得一致的意见。

## (二)研学旅行活动课程资源开发的原则

研学旅行活动课程内容的选择性、目标的针对性以及实施的实践性等特点,客观上要求研学旅行活动课程资源的开发遵循以下原则。

### 1. 突出地方特色

研学旅行活动的课程资源主要来源于研学目的地的自然资源、地理资源、经济资源以及文化资源等。由于各地文化发展的不平衡性,自然、地理环境的差异性以及经济结构的多样性,课程资源的开发应从实际出发,选取最具地方特色的部分。这样可以帮助学生充分认识乡土乡情、县情市情,省情国情,增进对异地文化的了解。值得一提的是,不同的地区有不同的资源条件。城市、农村、城市与农村接合部的资源条件不同,平原地区、山区、草原、水乡资源条件不同,经济发达地区、经济落后地区也存在资源条件差异。可以说,研学旅行活动的课程资源是非常丰富的。只要我们具备课程资源意识,对资源保持高度的敏感,就能随时开发出新的课程资源。

### 2. 由近及远

《意见》在"纳入中小学教育教学计划"的标题下提出了"学校根据学段特点和地域特色,逐步建立小学阶段以乡土乡情为主、初中阶段以县情市情为主、高中阶段以省情国情为主的研学旅行活动课程体系"。可见,课程资源的开发应该遵循由近及远的原则。学生首先要深入了解学校围墙之外那片生于斯、长于斯的乡土,完成知家乡、爱家乡的心理建设,然后扩展活动半径走出家乡探访异地文化,提升对外县、外市、外省的异地文化理解力、包容力,在充分了解国情的基础上提升社会责任感。伴随年龄增长,学生的旅行半径可以延伸至国外,拓展国际视野,提升国际理解力,从世界公民和人类命运共同体的角度看世界,进行思考、探索和建构。因此,研学旅行课程资源的开发要符合学生的认知规律,遵循由近及远的原则。

### 3. 突出学段特点,关注进阶性

研学旅行活动课程资源的开发可根据学生学段特点形成序列。同一主题下,要有与不同学段对接的课程资源,且资源间要有对接性。这样既注意到阶段性,又注意到序列性和衔接性。这种体系化的课程资源开发,可使不同阶段的学生认知层层深化,从而促进学生长期、可持续发展。例如,针对"茶"的探究,以"造访茶园 品味茶香"为主题,形成序列化的课程资源模块,随着学段的升高从左往右持续推进。学生在每个学段都会对茶文化进行探究,但探究的层次是不同的。小学阶段进行的是茶的历史和种类的探究;初中阶段对茶的作用、茶与文化、茶艺展开探究;到高中阶段开始进行茶的鉴别。通过这种由表及里、层层推进的设计,使学生实现能力的进阶(见图 4-2)。

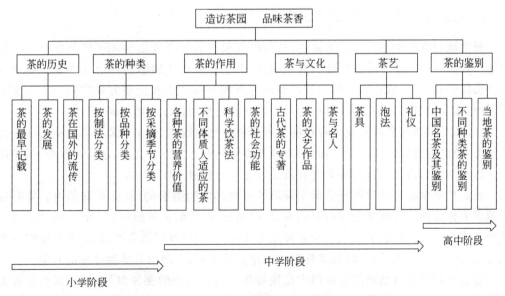

图 4-2 "造访茶园 品味茶香"主题下的学段内容设计

### 4. 优化配置,做好转化

在开发研学旅行活动课程资源时,还必须对时间、场所、条件、资金和人员进行合理优化的配置,集中人力、物力和财力,做到统一使用和管理。这样,不仅可以缓解教育资源的短缺,而且可以大大提高资源的利用效率,同时,还将提高教师的综合技能,提升课程开发意识和课程实施能力。具体来说,一方面,学校要善于挖掘校内、社区、兄弟学校、旅行目的地的资源;另一方面,学校也要积极地将成熟的课程资源辐射到其他学校,建立起校内外课程资源的转化机制。

## (三)研学旅行活动课程资源开发的基本要求

### 1. 以课程目标为依据

课程目标是教师开发研学旅行活动课程资源的出发点和最终归宿。偏离了目标,课程资源的开发就会表现出盲目性、随意性和零散性。因此,依据课程的目标,有针对性地开发研学旅行活动课程资源是十分重要的。面对同样的课程目标,有时可能会有许多资源可以利用,这时就需要进行筛选,以提高活动的针对性或增强内容的典型性。我们应该选择那些学生感兴趣、符合学生的身心发展特点、课程成本低、可能对学生终身发展具有重要意义的课程资源。另外,课程资源具有多质性,一种课程资源可能具有多方面的价值,这时也需要依据目标进行选择。

例如,组织学生进行一次社区环境污染方面的调查活动,可能会涉及多个方面的内容,学生可以从工业污染、农业污染、生活垃圾污染等多个角度切入。但是,考虑到学生的年龄特点和时间安排等问题,只能选择一个方面进行较长时间的调查研究。

### 2. 把握资源开发的广度和深度

研学旅行课程资源是十分丰富的,教师可以根据需要开发出多种多样的教育内容和功能。资源开发存在开发的广度与深度问题,即需要考虑从研学旅行活动课程资源中选择什么样的对象、提取什么样的内容以及内容所涉及的范围和呈现方式等问题。一般而言,针对不同的目标,开发研学旅行活动课程资源的策略也应有所不同。

当前,本地课程资源开发中存在的问题是视野比较狭窄,大多只局限在介绍本地区物产资源、革命传统教育资源等方面,对本地课程资源的开发不够充分,思路比较单一,错误地认为研学旅行活动课程资源的开发就是补充乡土教材。

若要从研学旅行活动课程资源中提取尽可能多的同类事物,那么提取的内容要有较大范围的覆盖面。这样学生可以开阔视野、启迪思维,了解更多的内容;同时,借助适当的呈现方式(如对比呈现、实地观察与录像呈现相结合等)或教师必要的提示,学生能够发现同类事物中的一般规律,理解和掌握带有规律性的知识,实现由具体到抽象的升华。

若要从研学旅行活动课程资源中挖掘与某一内容相关的更深刻的内涵,那么对有关资源的开发就应该向纵深方向发展,透过表层内容去揭示更深刻的内涵,实现由表及里的迁移,达到对知识的深入理解和领会。例如,对"走进……文化古迹"的主题,教师引导学生领略文化古迹风貌的同时,要进一步深入探索其中富有教育意义的历史故事、名人轶事、文化渊源等丰富内容,从而使学生受到历史文化、民俗传统等多方面的教育。

### 3. 关注资源的独特性

由于不同地域、不同民族的文化存在差异,不同地区的课程资源也是独特的。当我们从本地课程资源中开发出更多的可资利用的教育因素时,既要注意保持文化的独特性,又要引导学生学会理解和尊重多元文化。在组织研学旅行活动时,要让学生走入现实的社会生活,亲自去感受和体验本土文化的丰富性与深刻性,学会不同文化之间的沟通和理解,并逐步学会从不同文化中汲取营养。

### 4. 资源开发的融合共享

在开发研学旅行活动的课程资源时,要考虑本地区、本学校的实际条件,做到研学旅行活动课程与其他教育内容的协调配合,并注意时间、空间、人力、物力上的现实可行性。如果仅仅在研学旅行活动课程资源的开发上耗费过多的时间、精力及物质条件,那将是不经济的,而且其实践经验也不会有较大的推广价值。当前,一些地区建立专门的教育基地,实现学校之间、地区之间的教育资源共享,是一个行之有效的办法,这样可以在现有条件下通过力量的整合,为研学旅行活动的开展创造有利条件。另外,一些中小学生利用节假日或将时间相对集中起来开展研学旅行活动,也是一种方便易行的办法。当学生走出课堂、走出校园,投身于充满活力的现实生活中时,学生将受到更为丰富和实在的教育。

## (四) 课程资源的筛选与利用[①]

在研学旅行活动课程资源的开发和利用中,只要有利于学生主动学习以及和谐发展的资源都应该加以开发利用。下面介绍几种类型的研学旅行活动课程资源的筛选和利用的策略。

### 1. 校内课程资源的开发与利用

研学旅行的起点是学校,学校是实施行前课的关键场所。因此要注重校内课程资源的开发。校内课程资源是指存在于学校范围内的所有资源,包括校内的物力资源和人力资源。校内的物力资源是指学校的一切设施、设备,如学校的图书馆、实验室、计算机室、劳动基地等。为了有效地开发和利用校内的各种物力资源,可以通过表格,把校内的物力资源整理出来,如表 4-4 所示。

表 4-4　校内物力资源一览表

| 资源名称 | 功能 | 数量 | 资源情况说明 | 管理人 |
|---|---|---|---|---|
| 图书馆 | 查阅资料 | 1 所 | 现有图书的数量,各种类型的图书的分布等 | |
| | | | | |
| | | | | |
| | | | | |

通过对校内研学旅行活动课程物力资源的分析,使教师对学校现有的资源有一个深

---

① 　黑岚.小学综合实践活动课程的设计、实施与评价[M].北京:清华大学出版社,2020.

入的了解,认识到哪些学校内的资源是可以利用的,从而引导学生利用学校现有的资源,开发研学旅行前置课程,为旅行中的考察探究活动做好知识、技能等方面的准备。通过对学校物力资源的整理,还可以帮助学校进一步完善资源,如根据课程的需要,订购相关的图书、丰富学校图书馆的书籍,对校园进行合理规划、美化、改造,为学生创造良好的学习活动的场所等。

校内人力资源包括学校的教职员工的数量、专业分布、特长等,对校内可用的人力资源进行统计,如表 4-5 所示。

表 4-5　校内人力资源一览表

| 姓名 | 年龄 | 专业特长 | 备注 |
|---|---|---|---|
|  |  |  |  |
|  |  |  |  |

研学旅行活动课程的综合性比较强,涉及的知识面比较广,而每位教师的专业知识有所局限。因此,在研学旅行活动课程的实施中,应该充分发挥各位教师的专业特长,对学生进行合作指导。

### 2. 校内课程资源的开发与利用

校外的课程资源包括自然资源、社区资源、学生的家庭资源等。

校外的自然资源包括森林、河流、湖泊、风景区等,可通过列表的方式对这些资源进行统计,如表 4-6 所示。

表 4-6　校外自然资源一览表

| 自然资源名称 | 存在的位置 | 现状及存在问题 | 可以开发的活动主题 |
|---|---|---|---|
| 森林 |  |  |  |
| 河流 |  |  |  |
| 湖泊 |  |  |  |
| 草原 |  |  |  |
| ⋮ |  |  |  |

通过引导学生对自然环境的观察,引导学生发现问题、解决问题,增强学生对本地区的了解,增加对家乡的热爱。例如,农村地区的学校可以利用本地资源开展"本地的水土气候与农业生产的探究""本地旅游资源的现状及改进的探究""本地水资源现状及存在的问题"等,对本地的自然资源的现状调查及问题解决等系列主题探究活动。

社区资源包括社区的物力资源和人力资源。社区的物力资源包括社区的各种场所(图书馆、科技馆、文化宫、公园等)、各种机构、各种生产和服务业等。可通过表格对社区的一些重要的物力资源进行统计分析,如表 4-7 所示。

**表 4-7　校外社区物力资源一览表**

| 资源名称 | 功用 | 存在位置 | 开发与利用建议 | 备注 |
|---|---|---|---|---|
|  |  |  |  |  |
|  |  |  |  |  |
|  |  |  |  |  |

引导学生走进社区,通过对社区的观察,发现社区存在的问题以及社区中得天独厚的课程资源,开发活动主题,如"家乡名称的由来""家乡的文化遗产的传承"等。同时,社区的一些有重要教育价值的资源,学校可以与社区组织、机构等建立长期合作关系,形成学校的研学旅行实践活动基地,如一些学军、学农、学工以及一些爱国主义教育基地等,并且利用这些基地,组织学生开展相关的研学旅行活动。例如,利用本地的戒毒所,开展"珍惜生命,远离毒品"的主题活动;利用本地的无公害蔬菜基地,开展"无公害蔬菜的种植与销售"活动。

社区的人力资源包括社区的各种机构、各种生产和服务业的专门人才资源以及离退休人员等,如表 4-8 所示。

**表 4-8　校外社区人力资源一览表**

| 姓名 | 性别 | 专业特长 | 单位或居住地 | 备注 |
|---|---|---|---|---|
|  |  |  |  |  |
|  |  |  |  |  |

结合学生开展的主题活动,将社区相关的专业人士请进来,采取讲座、开课,组织和指导学生开展研学旅行活动。

家庭是学生最重要的生活场所,对学生的成长影响最大。学生家庭资源的开发与利用中,家长是最重要的课程资源。可以通过建立档案的方式,对家长资源进行统计,如表 4-9 所示。

**表 4-9　学生家长情况统计表**

| 学生名称 | 家长姓名 | 职业 | 特长 | 工作单位 | 联系方式 | 备注 |
|---|---|---|---|---|---|---|
|  |  |  |  |  |  |  |
|  |  |  |  |  |  |  |

家长中有许多各行各业的行家里手,结合学生开展的主题活动,可以邀请家长到学校以讲座、指导等形式参加学生的活动。家长也可以是学生行前和行后在家里进行探究活动的老师。这时,教师提前要与家长取得联系,让家长明确主题的意义,促使家长督促和配合学生开展活动,如利用节假日带学生外出参观、考察等。在每个学期初,研学旅行的主题确定后,学校与家长取得联系,让家长明确本学期的课程内容,督促学生做好计划,并检视学生行前的知识准备和物品准备。

对研学旅行活动课程资源的整体评估,可以通过表 4-10 进行。

表 4-10　研学旅行活动课程资源开发整体分析

| 项目 | 有利因素 | 不利因素 | 机遇 | 危机 | 活动建议 |
|---|---|---|---|---|---|
| 地理环境 | | | | | |
| 经济发展 | | | | | |
| 产业结构 | | | | | |
| 文化特点 | | | | | |
| 学生状况 | | | | | |
| 师资条件 | | | | | |
| 家长背景 | | | | | |
| ⋮ | | | | | |

【教与学活动建议】

组织学生在出行前通过书籍、网络、咨询等方式对目的地资源进行调查并进行组内交流,让各个小组自行设计线路,之后在班级范围内展示。各小组间充分交流,相互评价,最终博采众长形成班级出行线路。

# 思考与实践

聚焦选题
分组研讨 1

## 一、理论思考

1. 育人目标、课程目标、教学目标三者之间有什么关系?
2. 研学旅行活动课程目标体系中包含哪些要素?
3. 研学旅行主题教学目标确定的原则有哪些?方法有哪些?
4. 研学旅行课程目标和教学目标生成的方式有哪几种?
5. 研学旅行课程资源可以怎样进行分类?
6. 要符合哪些条件才能成为研学旅行课程资源?
7. 课程资源在研学旅行课程实施中发挥什么作用?

## 二、实践探索

1. 诊断学校研学旅行课程方案中目标的表述方法,若发现问题就对其进行修正。
2. 对学校内可用于开发研学旅行行前课程的资源进行梳理并列表呈现。
3. 开发基地课程评估量表,用于今后研学旅行课程的招商决策。

# 第五章　研学旅行活动课程的开发过程

## 本章学习目标

### 知识目标

1. 能够理解主题设计的基本原则。

2. 能够识记活动主题的几大来源。

3. 能够列举主题生成的几种方式。

### 能力目标

1. 能够开发研学手册。

2. 能够比较系列主题活动和单一主题活动的区别和联系，并能进行有效设计。

## 核心概念

系列主题（Series of Thematic）、单一主题（Single Theme）

## 引导案例

某学校"忆江南，最忆是杭州——杭州研学旅行学程手册"中，为学生提供了6个模块的作业任务，其中3个模块需要在研学点的现场进行。

第一模块：搜情报、探信息——感知博物文化。

网上阅读古都杭州（具体任务）。

书上搜集西湖名篇（具体任务）。

第二模块：观实景，抒真情——留下瞬间记忆。

单元1　走近非遗：相会古戏"梁祝"和印学文化。

单元2　杭州美境：阅尽山水造化、人间沧桑。

第三模块：进场馆，读展物——体验博物文化。

第四模块：坚初心，励远志——走进古今教育。

第五模块：谈收获，做美篇——展示研学收获。

写一篇《我的杭州研学小结》。

创编《江南忆，最忆是杭州》"美篇"（选择性任务）。

第六模块：立项目，再研究深化研学品质。

寻找还有待探究与解决的问题。

人的心灵深处，总是有一种把自己当作发现者、研究者、探索者的固有需要，这种需要在小学生精神世界中尤为重要。

——苏霍姆林斯基，苏联著名教育实践家和教育理论家有志去探究的小课题(选择性任务)①。

这个案例给了你什么启示? 开发研学课程要进行观察访问、探究体验、动手实践,要分析研学地点有哪些特色资源可以整合为研学旅行活动课程教学所需要的课程资源;要认真研究如何利用这些资源组织学习过程;要引导学生把有效的学习方式贯穿在整个旅行过程中,在实际体验的过程中持续地形成新的学习,要真正实现"一路行程,一路学程"。

# 第一节　中小学研学旅行活动课程设计的准备

研学旅行活动设计的准备工作是研学旅行活动设计的基础工作,也是研学旅行活动设计进行的前提条件。

## 一、了解学生

研学旅行活动课程是在教师引导下,学生自主进行的综合性学习活动,是基于学生的直接经验,密切联系学生自身生活和社会实际,体现对知识的综合应用的实践性课程。学生是研学旅行活动课程的主体,他们的生活经验、知识基础、能力水平等因素决定了活动的水平和深度;他们的兴趣爱好、个性特点、学习风格等则会影响活动的方式。因此,中小学研学旅行课程设计应重视准备工作,其中了解学生是一项不可忽视的环节。教师进行课程设计前必须从以下几个方面了解学生。

### (一)了解学生的知识基础和知识结构

教师在活动设计前可以进行以下的工作:查阅学生所使用的各学科的课本,分析各年级各学科的知识点和知识结构;访谈部分学生,了解学生已经接触到哪些知识,哪些基础知识对学生来说已经实现了内化、类化,哪些基础知识对学生来说已经可以应用或熟练运用;和各学科教师沟通,了解各学科的教学进度和学生的掌握程度。

### (二)了解学生已有的生活经验

学生的学习不是简单的知识的转移和传递,而是学生将知识与自己日常的直觉经验联系起来、主动建构新知识的过程。在研学旅行活动设计前,教师要通过与其他学科教师的交谈、与学生家长的交谈、对学生在校行为的观察、指导学生主动回忆个人经验等方式了解学生已有的生活经验。

---

① 赵才欣.研学旅行课程化问题及其路径探析[J].教育参考,2019(5):26-32.

### （三）了解学生的学习方式

学习方式是指学生在教学活动中的参与方式，即包括学生的行为参与、情感参与，又包括认知参与，是学生行为、认知和情感参与的总和。教师要了解学生学习方式的多样性、差异性和选择性，使学生在研学旅行活动中能灵活运用自己的学习方式，并使之得以尽情地发挥。教师要真正从学生的学情出发，设计活动内容，实现学生的多向交互合作学习，让学生真正经历学习的具体过程，从而获得学习质量的提升。

### （四）了解学生的兴趣爱好和发展需要

研学旅行活动的设计必须针对学生的兴趣爱好和发展需要。学生的发展是实施教育的直接目的，是课程设计的根本方向。只有了解学生最热衷什么，最需要什么，最缺乏什么，研学旅行活动的设计才能促进学生的发展。

### （五）了解学生的个性特点

个性是指在一定社会条件和教育影响下形成的一个人的比较固定的特性。每个学生的个性都是不同的，教师通过对学生个性的全面了解，就可以为分层目标的制定、研究方法引导和评价量规设计打好基础。

### （六）了解学生已有的实践经验

如果学生已经参与过研学旅行活动，还要了解他们以前活动的选题、开展情况、活动方式、学生状态以及经验教训等，为本次活动的设计提供参考和借鉴。

## 二、调查课程资源

课程资源是指形成课程的要素来源及必要而直接的实施条件，是构建课堂教学内容和实施教学活动的基本条件。研学旅行活动课程要从学生的真实生活和发展需要出发进行实践的探索，需要打破传统课程材料和课堂的限制，让学生进入一个色彩缤纷、不断变化的现实世界。这就要求教师在研学旅行课程设计中，将视角伸向生活和社会实践等多个领域，攫取生活中有趣而有意义的现象作为课程资源，让研学旅行课程资源更加丰富，使研学旅行活动更具生命活力。

### （一）调查校外特色资源

研学旅行中的研究性学习课题一般与旅行目的地相关，需要对目的地有一定的了解才能提出有价值的课题。开发研学旅行活动课程一定要利用好地方特色资源。地方特色资源最能够反映资源所在地的气候特征、自然面貌、社会风气、民俗风情。因此，要对校外自然、生产劳动、民俗等资源中最能体现地方特色的要素做好前期调研，判断其教育价值和实施教学的可行性。

## （二）调查校内资源

研学旅行活动课程开发要充分利用校内资源。学校是研学旅行活动的起点，也是终点。是研学旅行"最初的一千米"，也是"最后的一千米"。行前课、行后拓展课都要在学校开发实施。因此要充分调查学校内部的物理环境，包括相关硬件设施设备、活动场地、校园自然环境等，分析是否能支持学生展开行前探索实践，是否能够开展行前的知识积累和技能训练，以及行后的拓展延伸，努力把整个学校变成学生可参与的学习空间。另外，还可以调查学校的教师资源，了解学校教师有哪些特长，可以作为研学旅行活动课程的资源，努力让所有教师都参与研学旅行活动课程，成为研学旅行活动课程的导师。

## （三）调查家长资源

家长资源是研学旅行活动课程资源的有力补充。家长职业千差万别，兴趣爱好多种多样，人生经历各不相同，大大丰富了研学旅行活动的内容。调查家长资源，首先要了解学生家庭基本成员、工作单位、生活状况、特长爱好、是否愿意参与学校活动、是否愿意学生共享其才能等；要建立家长资源库，进行结构化梳理。还要对家长进行定期宣讲和培训，使之认识到研学旅行活动课程在育人中的价值，能够在研学旅行课程开发和实施中发挥应有的作用。

## （四）调查当地场馆资源

美国学习改革委员会将"场馆"定义为一系列具有教育意义的社会资源的总称，既包括博物馆、图书馆在内的室内机构，也涵盖动、植物园，体育场，活动基地等室外场所[①]。利用场馆资源，在场馆中学习，是学校开发研学旅行活动课程的重要途径，对于培养学生核心素养，拓宽学生的认知视野，提高学生创新精神和实践能力具有积极的促进作用。学校领导、教师应该熟悉和主动沟通场馆，了解场馆已有的各种可资利用的资源和条件。教师可以根据学科内容，学生的年龄、兴趣等特征，与场馆沟通，结合场馆时间、空间、资源等条件许可，制订场馆利用计划。

# 三、教师自身的准备

与其他课堂教学相比，研学旅行活动课更侧重于培养学生自主、探究、合作的学习方式，促进学生个性的发展。在整个活动过程中，教师是学生学习的组织者、引导者，在这样的学习环境中，我们关注的焦点不再是教师声情并茂的表现能力、展示能力，而是教师的指导、引领、组织能力。教师要想适应这种转变，就要做好以下几方面的准备。

---

① 葛明兰.双向建构,发挥场馆教育功能[J].中国校外教育,2019(15)：5-6.

## （一）课程意识和教学理念的准备

研学旅行活动课程要求指导教师具备跨学科知识整合能力，观察、研究学生的能力，指导学生规划、设计与实施活动的能力，课程资源的开发和利用能力等。教师要按照课程要求进行系统学习。通过学习，解决好新课程意识的问题，研学旅行活动课程指导教师既不能"教"研学旅行活动，也不能推卸指导的责任，而应当成为学生活动的组织者，成为学生的研究伙伴。

## （二）基础理论和引导方法的准备

强化对研学旅行活动课程性质、特点的认识，查阅研学旅行活动课程开发的基础理论，熟习课程总体规划、活动方案设计的方法。没有这方面的准备，设计就会偏离目标。教师的引导应贯穿于研学旅行活动课程实施的全过程，教师要了解和掌握研学旅行活动各阶段需要进行指导的关键环节和方法。

## （三）背景资料的准备

研学旅行活动课程的内容是开放性的，空间非常广阔，教师只有查阅足够多的资料，扩充涉猎面，才能胜任多个主题活动的设计和指导。教师要将搜集到的原始资料进行整理、归纳、分析与概括，从中找出规律性的东西，得出与自己准备的活动课题有关的结论，进行设计，从而达到预设效果。

## （四）支持条件的准备

这里的条件主要是指活动设计中所需要的有关条件。从校内来讲，主要包括信息网络、图书资料、器材和工具、有关材料、有关场地、参与合作的教师、学校的支持等。从校外来讲，主要包括来自学生家长的支持、有关单位及有关社会人士的支持、有关实践基地的准备等。从学生来讲，包括学生的思想基础、学习态度、个性特点、动手能力、健康状况等。

### 拓展阅读

研学旅行课程设计是对教育目标、教育情景、教学体验等环节的整体化设计。针对研学旅行特点，其课程开发的基本程序包括：主题设定——调查分析形成教育目标；主题释义——寻找依据形成教育思路；思路设计——发现关联形成课程结构；活动选择——对接体验形成教学体系；行程编排——整合要素形成教学大纲；教案编写——规范教学形成教育过程[①]。

---

① 薛保红. 师资与课程：把好研学旅行的品质关[N]. 中国青年报，2018-11-15(012).

## 第二节　中小学研学旅行活动课程主题的设计

研学旅行活动课程强调从学生的真实生活和发展需要出发,从旅行情境中发现问题,转化为活动主题,以问题的生发、探索与解决为主线串起各个活动。那么,活动主题如何确定呢?

### 一、主题策划的基本原则[①]

主题策划有以下 4 条基本原则。

#### (一)立足学生综合素质培养的需要

研学旅行活动课程是培养学生综合素质的跨学科实践性课程。在选择主题时要从学生自身成长需要出发,精选旅行生活中对学生综合素质发展有价值、意义的内容,引导学生从旅行生活中对社会和大自然的接触中提出具有教育意义的活动主题,通过体验、探究等方式,使学生形成价值认同、实践内化、身心健康、责任担当等方面的意识和能力。

#### (二)体现综合实践活动的本质特征

主题活动要落实《指导纲要》和《意见》的基本要求,把考察探究的内容与活动方式具体化。因此,主题活动必须体现综合实践活动的本质特征:回归生活、立足实践、着眼创新、体现开放。根据综合实践活动课程的理念和目标,尽可能从学生的真实生活和发展需要出发进行选题,使学生能结合主题开展各种实践活动,发现、分析并解决问题,体验和感受生活,发展实践创新能力。

#### (三)反映时代发展和科技进步要求

科学技术的迅猛发展,新知识、新技术日新月异。研学旅行活动课程的实施要密切联系当前学生的生活实际,关注社会的热点问题,反映时代发展对教育的要求,如设计非遗文化传承、科技体验教育、新能源推广、循环经济等方面的主题,顺应时代潮流,提高学生的技术意识,培养学生的环保素养、公民素养等相关的跨学科主题活动。

#### (四)贴近学生的生活实际和年龄特征

研学旅行活动本身就要求从学生的旅行情境中选题,因此主题选择一方面要贴近学

---

① 冯新瑞,郝志军.主题选择的依据与原则——《中小学综合实践活动课程指导纲要》活动主题解读[J].人民教育.2018(3):48-53.

生的旅行生活实际,关注并充分利用学生的生活经验;另一方面也要考虑学生的年龄特征,从学生的年龄特点出发,设置不同难度的活动主题,由浅入深、循序渐进,反映学生的成长需求,使活动具有可行性。

## 二、主题应达到的标准

主题应达到以下 7 个标准。

### 1. 主题要有适应性

主题内容适应相应年级学生的兴趣,难度应与学生的知识结构和能力水平相适应。

### 2. 主题要有操作性

研究性学习的活动设计,应尽量做到工具简单、材料易得、花费节省、操作容易,所选课题不妨舍大取小、舍远求近、舍难求易。在主题确定之前,应考虑:这一主题可以分解为哪些问题?涉及哪些活动形式?能否落实到每次都有具体活动内容?是否每个学生都能参与?是否具备必要的资源支持?

### 3. 主题要有包容性

主题起统领作用,应有一定的内涵,要有一定的拓展空间,不能过于简单。例如,学生提出"社区寺庙数量调查"的课题就属此例,若改为"家乡的寺庙文化探究",其内涵就丰富多了,可以涉及对联文化、风景名胜、佛教知识、名人掌故、风土历史等方面。

### 4. 主题要有增益性

探究活动应使学生有所收益,最好能促进学生情感、能力、知识全面提高。主题应或具有实用性,或具有意义。

### 5. 主题要有探究性

研究性学习应探索未知的领域,要有探究的深度。否则浅尝辄止,索然乏味,学生能力得不到应有的培养。

### 6. 主题要有新颖性

主题具有新意,或来自热点新闻,或具有地方特色,或视角独特。

### 7. 主题要有科学性

主题必须不违背科学,尤其是科技类主题的确定要字斟句酌,避免"差之毫厘、谬以千里"的失误。

## 三、主题的规范性表述

### 1. 表意准确、简洁明了

主题表述要用陈述性语言，而不是抒情性或议论性语言。如表述主题时，用"悠悠茶香远，浓浓故乡情"做题目就太过抒情，不如改为"探秘茶文化，品味故乡情"。

### 2. 一般不用疑问句

一般不用疑问句进行主题表述，如"问渠哪得清如许？""莫高窟壁画上人物的动作有什么意义？"这样的疑问句应该改为"××渠水文化探秘""莫高窟壁画上人物的动作意义研究"这样的陈述句。

### 3. 不宜表述成论文题目

主题也不宜表述成论文题目，如"敦煌莫高窟唐代壁画人物造型特点之我见"就是典型的论文题目，而不是活动主题的表述方式。若改为"揭秘敦煌莫高窟唐代壁画人物造型特点"，就很能体现研学旅行课程的实践性特征，是较为规范的表述方式。

### 4. 主题表述中应该有行为动词

研学旅行活动课程讲求"做中学"，主题表述中一定要有行为动词。如"美丽黄山　多彩徽州"的主题表达中没有行为动词，乍看上去可以被理解为类似于画展的静态展示活动的主题。不能体现研学旅行课程探究性、体验性特点。若将主题表述为"励志黄山　博学徽州"就比较合理。"塞上江南　神奇宁夏"的主题就不如"溯源古皖　寻梦徽州""历尽蜀道　品韵天府"更规范。

### 5. 两种表述方法

研学旅行课程方案主题的规范表述方法有两种——文学表达法和标准表达法。以调研家乡民俗文化为内容的主题可以表述为"走进家乡的民俗文化"，这是文学表达的方式，还可以用对象＋内容＋方法的标准方法将主题表达为"家乡民俗文化资源调查"。

## 四、选题的主要方向

研学旅行活动主题范围很大，按组织线索，可以从"我与自己""我与社会""我与自然"三个维度确立课程主题。自然方面的选题主要引导学生走进自然、感受自然、探究自然，针对旅行目的地的自然资源、生态环境、能源利用等问题开展研究，如"西溪湿地的生态优化""西湖景区的山形水系调查""天坛公园松树保护"。社会方面的选题主要引导学生关注和探究社会热点问题，如非遗文化传承、文物保护等方面的问题，如"苏州园林中的古建筑保护""敦煌莫高窟的人流控制"等。学生自身生活方面的选题主要引导学生反思自我、认识自我、发展自我,针对旅行生活中的问题与烦恼开展研究,分析问题产生的原因,探索解决问题的方法,养成负责任的生活态度,实现积极、健康的发展。如"行李箱的布置""旅行攻略手册设计"等。

## 五、主题生成的基本方式

一般来说,主题活动的生成主要有三种方式:由教师提供、师生共同确定、由学生自己选择确定。不管以哪种方式生成,都要立足于学生的实际,引导学生利用已有的知识和经验开展有意义的活动;都要在给予学生充分自主探究的空间的同时,发挥好教师的指导作用;都要处理好课前预设与课堂生成的关系。教师不仅要为导向活动主题的生成搭建科学的架构,更要结合学生的生活经验,预测在活动中可能出现的各种新情况,为生成新的主题留有余地,给予学生充足的自由选择的空间。因此,主题生成课需要教师充分考虑"如何提出问题,从何生成主题,怎样分解主题群"三个要素,精心设计与实施教学,为研学旅行主题活动创设良好的开端。

从主题的生成方式上可以看到,活动主题内容可以是教师生成的,也可以是学生生成的,还可以是师生议定的。对于低学段的学生而言,尤其是初次尝试的学生,生成主题的难度较大,需要教师生成主题。教师生成主题后要对活动进行足够的"探索空间"的设计,不能限制得过"死",否则会违背活动课程所倡导的学生自主性发挥。对于学段较高且有研学旅行经验的学生,教师要多引导,让学生自主生成主题。对学生提出的主题,应根据适应性、增益性、包容性等"七个性"和课题表述的要求来甄别、筛选和修改主题。

## 六、主题的来源

由于研学旅行课程方案是过程取向的,强调学习者与具体情境的交互作用,因此,还需要高度重视主题在活动中的"可变性",关注活动过程中主题的"生成性"。活动开展后,一般都会出现意想不到的变化,教师要根据变化的情况调整主题。及时调整无意义或不能操作完成的课题。例如,北京东城区培新小学在"制作故宫一日游攻略"的主题下生成了系列课题,其中一个课题为"故宫攻略之购物指南",学生来到故宫实地调研后发现来故宫参观的游客极少有在故宫礼品店买东西的,经过访谈发现游客大都从网上购买故宫纪念品。这时,教师及时出现,引导学生将课题调整为"故宫攻略之在线购物指南"。

### (一)从学校、班级对研学旅行活动的统筹安排中生成主题

每一所学校、每一个班级甚至小组都事先会基于校本特色、区域资源、学生需求、可实现性进行研学旅行活动的计划,对活动进行设计,提出研究范围,这是原计划的一面。教师与教师之间或教师与学生之间尽可能民主协商,必要时可以邀请一些社会人士或家长参与讨论,写下能够参考的或想到的任何与主题有关的内容,不断丰富探究主题。

## （二）参照并改造外来的活动主题

在初次开展研学旅行活动的情况下，教师往往参考外来的活动主题。这时，教师就必须分析、研究这些课题的价值，清楚明白地了解本班学生的发展水平，了解学生的生活经验，了解学生的基础知识，以便考察主题对学生的适宜度，以便对学生提出适宜的课程要求。

随着学生能力的不断发展，教师应放手让学生自主确定主题、活动项目或具体小课题。在学生初步选择或自主提出系列活动主题、活动课题或具体小课题后，教师要引导学生对主题、课题或具体小课题进行论证，提高可行性和科学性。

## （三）从社会热点问题和突发事件中生成主题

当今是一个信息时代，社会上的一些热点问题，也会成为学生关注的话题。很多有价值的研究主题往往蕴含在我们不经意的一些热点事件、偶发事件中。要善于从社会热点中挖掘主题，引导学生就社会发生的某一现象进行调查，弄清发生这种现象的原因及解决的方法，从而培养学生接触社会，感受生活，学会人与人之间的合作、交流，锻炼学生的社会实践能力。如去上海开展研学旅行的学生可以用"揭秘垃圾分类"作为活动主题。

## （四）从学科教学中生成主题

研学旅行活动与各学科领域存在三方面的联系：第一，学科领域的知识可以在研学旅行活动中延伸、综合、重组与提升；第二，研学旅行活动中所发现的问题、所获得的知识技能可以在各学科领域的教学中拓展和加深；第三，在某些情况下，研学旅行活动可与某些学科教学打通进行。如果在教学中把学科知识的丰富内涵放到开放的研学旅行天地中，鼓励学生自主地探讨，自由地交流总结，那么学生的收获会远远超乎课堂所获，远远超乎教师的想象。如三年级数学下册"轴对称图形"，教师可结合学科活动，以"走进中国古建筑群"为主题带领学生走进校外古建筑群落寻找轴对称图形，通过拍照、绘画、录像、采集等方式研究中国古代建筑的形制和布局特点，加深对轴对称图形的认识。一年级数学下册的"人民币的认识"，在学生认识人民币之前，可以让学生搜集人民币相关资料，可以对人民币上面的图案、文字等内容进行整理交流。认识人民币之后，以"我是采购员"为主题带领学生走进菜市场体验购买活动，使学生初步体会人民币在社会活动中的作用，初步形成合理使用和爱护人民币的意识。

## （五）通过其他多种渠道生成主题

还可以在调查中生成主题，在互动中生成主题，从疑问中生成主题，在评价、反思中生成主题，从争论中生成主题，从错误观点中生成主题。

# 第三节　教学目标的生成

主题教学目标的设计要从课程目标和学段目标出发，从整体上把握认知目标、能力目标和情感目标之间的相互关系，还要从实际出发，缜密地考虑课程的特点和学生、课程资源等方面的因素，合理确定每一个主题及每一个阶段的活动目标，做到定位准确，难易适度，重点突出，循序渐进，表述清晰。教学目标的设计在第四章第二节中已经进行了系统论述，这里仅强化三个要点。

## 一、目标体系的构成

主题探究中目标体系由总体目标和具体目标构成。总体目标是对具体目标的统领，具体目标是对总体目标的细化。如总体目标中的"学生提升解决实际问题的能力"在具体目标中就要表述为"学生通过……的活动提升资料搜集、辨别、整理的能力；学生通过……的活动提升总体规划的能力；学生通过……的活动提升交际能力；学生通过……的活动提升团队合作能力"等一系列细化的目标。

## 二、目标分解的方法

不管是总体目标还是具体目标都要进行分解。分解式的目标设计是指按主题活动目标所涉及的学生发展的知识、能力、情感态度三个维度来进行设计。一是知识维度的目标。这主要是指学生通过主题活动在对自然、社会、文化及自我等认识方面应达到的要求，研学旅行活动课程的主题活动不能没有知识与技能这个维度的目标，但它在设计上又不等同于其他学科课程目标在这个维度上的设计，它更注重于知识的创新性、综合性和广博性，以任务为中心，将知识学习融于任务完成的过程中，尽可能地综合运用知识，并在活动中具有自主获取新知的欲望；另一方面，研学旅行主题活动还注重方法性知识的获得。二是能力维度的目标。这主要是指学生亲身经历与体验整个过程，在过程中创新实践、处理信息、解决问题等能力发展方面应达到的要求。这个目标的达成强调在活动中以直接经验的获得为主要目的。三是情感、态度维度的目标。这主要是指学生通过主题活动在情感、态度、价值观、个性品质等方面应达到的要求。

## 三、注重目标的生成性

研学旅行活动课程以主题活动的形式呈现，让学生在校外的多元立体空间中，在旅行的真实情境中通过自我探索，发现并解决问题。在这个过程中，学生容易产生新的问题，这些问题实际上是学生创造性思维发散的最佳时机。教师要对学生出现的问题进行即时评估，判断教学事件的性质，生成新的教学内容和目标。不能机械、单纯地实施预设的活动目标和活动计划,而要从生成性维度设计目标,在活动过程中根据活动的情况改变目标或增加目标。这种方式是没有准备的,完全根据活动发展而变化。

# 第四节　主题活动的设计

## 一、系列主题活动和单一主题活动

从主题结构来分,研学旅行活动课程可分为系列主题活动与单一主题活动。学生研学旅行活动课程开发中既要有系列主题活动开发,又要有单一主题活动开发。

所谓系列主题,是指在某一主题的统领下按照活动范围逐级拆分主题。由学校大主题活动,到年段主题活动,到班级课题活动,到小组专题(子课题)活动,到个人研究活动。学校或年级在进行总体规划时,可以提出主题进行统领,然后将生成课题和子课题的环节交由各个班级自主完成。系列主题对应着以探究为主要特征的主题活动,这类主题适合于学校或年级大主题下以班级为主体实施,研究小组尽可能细分。

单一主题活动没有主题层层拆分的环节。所有成员都在同一主题下进行探究和体验,不派生不同的课题和子课题。单一主题下教师要对研究目标和研究内容进行区分学段、区分年龄的进阶性设计。而且会以任务手册或任务单的形式进行研学旅行中探究体验活动的引导。学生通过群体合作的方式完成预设好的体验和探究项目。

## 二、系列主题活动设计

### (一) 系列主题活动设计的三阶段和六要素[①]

系列主题活动设计的三阶段和六要素具体如下所述。

#### 1. 第一阶段——课题的确立与启动阶段

此阶段的主要任务是学生发现问题,形成相应的课题,并制订出不同详细程度的研究计划,来指引后续的整个研究活动,具体包含两个关键因素。第一个关键因素是发现并提出问题。学生以怀疑与好奇的眼光,从自然、社会和个体生活中主动发现问题,并结合自身的兴趣以及教师的指导、同伴的协助,提炼并确定合适的课题。这个要素一般遵循先构思学生个人的研究问题、后集体交流各自选题、最终实现研究问题的精致化,并确立小组合作团队等步骤。需要注意的是,课题质量的高低会对后续的研究活动产生根本性的影响,而高质量的课题通常具有如下 9 条基本特征:对学生有吸引力,源自现实的生活世界,学生前期已有一定的相关经验,便于学生展开探究获得一手经验,对书本及成人不过度依赖,会衍生出许多相关问题,可从家长那里获得专业支持,能生成新的研究课题,有助

① 高振宇.综合实践活动课程之"考察探究":内涵、价值与实施[J].基础教育课程,2017(23):11-15.

于学生到校外寻找资料来源等。第二个关键因素是提出假设,选择方法和研制工具。研究小组形成之后,就会制订初步的研究计划,在这个计划中,提出研究假设以及选择研究方法是最重要的部分。学生不能只满足于提出问题,应事先预想在实施过程中会出现什么难题,以及可能得到的解决方案是什么,由此形成自己的一个或多个假设。学生也须在教师指导下了解常见的研究方法,并根据课题实施的需要来选择部分适用的研究方法。最后,为使学生在研究过程中及时、准确地搜集所需资料,必须在这个阶段设计好相应的现场观察表、访谈提纲、实验方案或社会调查表等。

### 2. 第二阶段——课题的实施阶段

此阶段的主要任务是进入现场,通过多方搜集资料来解决学生前期所提出的问题,分析所得资料并提出自己的观点,进而检验上述研究假设,具体包含两个关键要素。第一个关键要素是获取证据,学生须带着所要研究的问题和假设走进现实的情境或现场,进行一系列的研究活动。这种现场一般为研学基地、研学营地、景点景区等研学目的地。没有目的地现场工作,就没有真正意义上的研究性学习。在现场,学生所开展的研究活动包括观察、访谈、实验、调查、考察等,并通过这些方法搜集所需资料,以更好地理解、解决开始阶段预设的问题以及研究过程中生成的新问题。第二个关键要素是学生提出解释或观念,资料搜集完成后学生须对其进行适当的编码、归档或整理,并进行不同深度的反思与分析。分析时可利用不同的形式与工具,如文字描述、图标呈现、照片诠释、思维导图绘制等,以使研究资料的呈现更加丰富和清晰。在此基础上,学生对研究资料进行解释,提出自己的看法与观点,进而对之前提出的假设进行验证,如果假设成立,则将假设视为研究的结论,如果假设不成立,则做出相应的调整或改变,并继续搜集相关的证据来进行佐证。

### 3. 第三阶段——课题的总结和展示阶段

本阶段的主要任务是将最终的研究发现汇总起来得出结论,并以多种方式予以呈现,而后进行系统反思、欣赏、展示和评价,为未来的考察探究奠定更坚实的基础。具体包括两大关键要素,其一是交流、评价探究成果,学生通过海报、板报、制作品、表演、绘画、视音频、地图等多种方式呈现研究的主要结论和心得体会,并进行相互交流与讨论。学生可以将最终的研究成果以及研究过程中所积累的素材全部纳入小组档案袋中,以供教师、家长、同伴做出多主体性的评价。评价时可根据事先设计好的评价表格,进行文字描述或打分,表格中所涉及的评价维度则一般包括知识与技能、过程与方法、情感价值观和学习态度三大方面。第二个关键要素是反思和改进,对考察探究整个活动进行评价的最终目的不是为了班级或学校的荣誉,而是为了学生个体的发展。因此无论每个小组呈现的研究成果为何,以及思考到何种深度,都应鼓励学生反思整个研究过程,诸如课题本身质量如何、计划完备与否、工具准备是否妥当齐全、小组合作是否顺利、研究方法的选择和运用是否适宜、方法实施过程中遭遇了哪些挑战、分析与解释资料是否全面、结论提出是否合理等。在反思这些问题的基础上,学生意识到自己研究的价值及局限所在,进而可提出改进研究的策略与方法,为未来的研究奠定基础。

## （二）系列主题活动中主题与课题的关系

课题是从主题派生出来的，主题是由系列课题诠释的。主题与课题的关系是知识树中"树干"和"树枝"的关系。所以，有时又把主题活动的设计称为整体设计。案例5-1展示的是霞云岭中心小学"没有共产党就没有新中国"纪念馆研学旅行课程主题与课题。由主题"走进红歌唱响的地方"派生出来的很多课题（见图5-1）。

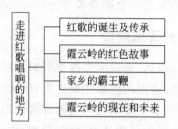

图5-1　霞云岭中心小学"没有共产党就没有新中国"纪念馆研学旅行课程主题与课题①

**案例5-1**

霞云岭中心小学对研学旅行活动课程进行了整体系统规划，将主题确定为"走进红歌唱响的地方"，在这一主题下，班级内的孩子从不同视角找到了自己小组的研究课题，分别是"红歌的诞生及传承""霞云岭的红色故事""家乡的霸王鞭""霞云岭的现在和未来"。

**拓展阅读**

北京中学"中华文化寻根之旅"研学课程基于"文化"这一大主题进行主题整合。"文化"主题具有跨度大、弹性大、空间大等特点，因而可以有效整合其他主题，进行课程研发。"中华文化寻根之旅"研学课程涵盖山水（地质）、建筑、遗迹、饮食、戏曲、语言6个系列子课程（见表5-1），每一门子课程、每一条研学线路之间都相互呼应、相互印证、相互关切，而不是散乱无章的资源拼凑。一是主题融通，子课题相互呼应和关切，二是学科贯通，打破学科藩篱与壁垒。"中华文化寻根之旅"研学课程是一门复杂的跨学科整合的综合性课程，同时也是多学科交织汇聚的学科平台，既设置了学科学习，也设置了基于跨学科整合的项目式学习。这一特点要求我们必须利用学科的壁垒，建构起多学科交织的平台，将研学内容渗透于各学科。例如在旅行前，学校各科教师依据本次研学线路和区域特点等，结合学科内容和进度，制订相应的课题指南和学习任务单（见表5-2），帮助学生通过研学实现生活中的自我教育，达成对课堂知识的体悟及反刍，做到行中学、学中思、思中得②。

---

① 案例来源于北京教育学院北沟特色课程群项目，由霞云岭中心小学提供。
② 余国志.研学旅行的校本表达与演绎——以北京中学"中华文化寻根之旅"研学课程为例[J].基础教育课程，2019(20)：13-21.

表 5-1　北京中学"中华文化寻根之旅"子课程主题

| 文化 | 物质文化 | 山水地质 | 黄山、泰山、峨眉山、嵩山、黄河、长江、新安江、额尔古纳河、钱塘江；高原、草原、丘陵、河流、沙漠、盐湖、峡谷、湿地 |
|---|---|---|---|
| | | 建筑 | 四合院、木刻楞、吊脚楼、园林、徽派建筑 |
| | | 遗迹 | 三孔、杜甫草堂、半坡遗址、河南博物馆、徽州博物馆、陕西历史博物馆、山东博物馆、苏州博物馆、袁家村、莫高窟、杨家岭革命旧址、台儿庄古城 |
| | 非物质文化 | 饮食 | 徽菜、蒙古菜、川菜、鲁菜、豫菜、杭帮菜、俄罗斯菜 |
| | | 戏曲 | 皮影戏、秦腔、川剧、昆曲、豫剧、京剧、黄梅戏、呼麦 |
| | | 语言 | 徽州方言、河南方言、四川方言、吴越方言、蒙古族、陕西方言、山东方言 |

表 5-2　基于真实生活场景下的项目式学习举例（跨学科）

| 年级 | 涉及学科 | 研学内容 | 学习方式 | 预期成果 |
|---|---|---|---|---|
| 六年级 | 语文、政治、历史等 | 中原饮食文化与北京饮食文化的对比研究 | 研究性学习 | 小论文 |
| 七年级 | 文化、政治、历史等 | 关于台儿庄古城保护与开发的建议 | 服务式学习 | 建议书 |
| 八年级 | 数学、物理、化学等 | 火箭模型的拆解与组装及原理探究 | STEM 做中学 | 火箭模型 |
| 九年级 | 音乐、美术、语文等 | 宏村写生作品联展 | PBI 项目式学习 | 作品集 |

## 案例 5-2

活动总体目标：深度理解核工业文化和核工业成就。提升思维、口头表达、文字撰写、分工合作能力，提升科学精神和爱国主义精神（见表 5-3）。

表 5-3　高中部"走进核工业科技馆"复合式系列实践活动[①]

| 活动课题 | 活动内容 | 课题目标 | 活动方式 |
|---|---|---|---|
| 核科技原理 | 核反应原理模拟实验<br>聆听核工业科技馆专家讲座<br>呈现研究成果 | 1. 提升物理学科核心素养<br>2. 清楚演示讲解核反应原理<br>3. 提高资料检索、整理和分析的能力 | 实验<br>设计制作<br>创作 |
| 核科技的发展历史 | 核科技馆参观<br>核工业研究所专家访谈<br>搜集整理科普资料<br>呈现研究成果 | 1. 了解中国核工业的历史<br>2. 提高资料检索、整合与分析能力<br>3. 提高撰写访谈提纲的能力和提升访谈技能<br>4. 提高资料检索、整理和分析的能力 | 查阅<br>访谈<br>创作 |
| 核与医学 | 401 医院病房观察<br>401 医院药房观察<br>访谈医护工作者<br>呈现研究成果 | 1. 了解核科技在医疗领域的应用现状<br>2. 提高撰写访谈提纲的能力和提升访谈技能<br>3. 提高观察、记录和整理的能力<br>4. 提高资料检索、整理和分析的能力 | 观察<br>访谈<br>创作 |

---

① 案例来源于北京教育学院北沟特色课程群项目，由北京教育学院房山附属中学高中部提供。

续表

| 活动课题 | 活动内容 | 课题目标 | 活动方式 |
|---|---|---|---|
| 核科技人物 | 参观核工业科技馆<br>查阅核科技突出贡献人物事迹<br>访谈在世院士及家人创作情景剧 | 1. 能够讲述两弹一星等核科技人物的事迹及突出贡献<br>2. 提高撰写访谈提纲的能力和提升访谈技能<br>3. 提高剧本改写、编写能力以及表演能力，激发爱国热情<br>4. 提高资料检索、整理和分析的能力 | 参观<br>查阅<br>访谈<br>创作 |

## 三、单一主题活动设计

"单一主题活动"模式强调主题的单一性。学生在同一主题下进行规定项目的体验。与传统的春游和秋游不同，单一主题活动也是基于学生能力培养目标进行资源开发和活动设计，活动结束后要进行交流展示和总结评价。单一主题活动中，学生在同一主题下不进行课题和子课题的细分，围绕着同样的任务，集体协作，相互帮扶，在任务完成中提升能力。

### （一）单一主题设计的三阶段

单一主题设计具有以下三个阶段。

#### 1. 第一阶段——背景知识学习及技能储备

本阶段的主要任务是学生通过资料查阅、书籍阅读、电影观看、聆听讲座等方式获得研学对象的背景知识，在头脑中与研学对象建立初步的联系。如果现场的任务设计中有操作性活动，学生还要进行一些必备技能的准备。

#### 2. 第二阶段——任务完成阶段

本阶段的主要任务是进入研学基地，通过小组合作的方式完成任务单中的各项探究体验任务。期间根据任务的要求进行观察、访谈、测量、拍摄、绘图、记录等活动。

#### 3. 第三阶段——过程及成果展示阶段

本阶段的主要任务是以小组为单位将最终的探究成果及探究过程展示出来。虽然各个小组的任务是一样的，但各个小组解决问题的方式方法存在差别，通过充分交流可以共享经验。

### （二）单一主题设计的要点

单一主题设计具有以下三个要点。

### 1. 区分学段

单一主题下要区分学段、学年进行活动目标和活动内容的设计。尤其要突出低龄段到高龄段的进阶性设计。

### 2. 多学科融合

单一主题下的任务设计要体现多学科融合的原则。所设计的任务要融合各个学科的知识,让学生在学科知识的运用中提升学科核心素养。

### 3. 突出团队合作

单一主题下要有团队合作方面的设计,学生要通过小组合作的方式共同完成任务,以实现研学旅行中基于学习共同体的合作学习,这是研学旅行活动课程的内在要求。

## 四、活动方式的设计①

活动方式的设计包括问卷调查法、访谈法、观察法、文献法。

### (一)问卷调查法

调查法是围绕特定问题,通过访谈、问卷、测试等形式,有目的、有计划地搜集有关实验研究对象的材料和数据,并据此认识事物、发现规律的实验研究方法。调查主要涉及心理现象和社会现象的发现型实验研究活动。运用调查法,可以了解某一方面的实际情况,搜集已有成绩、经验和存在的问题,探索发展的规律。开展社会调查,有助于学生接触真实的实际生活。通过让学生亲眼看、亲口问、亲耳听、亲自了解、亲自感受,及时了解社会发展的现状,接受教育,提高认识,增强信念。

问卷调查法是以书面或通信形式进行调查、搜集资料的调查形式,即研究者根据研究目的将编制成的系统问题或表格发给被调查对象,请求填写答案,然后回收,加以整理、分析和研究。一般来说,问卷调查法是研究者设计表格或提出问题,用书面形式,以取得数据和资料,并进行统计分析和研究的一种非常重要而又被广泛运用的研究方法。

在面对面的访谈调查中,人们往往难以同陌生人谈论有关个人隐私、社会禁忌等敏感性的话题。但问卷调查中,由于被调查者在回答这类问题时,没有其他人在场,问卷本身就要求匿名,所以问卷调查能减轻被调查者的心理压力,从而保证获取资料的真实性。在问卷调查中,由于每个调查者所得的都是完全相同的问卷,这样能很好地避免由于人为的原因所造成的各种偏误。由于问卷中的问题是研究者把所研究的概念、变量进行可操作化处理的结果,而各种答案又都进行了编码,因此,问卷调查所得到的原始资料很容易转换成数字,特别适用于计算机进行处理和做定量分析。

根据载体的不同,问卷调查可分为纸质问卷调查和网络问卷调查。纸质问卷调查就

---

① 黑岚. 小学综合实践活动课程的设计、实施与评价[M]. 北京:清华大学出版社,2020.

是传统的问卷调查,调查公司通过雇用工作人员来分发这些纸质问卷,以回收答卷。这种形式的问卷存在一些缺点,分析与统计结果比较麻烦,成本比较高。

网络问卷调查就是用户依靠一些在线调查问卷网站,这些网站提供设计问卷、发放问卷、分析结果等一系列服务。这种方式的优点是无地域限制,成本相对低廉,缺点是答卷质量无法保证。目前国内有问卷网、问卷星、调查派提供这种调查方式。

**拓展阅读**

一种全新的调查方式:二维码调查

二维码调查方法是问卷调查的一种访问方式,改变了传统的面对面调查、电话调查、邮寄调查、电子邮件调查等方式,打破了传统的被动式调查方法在设备、时间和环境上的限制;受访者可以随时随地使用随身携带的移动终端设备扫码参与调查,大大减少调查对象参与调查的阻力与成本;通过断点续答功能(回答部分内容退出后下次登录可继续回答),还能有效地利用调查对象的碎片化时间。

问卷调查法的基本步骤为:明确调查主题,确定问卷类型;围绕研究目的,设计调查问卷;把握发放时机,及时回收问卷;统计问卷结果,分析调查数据;撰写调查报告,展示活动成果。

采用问卷调查时,应注意以下几点:一是设计出来的问卷的内容要符合实际情况;二是所问问题的内容必须明确具体,不能似是而非;三是提问用词要通俗易懂,避免专业化;四是要避免使用带有诱导性和明显倾向性的语言。

## (二)访谈法

访谈法是研究人员通过与被调查者直接交谈,来探索被调查者的心理状态的研究方法。访谈调查时,研究者与被调查对象面对面地交流,针对性强,方式灵活,信息真实可靠,深入了解人或事件的多种因素便于结合内部原因,但访谈法比较花费人力和时间,调查范围比较窄。

### 1. 访谈的形式

访谈可以是个别访谈,与被调查者逐个谈话;也可以是集体访谈,即以座谈会的形式展开访谈。还可以是非正式或正式访谈。非正式访谈不必详细设计访谈问题,自由交谈,根据实际情况展开;而正式访谈有预先设计好的较完善的访谈计划,按部就班地进行。

### 2. 访谈的过程

访谈过程有以下四个步骤。

第一步:访谈开始,应向被调查者说明访谈的目的和基本要求。

第二步:逐步提问,倾听回答。对于谈话要搜集的内容可以用脑记,也可以用笔记,还可以用录音设备记录,以备以后整理分析。

第三步：访谈结束，要专门对材料做整理，形成陈述性材料，并做一定的统计性整理。

第四步：与问卷调查一样，最后要得出结论性的东西。例如，被调查问题的现状、性质，产生问题的原因，等等，并随之提出建议、意见。访谈前要拟定好访谈记录表（见表5-4）。

表 5-4 访谈记录表

| 被采访人： | 采访人： | 地点： | 日期： |
|---|---|---|---|
| 采访大纲 | | | |
| 采访记录 | | | |
| 采访结论及感悟 | | | |

## （三）观察法

观察法是指人们有目的、有计划地通过感观和辅助仪器，对处于自然状态下的客观事物进行系统考察，从而获得经验事实的一种科学研究方法。观察是一种有计划、有目的、较持久的认识活动，科学研究、生产劳动、艺术创造、教育实践都需要对所面临的对象进行系统、周密、精确、审慎的观察，从而探寻出事物发展变化的规律。

### 1. 观察法的基本原则

观察法有以下三个基本原则。

（1）观察的目的性原则。根据研究的需要，为解决某一问题而进行的。因此，观察前应有明确的观察目的，并确定观察的范围、形式和方法。

（2）观察的客观性原则。在自然状态下，不改变对象的自然条件和发展过程，直接观察某种现象的发生发展过程，并对观察结果做明确、详细、周密的记录，分析所搜集到的第一手材料，而不带任何预期的主观倾向或偏见。

（3）观察的计划性原则。观察要有计划，按照事先制定的提纲和程序进行观察，而不是随意的观察。

### 2. 观察法的常用方法

观察法的常用方法有以下三种。

（1）翔实记录法。即连续记录法，是指在某段时间内，连续而翔实地把观察对象在自然状态下的行为表现记录下来的一种观察方法。运用翔实记录法要注意三个问题：首先，根据观察的目的确定观察的场景和时间。第二，善于借助先进的设备。最后记录要全面、客观。翔实记录法能提供详尽的行为事件及其发生的环境背景等资料；记录下的资料系统、完整并可做长久保留，供反复观察与分析使用。但翔实记录法对记录的技术要求较高，用人工记录很困难，用现代化设备记录成本高，记录和整理资料比较费时。

（2）日记描述法。简称日记法，是以日记的方式记录观察对象行为表现或现象的一种观察方法。日记描述法可以分为两类：综合性日记描述，即把观察对象的各个方面如实记录下来，为全面研究观察对象所用。主题日记描述，即只记录观察对象某一方面或某几方面的情况，为专项研究观察对象或某种特征所用。日记观察内容广泛，动植物、环境气象、天文地理，人文生活等一切自然界、社会中存在的现象都是观察日记的内容。日记描述法是一个传统的观察研究法，适用于长期跟踪观察研究和个案研究。这种方法记录的材料真实可靠，具有顺序性和连续性，并且操作方法简单，但是样本和观察结果缺乏代表性，且长时间连续记录，比较费时费力。

📖**拓展阅读**

### 观察日记的基本格式

第一行，写题目。题目是文章的眼睛，拟题要新颖，观点要明确。如连续观察可在每段日期前再加一个小标题。

第二行，写明日记的时间，即：×年×月×日，星期×，最好把天气情况稍带说明，以备日后查考。

正文。一是表格式和坐标式记录，如天文气象、生长变化、分类比较、统计数据等，其特点是形象直观；二是用记叙、描写、议论、说明、抒情等形式表达，如动物、植物、新现象、新发现等。

（3）事件取样法。首先确定要观察的行为类目，然后把行为记录在预先制定的观察记录表上，记录特定事件发生的次数，或事件的特点及过程的一种方法。

事件取样法应该注意两点：观察前，确定所要研究的行为或事件，确定记录哪些现象与记录形式，制定出相应的记录表格。观察时，只要预定的现象、行为一出现，就要记录，并且可随事件的发展持续记录。事件取样可在有准备的情况下获取有代表性的可行样本，搜集资料所用的时间比较经济。但是集中观察特定事件本身，对导致其发生的条件和环境等信息不能充分了解。

### 3. 观察法运用的基本步骤

（1）明确目的。

（2）充分准备。制订观察计划、制作观察记录表、准备观察工具、确定观察途径、进行小组分工等。观察计划是观察法实施的蓝图，是确保观察有目的、有计划进行的指导性文件。当活动主题确定后，可根据观察的全面性和可重复性确定观察的内容，并通过表格等形式对拟观察的内容及进程做好安排，制订观察的计划。

📖**拓展阅读**

### ××研究观察计划

一、研究课题

二、观察目的、任务

三、观察对象、范围（观察谁？）

四、观察内容（要搜集哪些资料？）

五、观察地点(在什么地方观察?)

六、观察的方法和手段(选用哪一种具体的观察方法,采用什么仪器设备,如何保持观察对象和情景的常态等)

七、观察步骤和时间安排(观察如何进行,包括观察的次数、程序、间隔时间,每次观察要持续的时间等)

八、其他(包括组织、分工和有关要求)

拟定计划人:

年　　月　　日

(3)实际观察。观察者通过适当的方式进入观察情境,并接触观察对象,深入观察。在实际观察中要注意几点要求:第一,灵活地执行观察计划;第二,抓住观察的重点;第三,注意做到观看、倾听、询问、思考等几个方面的配合;第四,做好观察记录,记录要准确、全面、有序。

(4)整理与分析观察资料。在结束观察后,要对观察资料进行初步整理,整理时要注意几个问题:第一,检查观察资料是不是严格遵循科学方法的程序获得。第二,如果资料是用多种方法搜集的,应该把通过观察获得的资料与通过其他方法获得的资料进行比较。第三,当观察是以小组进行时,可将观察者之间所获得的资料进行比较。第四,对于较重要的问题应注意观察时间的长短,一般来说,长时间的观察总比短时间的观察真实可靠。

## (四) 文献法

文献法也称历史文献法,就是搜集和分析研究各种现存的有关文献资料,从中选取信息,以达到某种调查研究目的的方法。它所要解决的是如何在浩如烟海的文献群中选取适用于课题的资料,并对这些资料做出恰当的分析和使用。文献研究方法的具体步骤如下。

### 1. 搜集文献信息

确定有关题目、部分(篇、章、节、段),这是一种"走马观花"式的阅读;确定有关内容,这是一种"下马观花"式的阅读;对那些有价值的文献的篇、章、节或段应做好记录工作,以备后用。

### 2. 明确查阅文献的种类

围绕活动主题确定需要查阅哪些文献资料,可根据各小组的分主题进行查阅。

### 3. 实地查阅文献资料

学生可通过图书馆、互联网等查阅相关资料,该环节可在课内进行,也可在课外完成。

### 4. 处理文献资料

对搜集到的资料进行筛选、整理,获取有用的资料。

### 5．交流分享

在全班交流分享搜集、整理的资料。分享的方式可以是调查报告文本，也可以是PPT演示文稿。

# 第五节　前置课程、行中课程、拓展课程开发

## 一、前置课程开发

前置课程即行前课程，帮助学生对即将研学的对象、环境建立初步认知。为行中课程的顺利开展提供知识或技能储备。

## （一）系列主题下的前置课程开发

系列主题下的前置课程要实现三个目标：形成研究课题；形成研究团队；形成研究方案。为了达成这一目标。教师要实施至少两次课堂集中教学：开题课和方案交流课。教师通过组织开题课引导学生生成研究课题和研究小组。通过方案交流课引导学生完善研究方案。在开题课之前，教师要鼓励学生多方查阅研学目的地资料，结合自身兴趣提出最想研究的问题，通过对问题的梳理、合并将问题划分为不同类型的问题系列。让提出同一问题系列的学生成为研究伙伴，组成研究小组，并由研究小组对同一类型的问题进行命名从而形成研究课题。在此基础上教师要引导学生通过利用思维导图等工具细化研究课题，必要时形成子课题。此后由学生小组自行讨论制订研究方案，对研究目标、研究内容、研究方式、研究节点、人员配备、预期成果等进行详细规划。教师通过组织方案交流课，在交流课上给出研究方案的示范性文件，研讨评估方案的标准，并组织小组间互相展示交流方案。方案交流课结束后，学生修改完善方案。

开题课之前，教师鼓励学生通过多方渠道搜集资料。一方面，完成行前的知识储备。另一方面通过信息资料的搜集与整理，培养信息的采集、加工、整理的能力。学生在行前要将获取研学对象的背景知识作为重要任务，不能让学生脑袋空空去研学。如果没有前期的知识准备势必影响学生到达研学基地后的探究深度。开题课上生成课题、子课题，形成研究小组的过程是学生聚敛思维和发散思维的训练过程，要把思维的打造作为开题课的目标之一。

**案例 5-3**

史家营中心小学开发了以"走进圣莲山　感受老子文化"为主题的研学旅行课程，以下是其开题课的教学设计。[①]

---

① 案例来源于北京教育学院特色课程群项目，由成员校史家营中心小学任国鹏老师提供。

### "走进圣莲山　感受老子文化"活动课程教学设计
#### ——聚焦选题　分组研讨

| 实践活动名称 | "走进圣莲山　感受老子文化"——聚焦选题　分组研讨 | | 活动时间 | 2019-06-13 |
|---|---|---|---|---|
| 参加年级 | 五年级 | | 成果形式 | 交流汇报 |
| 活动概述 | 初寻分享—提出问题—聚焦选题—生成小组—研讨思路 | | | |
| 小组成员 | 指导教师 | 主讲：任国鹏<br>助教：曹利花　宋有冬　董立霞 | | |
| | 学　　生 | 五年级全体学生共 27 人　地点：录课教室 | | |
| 学习目标任务 | 知识目标 | 通过回顾文化长廊、老子祭拜台、长生桥、真武庙的游览经历,初步感知老子文化的博大精深 | | |
| | 能力目标 | 通过汇报交流,发展口语表达、认真倾听、日常交际的能力。<br>提升聚敛思维和发散性思维。<br>通过研讨方案的设计思路(思维导图),提高统筹规划的意识和能力 | | |
| | 情感目标 | 提升热爱家乡的情怀 | | |
| 学习过程设计 | (一)谈话引入,切入主题<br>1. 介绍圣莲山<br>圣莲山位于北京市房山区北部的群山中,整个景区 28 平方千米,于 2000 年开发,2004 年对外开放,2005 年被评为国家 4A 级景区,2006 年被评为世界地质公园——体验观赏区。作为我校学科实践活动教育基地之一的圣莲山风景度假区有五大教育资源,即结合国学的老子文化资源;地质和植被的科普文化资源;结合近代史的历史文化资源;结合壁画、石刻、根雕的艺术文化资源;结合登山运动的体育文化资源。对老子文化的探究是本课的主要任务,景区内塑有号称"天下第一"的老子坐像,老子像正对祭拜台、"名家论道"长廊,穿过长生桥(铁索桥)是一道道宫观——真武庙。所以我们将依托社会资源将老子文化作为国学的一部分,走进课堂,做深入的研究<br>2. 切入主题<br>师:同学们,作为我们家乡的旅游资源——圣莲山,你们都去过吗？ 去过几次？ 最近一次是什么时候？ 每次去的目的是什么呢？<br>生:自主发言(最近一次是 6 月 5 日"走进圣莲山　初寻老子文化"——老子像、祭拜台、长生桥、真武庙、文化长廊)。<br>(二)交流分享,初寻见闻<br>1. 学生分享初寻见闻<br>借助(亲子活动)任务单,分享初寻成果——看到的、听到的、感到的。<br>2. 学生呈现最想研究的问题<br>学生在纸上写出未来最想研究的问题,教师进行投影展示。<br>3. 问题归类,确定研究小组<br>在教师的引导下,两位学生对问题进行归类。教师最终匡正归类的结果。形成不同的问题包和对应的研究小组。<br>4. 确定研究课题<br>书法魅力,老子文化,传统建筑,意志品质。 | | | |

| 学习过程设计 | （三）选定组长，明确指导教师<br>1. 各组选定组长。（说明原因）<br>2. 明确各组指导教师。<br>主题活动一：书法魅力——任国鹏（语文）<br>主题活动二：老子文化——宋有冬（道法）<br>主题活动三：传统建筑——董立霞（美术）<br>主题活动四：意志品质——栗金龙（体育）<br>（四）小组合作，研讨方案<br>1. 探讨研习思路：如果你要深入研习……（某一主题），打算探究哪些内容？用什么方法？什么形式？有什么成果？<br>2. 组内交流，用思维导图呈现小组研习思路。预设如下。<br>主题活动一：书法魅力（名家论道长廊）——任国鹏（语文）<br>研究内容：（1）辨认字形，理解作品的含义；<br>　　　　　（2）辨析字体，了解字体的特点；<br>　　　　　（3）碑拓方法，掌握不同的碑拓技术（工具、步骤）。<br>实践活动：拓印（整幅、局部）、书法（临摹一幅书法作品）。<br>活动成果：拓印、书法作品、研究报告等。<br>主题活动二：老子文化（老子像、祭拜台）——宋有冬（道法）<br>研究内容：（1）老子像的规格、建筑方法、老子的传说及影响；<br>　　　　　（2）八卦太极图的含义；<br>　　　　　（3）九宫格、洛书、和图的含义；<br>　　　　　（4）"名道名言"影壁、对联的含义；<br>　　　　　（5）祭拜礼的要求及方法。<br>实践活动：祭拜老子。<br>活动成果：画老子像、摄影、研究报告等。<br>主题活动三：传统建筑（真武庙）——董立霞（美术）<br>研究内容：（1）进入道观的规矩和礼仪；<br>　　　　　（2）宫殿式建筑的特点和风格（榫卯结构、脊兽、彩绘）；<br>　　　　　（3）真武庙建筑布局。<br>实践活动：绘制真武庙的平面图。<br>活动成果：平面图、研究报告等。<br>主题活动四：意志品质——栗金龙（体育）<br>研究内容：（1）吊桥的规格及建筑方法；<br>　　　　　（2）建桥的背景及作用。<br>实践活动：亲自尝试过长生桥。<br>活动成果：摄影、研究报告等。<br>3. 分组汇报，互相补充评价。<br>（五）深入研讨，完善方案<br>1. 根据同学们的评价意见，组内完善小组研习思路。<br>2. 组长牵头，辅导教师协助，根据思维导图制订本组活动计划的建议书。（说明制订方法及要求，课下小组合作完成）<br>（六）畅谈感受，总结评价<br>1. 这次实践活动你学到了什么？谈谈你的收获。<br>2. 总结评价。 |
| --- | --- |

续表

| | 评价项目 | ★★★ | ★★ | ★ | 评价结果 |
|---|---|---|---|---|---|
| 学习过程设计 | 活动参与 | 参与活动有兴趣，态度好，主动积极 | 较有兴趣，能够积极 | 兴趣低，不积极主动 | ☆☆☆ |
| | 目标达成 | 按时完成活动任务，各方面表现较为突出 | 基本完成活动任务，表现一般 | 不能按时完成活动任务，表现较差 | ☆☆☆ |
| | 交往合作 | 组员分工合理，主动积极与人交往合作，合作效果良好 | 分工较为合理，组员不能主动积极参与合作；基本完成合作任务 | 分工不合理，组员不能参与合作；没有完成合作任务 | ☆☆☆ |
| | 信息整理 | 对搜集到的信息能进行有效的加工处理，并能为自己所用 | 对搜集到的信息能进行初步简单的整合处理 | 对搜集到的信息没有进行任何加工处理 | ☆☆☆ |
| | 成果展示 | 成果设计优美，有个性的自我表达 | 成果设计较为完整，介绍表达意思较为明确 | 成果设计不完整，介绍表达意思不够明确 | ☆☆☆ |
| 时间进度 | 初寻分享：提出问题（50分钟）<br>聚焦选题：生成小组（10分钟）<br>研讨思路：展示完善（30分钟） | | | | |
| 教学反思 | 本节课通过回顾初探圣莲山文化长廊、登老子祭拜台、过长生桥、游真武庙的系列活动，使学生初步感受了老子文化的博大与精深，唤醒了学生深入探究的欲望与热爱家乡的情怀。通过汇报交流，发展学生口语表达、认真倾听、日常交际的能力。通过研讨方案的设计思路（思维导图），提高学生统筹规划的意识和能力。但是部分学生探究的积极性不够强烈，由于平时锻炼的机会少，所以汇报交流的欲望燃点不高，不够积极主动。部分小组成员团结合作的精神不佳，学生思维狭窄，思路不够宽。为了更好地完成后期研学，有待于指导教师进一步引导帮助，开阔组内学生的视野 | | | | |

　　在开题课的方案中，教师没有生成主题让学生选择，而是让学生通过对感兴趣的问题进行梳理归类形成研究小组和研究课题，这更能体现学生的自主性，也是研学旅行活动课程以学生为中心的体现。

　　在方案交流课之前，学生通过查阅资料和充分讨论制订小组研究方案，这有助于学生沟通能力的打造和担当意识的提升。方案交流课上，教师要将口语表达能力、交际能力、合作能力作为目标设定。同时方案评价的环节是学生批判性思维行为的过程，教师要将思维能力提升。

### 案例5-4

　　史家营中心小学开发了以"走进圣莲山　感受老子文化"为主题的研学旅行课程，以下是其方案交流课的教学设计。①

---

①　案例来源于北京教育学院特色课程群项目，由成员校史家营中心小学任国鹏老师提供。

## "走进圣莲山 感受老子文化"课程教学设计
### ——方案汇报交流

| 实践活动名称 | "走进圣莲山 感受老子文化"——方案汇报交流 | | 活动时间 | 2019-06-25 |
|---|---|---|---|---|
| 参加年级 | 五年级 | | 成果形式 | 研习计划建议书 |
| 活动概述 | 计划制订——展示汇报——交流评价——完善修改——提交成果 | | | |
| 小组成员 | 指导教师 | 主讲：任国鹏<br>助教：张 娟 宋有冬 曹利花 | | |
| | 学 生 | 五年级全体学生共27人 地点：录课教室 | | |
| 学习目标任务 | 知识目标 | 通过研讨交流知道什么是一份好的研习计划建议书 | | |
| | 技能目标 | 通过研学计划书的设计制订,学会制订计划建议书;并能运用计划建议书的标准验证自己制订的研习计划建议书。<br>发展口语表达、认真倾听、日常交际的能力。<br>提高统筹规划的意识和能力 | | |
| | 情感目标 | 通过小组合作的方式制订、展示、交流、完善组内研习计划建议书,提升担当精神和集体主义观念。 | | |
| 学习过程设计 | (一)课中汇报,交流评价<br>1.故事引入,切入主题<br>(1)《战国策——荆轲刺秦王》,引导分析荆轲刺秦王失败的原因。(计划不周)<br>(2)《三国演义——诸葛亮》,引导学生分析诸葛亮辅佐刘备百战不殆的原因。(计划周密,预见性强)<br>(3)情境创设——用学生身边的故事来说明计划的重要性。<br>(4)过渡语:孩子们,国际无产阶级革命的伟大导师列宁曾说过:"任何计划都是尺度、准则、灯塔、路标。"它是活动过程的中心环节,因此计划在活动中具有特殊、重要的地位和作用,决定了活动能否顺利实施开展,并达到一定的目的。课前我们利用了一周的时间,各组在辅导老师的指导下针对选题制订了各组的研学计划建议书。大家都做到什么程度了,完成了吗? 这节课我们就我们亲自制订的研习计划建议书作为成果进行展示交流。<br>2.汇报展示,交流意见<br>(1)集体研讨:一份好的计划的标准是什么?<br>师:计划既然是控制活动的依据,那么什么样的计划才是一份好的计划呢?<br>生:(大家交流自己的看法。)<br>师:一份好的计划要具备四性——预见性、可行性、指导性、可变性。<br>① 预见性——制订计划要对未来一段时间或一个时期做出科学的预见,如基础条件如何,前景如何,目标高低,措施怎样等,对各种可能出现的情况,必须有一个清醒的认识,正确的估量。没有科学的预测,也就没有计划。<br>② 可行性——制订计划,就是为了执行。对未来的预测,应建立在客观实际的基础上,切忌盲目地、无根据地制订计划,这样才能使计划有可行性。<br>③ 指导性——制订任何一项计划,必须有明确的目的,即在一定的时间内完成什么任务,获得什么效益。这也就成了工作的方向和依据,并具有很强的指导性、规范性和约束性。<br>④ 可变性——社会在不断发展,情况在不断变化,这对事先制订的计划来说,很难准确无误地进行预测。如果在计划执行过程中,客观情况发生了变化,就要适时地予以修订。<br>(2)汇报展示:分组展示各组的计划(形式多样化)。<br>(3)组间交流:针对各组的计划书和标准,进行评价并提出修改建议。 |

| 学习过程设计 | （二）畅谈感受,总结评价<br>(1) 畅谈感受:这次实践活动你学到了什么? 谈谈你的收获。<br>(2) 总结评价:依据以下评价量规对学生本节课的表现进行评价。 |||||
| --- | --- | --- | --- | --- | --- |
| | 评价项目 | ★★★ | ★★ | ★ | 评价结果 |
| | 参与程度 | 参与活动有兴趣,态度好,主动积极 | 较有兴趣,能够积极 | 兴趣低,不积极主动 | ☆☆☆ |
| | 口头表达 | 说话有礼貌,吐字清晰,思维敏捷,语速适中,逻辑性强,普通话交流 | 说话比较有礼貌,吐字比较清晰,表达有一定的层次感,语速适中,普通话交流 | 吐字比较清晰,表达没有层次感,语速过快,意思表达不清 | ☆☆☆ |
| | 倾听思考 | 认真聆听别人的发言,了解发言内容,有自己的想法,敢于主动发表自己的见解 | 聆听别人的发言,大概了解发言内容,有自己的想法,但不敢发表自己的见解 | 听别人的发言,没有了解发言内容,没有自己的想法,没有发表自己的见解 | ☆☆☆ |
| | 体态表情 | 体态落落大方,动作表情自然,发言时能主动与观众沟通和互动 | 体态比较大方,动作表情比较自然,发言时偶尔能与观众沟通和互动 | 体态紧张拘谨,动作表情僵硬,发言时不能与观众沟通和互动 | ☆☆☆ |
| | 成果展示 | 成果设计优美,有个性的自我表达 | 成果设计较为完整,介绍表达意思较为明确 | 成果设计不完整,介绍表达意思不够明确 | ☆☆☆ |
| | （三）课后完善,成果提交<br>(1) 完善修改:根据计划好的标准和同学们提出的建议,进一步修改完善本组的研习计划建议书。<br>(2) 成果提交:上传指导教师评阅。 |||||
| 时间进度 | 计划制订(课前一周)<br>展示汇报(90 分钟)<br>完善修改(课下一周) |||||
| 教学反思 | 本节课通过引导学生研讨交流知道了什么是一份好的研习计划建议书,并能运用计划建议书的标准验证自己制订的研习计划建议书。通过小组合作的方式制订、展示、交流、完善组内研习计划建议书,培养小组合作能力;提高统筹规划的意识和能力;发展口语表达、认真倾听、日常交际的能力。但是,部分同学参与活动不够积极主动,组内任务分工不够明确,导致个别小组进程缓慢。教师要引导协助组长做好后进学生的思想工作,后期发挥良好的团队精神,更为出色地完成本次研学任务 |||||

　　在本次方案交流课的设计中,教师先通过荆轲和诸葛亮的故事进行导入,引发学生对计划重要性的思考,之后通过集体研讨明确了一份好的计划的判断标准是什么。教师组织各个小组展示汇报各自的计划书,之后引导学生运用计划建议书的标准验证本组和其他小组的研习计划书,互相交流评判,最后布置课下修改完善计划书的任务。期间,教师

运用了恰当的引导策略和方法。在各个小组相互评判之后出示计划书的范例会起到更好的引导效果。

## （二）单一主题下的前置课程开发

单一主题下前置课程的呈现形式十分丰富，可以是电影的观看、课堂教学、书籍的阅读、行前调查的完成、新技术的学习。前置课程可以是班级授课的方式，也可以是微课形式下的学生自学。不管以什么形式开展前置课程，都要进行学生学习过程及成果的评估。

**案例 5-5**

图 5-2 是"探秘灰烬中出生的颐和园"为主题的前置课程目录。从这一目录中可以看出，前置课程进行了颐和园背景知识的准备，探秘的是颐和园，但教师却从颐和园的前身清漪园讲起，从清漪园的诞生到毁灭串联起清王朝由强盛到衰败的历史，让学生饱餐行前的精神食粮。这样，学生到达颐和园后就可以通过比较研究深化体验。

乾隆年间的盛世繁华　北京第一个人工水库　帝王的手笔清漪园　北京的皇家园林　皇家园林的劫难

图 5-2　主题：探秘灰烬中出生的颐和园

如果资料搜寻的方式实施前置课程，要配以"资料搜集及阅读摘要表"来有效监控学生的学习过程和评估其学习结果。

**资料搜集及阅读摘要**

| 题目： |
| --- |
| 我希望从资料搜集及阅读中得到以下信息： |
|  |

| |
|---|
| 书名或网址：　　　　　　　　　作者：<br>我大概花了　　小时完成阅读　阅读日期：<br>我从阅读的资料中得到以下的信息：<br><br><br><br><br><br><br><br> |
| 书名或网址：　　　　　　　　　作者：<br>我大概花了　　小时完成阅读　阅读日期：<br>我从阅读的资料中得到以下的信息：<br><br><br><br><br><br><br><br> |
| 书名或网址：　　　　　　　　　作者：<br>我大概花了　　小时完成阅读　阅读日期：<br>我从阅读的资料中得到以下的信息：<br><br><br><br><br><br><br><br> |

完成日期：　　（学生填写）

　　教师也可以开发出一系列作业单帮助学生巩固成果，检验学生对前置课程的掌握情况。但作业单的设计一定要图文并茂，区别于学生平时所做的练习册。图片要呈现研学对象的真实形象，以便帮助学生建立对研学对象的感性认识。

**案例 5-6**

**以"探秘灰烬中出生的颐和园"为主题的前置课程作业单**

1. 2007年9月,我国港澳地区知名爱国人士何鸿燊先生斥巨资购得圆明园马首铜像,并将其捐献给国家。至此圆明园十二生肖中的虎头、牛头、猴头、猪头、马头回归祖国。这些精美的艺术珍品最早流失的事件是(    )。

    A. 鸦片战争　　　　　　　　　B. 第二次鸦片战争

    C. 甲午中日战争　　　　　　　D. 八国联军侵华战争

2. 下列历史题材的影片,主要反映第二次鸦片战争相关史实的是(    )。

    A.《林则徐》　　　　　　　　　B.《鸦片战争》

    C.《火烧圆明园》　　　　　　　D.《甲午风云》

3. 马克思说:"俄国不花费一文钱,不出动一兵一卒,而能比任何一个参战国(从中国)得到更多的好处。"这句话指的是俄国在第二次鸦片战争期间(    )。

    A. 取得协定关税特权　　　　　B. 掠夺圆明园大量珍宝

    C. 获得中国大量赔款　　　　　D. 割占中国大片领土

4. "洋人好比一只鹰,黄毛高鼻绿眼睛,鹞鹰凶恶怕弓打,洋人怕的是红头军。"这首民歌中的"红头军"指的是(    )。

    A. 洪秀全领导的太平军　　　　B. 宁波的黑水党

    C. 徐骧组织的义军　　　　　　D. 刘永福的黄旗军

5. 大不列颠(英国)攻打中国沿海各地,占领北京城,将皇帝逐出皇宫,并得到物质上的保证,应该在夺取北京以后永远占领广州。——《中国近代史资料选编》

请回答:

(1) 引文所说的是哪次侵华战争?

(2) 在这次战争中,签订了哪些不平等条约?

**案例分析**:该作业单是为了检测学生对前置课程中有关第二次鸦片战争历史知识的学习效果。由于没有做到图文并茂,因此看上去跟学生平时做的练习册没有什么区别,不利于激发学生研学旅行的兴趣。

# 二、行中课程开发

行中课程的设计要紧扣目标,统筹谋划。需要统筹各学段、各学科、各环节、各种资源和师资配置。在探究体验活动开始前教师要将评价的规则告知学生,或者提前出示评价量表以引导学生的探究行为。

## (一)系列主题下的行中课程开发

系列主题下学生带着课题和子课题进行探究,教师要充分尊重学生的主体性,一方面做好学生的研究伙伴;另一方面要做好学生探究活动的促进者。为了更有效地引导学生的行为，教师应首先开发出过程性评价量表（见表 5-5）和核心能力评价量表（见表 5-6），让学生对未来要进行的研究过程以及应该着力提升的能力有总体性认识。

表 5-5 过程性评价量表（工作纪要表）

| 性 质 | 提交日期 | 项 目 | 提 交 办 法 | 占分/% |
|---|---|---|---|---|
| 个人完成的工作（必须由个人承担的工作） | 月 日 | 第一次个人资料搜集及阅读摘要 | 填写在学生手册内 | 5 |
| | 月 日 | 第二次个人资料搜集及阅读摘要 | 填写在学生手册内 | 5 |
| | 月 日 | 第一阶段自我及组员评估表 | 填写在学生手册内 | 3 |
| | 月 日 | 第一阶段家长评估表请家长完成 | 填写在学生手册内 | 2 |
| | 月 日 | 第二阶段自我及组员评估表 | 填写在学生手册内 | 3 |
| | 月 日 | 第二阶段家长评估表请家长完成 | 填写在学生手册内 | 2 |
| 报告工作（应该定期完成的汇报工作，各组员均有责任，而组长有责任去督导工作） | 月 日 | 开题及选题建议书 | 各组员填写在学生手册内，组长负责上传 | 2 |
| | 月 日 | 第二次会见导师记录表 | 各组员填写在学生手册内，组长负责上传 | 2 |
| | 月 日 | 第三次会见导师记录表 | 各组员填写在学生手册内，组长负责上传 | 2 |
| | 月 日 | 第四次会见导师记录表 | 各组员填写在学生手册内 | 2 |
| | 月 日 | 第五次会见导师记录表 | 各组员填写在学生手册内 | 2 |
| 小组工作（须集体完成的工作） | 月 日 | 书面研究报告 | 各组员保留一份备份 | 25 |
| | 月 日 | 宣传单或活动策划案 | 各组员保留一份备份，组长上传给指导教师 | 15 |
| | 月 日 | 访谈简报 | 各组员保留一份备份；组长上传给指导教师 | 20 |
| | 月 日 | 简报及展示 | 各组员保留一份备份；组长上传给指导教师 | 10 |

表 5-6 核心能力评价量表

| 评鉴项目 | 非常好＝4 | 好＝3 | 达标者＝2 | 尚待改善＝1 | 未达标＝0 |
|---|---|---|---|---|---|
| 信息搜集 | 能有效地从不同渠道（书籍、官方报道、报纸、互联网等）搜集足够的有关资料 | 能从两个不同渠道（书籍、官方报道、报纸、互联网等）搜集足够的参考资料 | 只从单一渠道搜集有关的信息 | 搜集的信息未能切合主题，或与主题无关 | 未主动搜集有关资料 |

| 评鉴项目 | 非常好=4 | 好=3 | 达标者=2 | 尚待改善=1 | 未达标=0 |
|---|---|---|---|---|---|
| 信息搜集（实地访谈） | 曾到研究区域做实地的资料搜集，通过实地的观察分析、数据搜集、访问等活动，整理出独有的资料（包括文字、图片、数据） | 曾到有关实践基地观察，并总结出自己的意见 | 未曾到有关基地搜集数据，只从搜集到的二手资料中，做出个人的分析 | 只使用搜集回来的资料，并没有加入个人意见或分析 | 没有对主题做出任何的回应或分析 |
| 资料整理 | 有效地用自己的文字将搜集回来的资料加以整理、分析及组织，能将资料作分类及归纳 | 能将搜集回来的资料加以整理、分析及组织，能将资料作分类及归纳 | 能将搜集回来的资料加以整理、分析及组织 | 只将搜集回来的资料作总结及简单的整理 | 只复制搜集回来的数据到报告中 |
| 知识产权保护 | 清楚列出所有参考资料的出处，并在报告中适当引述有关资料 | 清楚列出所有参考资料的出处 | 清楚列出大部分参考资料的出处 | 只列出小部分参考资料的出处 | 未列出参考资料的出处 |
| 文字表达 | 能用自己的文字表达意见，文笔流畅，段落分明，组织有序，内容明确 | 能用自己的文字表达意见，段落分明，组织有序，内容明确 | 表达能力尚可，只是文章欠组织 | 语句欠通顺，错字别字太多，内容不完整 | 只复制搜集回来的数据到报告中，没有用自己的文字来表达报告内容 |
| 语言表达 | 说话流畅，声音清晰响亮，态度认真诚恳，能吸引听众的注意 | 说话清楚，声音足够响亮，态度认真 | 说话清楚，态度认真，唯声音欠响亮 | 说话欠组织，咬字欠清晰，音量尚可 | 说话态度欠认真，说话不清，音量不足 |
| 团队合作 | 愿意承担责任，懂得舍己为人，乐于关怀组员，共同努力合作 | 能够完成己任，与组员相处融洽 | 未能完成个人责任，愿意与组员合作 | 只能完成自己的责任，不愿意与组员合作 | 未能承担个人责任，不愿意与组员合作 |
| 时间管理 | 无须指导教师提醒，能自我管理时间，于限期前完成工作，能准时约见指导教师，能依时提交报告 | 能依时提交报告，能依时约见指导教师 | 要指导教师督促才能依时完成工作 | 于限期后完成工作 | 无法完成工作 |

　　要通过开发好相配套的"学生个人资料搜集及记录表""小组资料搜集及记录表""研讨记录表（见表5-7）""会见导师记录表""各阶段自我及组员评估表（见表5-8和表5-9）"等活动量表，详细记录学生的活动过程。导师通过参与学生的探究活动为学生评价积累

依据。

表 5-7　研讨记录表

| 研讨题目： | | | |
| --- | --- | --- | --- |
| 活动时间： | 活动地点： | | 活动时长：　　　小时 |
| 参加活动成员签名： | | | |
| 各组员是否能完成先前分派的工作？如果未能完成,原因何在？有什么补救措施？ | | | |
| 各组员是否能完成个人资料搜集及阅读报告,并向组员汇报及交换意见？如果未能完成,原因何在？有什么补救措施？ | | | |
| 本次讨论了什么问题？ | | | |
| 得到什么结论？ | | | |
| 是否完成了预定的目标和计划？整体计划有没有改变？如有,改变了些什么？ | | | |
| 在下一次面见导师前各组员的工作分工：<br>组长(　　)：<br>组员(　　)：<br>组员(　　)：<br>组员(　　)：<br>组员(　　)： | | | |
| 导师的评语及提议：(学生填写) | | | |
| 指导教师：　　　　　　　　　　日期： | | | |

　　完成日期：　　年　　月　　日(学生填写)

**表 5-8　对自身评估表**

姓名：_____　　专题题目：_____

请对自己做以下评估,在适当的方格内打"√",最高 5 分,最低 1 分。

| 研　究　能　力 | 5 | 4 | 3 | 2 | 1 |
|---|---|---|---|---|---|
| 1　清楚理解主题 | | | | | |
| 2　能从阅读及资料搜集中得到知识 | | | | | |
| 3　能将资料整理及分析 | | | | | |
| 4　能提出自己的见解及意见 | | | | | |
| 5　能掌握今次研究的结论 | | | | | |
| 信息技术及资料搜集能力 | | | | | |
| 6　能制订工作计划 | | | | | |
| 7　能利用各种手段搜集资料 | | | | | |
| 8　能利用各种信息技术手段进行沟通及交流 | | | | | |
| 9　能利用信息技术手段制作报告 | | | | | |
| 10　能利用信息技术手段演示报告 | | | | | |
| 学　习　态　度 | | | | | |
| 11　积极参与讨论及研习过程 | | | | | |
| 12　负责任 | | | | | |
| 13　乐于与人合作 | | | | | |
| 14　接纳及尊重别人的意见 | | | | | |
| 15　乐于寻找与主题有关资料 | | | | | |
| 16　能及时完成工作 | | | | | |
| 17　敢于创新思考 | | | | | |
| 活动收获 | | | | | |
| 活动感觉 | | | | | |
| 有何建议 | | | | | |

完成日期：　　年　　月　　日(学生填写)

表 5-9　对组员评估表①

姓名：_____　专题题目：_____

请对组员的工作能力及工作态度评分,每项最高 5 分,最低 1 分。

| 工作 | 组 员 姓 名 | | | |
| --- | --- | --- | --- | --- |
| | 自己 | | | |
| 1. 资料搜集 | | | | |
| 2. 资料整理 | | | | |
| 3. 问题分析 | | | | |
| 4. 编写报告 | | | | |
| 5. 演示报告 | | | | |
| 6. 积极性 | | | | |
| 7. 合作性 | | | | |
| 总分 | | | | |

## （二）单一主题下的行中课程开发

单一主题下的行中课程通过流程单和任务单两样工具实现。其中,流程单用来控制研学旅行节奏;任务单用来引导体验和探究行为,发展多元智能。

### 1. 流程单的设计

流程单在设计时要环环相扣,同时根据任务的难易程度、耗时情况进行疏密有致的设计。

案例 5-7

"探秘灰烬中出生的颐和园"流程单

| 时　间 | 地　点 | 任　务 | 盖章 |
| --- | --- | --- | --- |
| 09:00 | 东宫门 | 打开第 1 个锦囊,获取任务单 1 | 狮子 |
| 09:15 | 景福阁 | 打开第 2 个锦囊,获取任务单 2 | 天马 |
| 10:30 | 排云门 | 打开第 3 个锦囊,获取任务单 3 | 海马 |
| 11:30 | 秋水亭 | 打开第 4 个锦囊,获取任务单 4 | 狻猊 |
| 12:45 | 邀月门 | 打开第 5 个锦囊,获取任务单 5 | 狎鱼 |
| 13:30 | 清晏舫 | 打开第 6 个锦囊,获取任务单 6 | 獬豸 |
| 14:30 | 石舫大船码头 | 打开第 7 个锦囊,获取任务单 7 | 斗牛 |
| 15:00 | 铜牛大船码头 | 打开第 8 个锦囊,获取任务单 8 | 行什 |
| 15:30 | 东宫门 | 活动结束,乘车返回 | 骑鸡仙人 |

---

①　三个表格来源于北京教育学院特色课程群项目学生研修手册。

案例分析：在这一流程单中清楚交代了学生在不同时间点应该出现的不同位置并获取的不同任务。通过到达点位后的盖章行为可以有效监控学生的任务完成情况。同时，所设计的印章是皇家建筑中很有代表性的屋脊兽，能够增进学生对建筑文化和皇家文化的认识。

### 2. 任务单的设计要点

任务单通过任务设计引领着学生的体验和探究行为。任务单中的任务表述要直观清晰，根据不同的学龄设计不同难易程度的任务，要图文并茂，不能仅仅有文字，还要真实地呈现研学对象的图示。任务单的设计要采用多学科融合策略，让多学科的基本知识和基本理论在任务中得到拓展、延伸、重组、提升。任务单一定要灵活、多样化，将学生的各种感官都调动起来，关注学生多元智能的培养。

**案例 5-8**

"探秘灰烬中出生的颐和园"主题下在景福阁活动的任务单

同学们：

眼前的景福阁是重修颐和园时期建成的建筑（见图5-3）。

图 5-3　重修颐和园时建筑

清漪园时期这里屹立的是"昙花阁"。英法联军随军记者费利斯·比拖当年拍摄的这张照片是昙花阁被烧毁之前留在世间的唯一影像（见图5-4）。

图 5-4　昙花阁

专家依据这张照片和资料复原了乾隆年间的这座建筑（见图 5-5）。可以清楚地看到，昙花阁是（　）层重檐阁楼，六角攒尖顶。它的建筑平面酷似一朵（　）花，因而得名昙花阁。当年它屹立在万寿山东麓的制高点，点缀着这里的青山绿树，登阁远望，昆明湖的美景尽收眼底。

图 5-5　专家复原昙花阁

昙花阁被毁后，建筑大师雷庭昌为重建昙花阁至少准备了三种方案（见图 5-6），比较一下三种方案有什么区别？你更喜欢哪种方案，为什么？

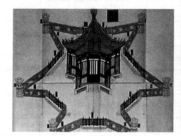

图 5-6　重建方案

让我们无比痛心的是雷庭昌费尽心力设计的三个方案都没能实现。因为当时的大清朝国力衰微，修园经费困难，昙花阁永远地留在了图纸上。被一再简化造型的昙花阁就是我们面前的景福阁。请从不同角度观察景福阁后，测量景福阁的基座，按照一定的比例画出基座平面图并选择你眼中最美的视角，采用一定的构景手法进行拍摄。总结一下它与昙花阁相比，在造型上有哪些欠缺之处？

**案例分析**：这个任务单的活动设计中融合了数学、地理、语文、历史、美术 5 个学科的内容。学生通过观察、测量、绘图、拍摄、比较等系列活动展开对景福阁的探究，并将探究后的结果与其前身昙花阁作对比，更能让学生切身感受到建筑的变更其实是清朝前期和后期国家实力巨大变化的缩影，从而更能理解中国古代到近代的历史风云变化的背后原

141

因,激发自强不息的精神和责任担当的意识。想让学生充分进行比较研究,就必须在行前普及好中国古代史和近代史的相关背景知识,便于学生现场探究的深入性和体认的深刻性。

### 拓展阅读

要采用一线教师为核心的多元主体协同备课的方式来实现课程设计中的多学科融合,重庆巴蜀小学采用的三轮备课的方式很值得借鉴。

第一轮,分头备课。即学校与研学基地分别组织相关人员围绕主题进行备课。

第二轮,对接备课。学校与基地课程研发团队对接各自的课程设计方案,进行深度沟通、研讨,取长补短,并到基地现场按照联合研发的教案,模拟学生的身份进行全流程体验,查漏补缺,完善教案。

第三轮,班级备课。将教案交给各班主任,带着"班级经营联盟"和学生代表再一次讨论、细化、完善,形成整体一致、各班有别的教案实施版本[1]。

学生体验、探究的过程中也要通过自评、互评和教师评价量表进行过程性评价。与系列主题活动的行中课程不同,单一主题活动中所有研究小组的任务相同,且任务单中任务的完成情况可以很好地呈现学生的探究轨迹和结果,任务单本身就充当了过程评价的依据。因此学生过程评价量表的设计较系列主题的行中课程评价量表更简化一些,但仍然要包含学生自评、互评及指导教师对各个小组的评价(见表5-10~表5-12)。

表5-10 自我省思

| 评价内容 | 评价量规 | 评分 | | | | 总分 |
| --- | --- | --- | --- | --- | --- | --- |
| | | 4 | 3 | 2 | 1 | |
| 语言沟通 | 文字表述精准 | | | | | |
| | 口头表述清晰流畅 | | | | | |
| | 能够理解不同观点 | | | | | |
| | 能够认真聆听讲解并主动记录疑难点 | | | | | |
| | 能在同伴发言时耐心倾听并关注其发言要点 | | | | | |
| 团队合作 | 与人相处融洽 | | | | | |
| | 积极参与小组合作 | | | | | |
| | 团队贡献度高 | | | | | |
| 资料处理 | 能利用各种手段搜集资料 | | | | | |
| | 能够分析归纳资料信息 | | | | | |
| | 能提出自己的见解及意见 | | | | | |

---

① 张帝,陈怡,罗军.最好的学习方式是去经历:研学旅行课程的校本设计与实施——以重庆市巴蜀小学为例[J].人民教育,2017(23):19-24.

续表

| 评价内容 | 评 价 量 规 | 评　　分 | | | | 总分 |
| --- | --- | --- | --- | --- | --- | --- |
| | | 4 | 3 | 2 | 1 | |
| 自我管理 | 自觉遵守乘车礼仪 | | | | | |
| | 能够照管好行李物品 | | | | | |
| 反思 | 收获 | | | | | |
| | 不足 | | | | | |

表 5-11　组内成员互评表

| 对象 | 口头表述清晰流畅（1～4 分） | 能够理解不同观点（1～4 分） | 能够认真聆听讲解并主动记录疑难点 | 能在同伴发言时耐心倾听并关注其发言要点（1～4 分） | 与人相处融洽（1～4 分） | 积极参与小组合作（1～4 分） | 团队贡献度高（1～4 分） | …… | 总分 | 你最打动我的地方 | 你还需要加油的地方 |
| --- | --- | --- | --- | --- | --- | --- | --- | --- | --- | --- | --- |
| 学生 1 | | | | | | | | | | | |
| 学生 2 | | | | | | | | | | | |
| 学生 3 | | | | | | | | | | | |
| 学生 4 | | | | | | | | | | | |
| 学生 5 | | | | | | | | | | | |

表 5-12　教师对各小组过程评价表

| 对象 | 小组成员能够遵守乘车礼仪、参观礼仪（1～4 分） | 小组成员能够在规定时间内完成任务（1～4 分） | 小组成员活动参与度高，成员间能够充分讨论，有效合作（1～4 分） | 组内分工明确，人人有事做（1～4 分） | 小组成员能够照管好自己的行李物品，并能与其他游客友好相处（1～4 分） | 分数合计 |
| --- | --- | --- | --- | --- | --- | --- |
| 一组 | | | | | | |
| 二组 | | | | | | |
| 三组 | | | | | | |
| 四组 | | | | | | |
| 五组 | | | | | | |
| 六组 | | | | | | |

## 三、拓展课程开发

研学旅行中的师生探究、体验活动始于研学,但不能终于旅行。旅程的结束不代表探究活动的结束,有可能是新主题生成的起点。为了帮助学生进一步消化、内化、转化研学旅行过程中的知识和技能,深化对研学对象的认知,升华情感,一定要在旅程结束后开发拓展课程,让研学旅行的成果最大化。

## (一)进行成果物化

系列主题研学旅行的成果形式多种多样,由学生小组自主商定。教师要引导学生对成果进行梳理完善,并选择最合适的成果形式进行呈现,如照片、视频、展板、明信片、戏剧、书籍等。单一主题研学旅行的成果形式由任务单规定,但由于学生探究视角不同,成果内容呈现多种多样,都集萃在研学手册中,学生回到学校后应该首先补充、完善任务单,然后由小组系统梳理,以任务为单位集结所有成员成果,分析成果特色,评价交流成果中的优点和不足。

## (二)上好研学活动后的成果展示课

成果展示课是进行成果的交流、展示、评价。评价量表的科学设计是上好成果展示课的关键环节,教师要在课程伊始就明确告知学生本次课堂汇报的评价标准是什么。评价量规设置要细化,有可操作性。在分享小组成果的过程中,教师要做好串场的工作,在各个小组展示之间和展示之后做好导语和结语的设计,聚焦学生对演示者的关注度。在展示课上,大多数学生往往将注意力放在如何有效地展示自己小组的成果上,而忽略了对其他小组成果的倾听和评价。教师通过有效的引导使学生在别人发言时认真倾听,借鉴其他小组的优点,甄别其不足。学生互评表如表 5-13 所示,报告展示评价表如表 5-14 所示。

表 5-13　研究报告学生互评表

主题:＿＿＿＿＿＿＿班　　　　　(请把选项填满)

□□□□□

| 组别或课题题目 | 评审准则 | 高中低 | | | | | 总分值 | 结合教师打分共同议定冠、亚、季军组 | | |
|---|---|---|---|---|---|---|---|---|---|---|
| | | 5 | 4 | 3 | 2 | 1 | | 冠 | 亚 | 季 |
| | 报告内容的丰富性 | □ | □ | □ | □ | □ | | | | |
| | 报告内容的启发性 | □ | □ | □ | □ | □ | | □ | □ | □ |
| | 展示报告的能力 | □ | □ | □ | □ | □ | | | | |
| | 报告内容的丰富性 | □ | □ | □ | □ | □ | | | | |
| | 报告内容的启发性 | □ | □ | □ | □ | □ | | □ | □ | □ |
| | 展示报告的能力 | □ | □ | □ | □ | □ | | | | |

续表

| 组别或课题题目 | 评审准则 | 高中低 | | | | | 总分值 | 结合教师打分共同议定冠、亚、季军组 | | |
|---|---|---|---|---|---|---|---|---|---|---|
| | | 5 | 4 | 3 | 2 | 1 | | 冠 | 亚 | 季 |
| | 报告内容的丰富性 | ☐ | ☐ | ☐ | ☐ | ☐ | | | | |
| | 报告内容的启发性 | ☐ | ☐ | ☐ | ☐ | ☐ | | ☐ | ☐ | ☐ |
| | 展示报告的能力 | ☐ | ☐ | ☐ | ☐ | ☐ | | | | |
| | 报告内容的丰富性 | ☐ | ☐ | ☐ | ☐ | ☐ | | | | |
| | 报告内容的启发性 | ☐ | ☐ | ☐ | ☐ | ☐ | | ☐ | ☐ | ☐ |
| | 展示报告的能力 | ☐ | ☐ | ☐ | ☐ | ☐ | | | | |
| | 报告内容的丰富性 | ☐ | ☐ | ☐ | ☐ | ☐ | | | | |
| | 报告内容的启发性 | ☐ | ☐ | ☐ | ☐ | ☐ | | ☐ | ☐ | ☐ |
| | 展示报告的能力 | ☐ | ☐ | ☐ | ☐ | ☐ | | | | |
| | 报告内容的丰富性 | ☐ | ☐ | ☐ | ☐ | ☐ | | | | |
| | 报告内容的启发性 | ☐ | ☐ | ☐ | ☐ | ☐ | | ☐ | ☐ | ☐ |
| | 展示报告的能力 | ☐ | ☐ | ☐ | ☐ | ☐ | | | | |
| | 报告内容的丰富性 | ☐ | ☐ | ☐ | ☐ | ☐ | | | | |
| | 报告内容的启发性 | ☐ | ☐ | ☐ | ☐ | ☐ | | ☐ | ☐ | ☐ |
| | 展示报告的能力 | ☐ | ☐ | ☐ | ☐ | ☐ | | | | |
| | 报告内容的丰富性 | ☐ | ☐ | ☐ | ☐ | ☐ | | | | |
| | 报告内容的启发性 | ☐ | ☐ | ☐ | ☐ | ☐ | | ☐ | ☐ | ☐ |
| | 展示报告的能力 | ☐ | ☐ | ☐ | ☐ | ☐ | | | | |

表 5-14 报告展示评价表

班别：_____

展示组别：_____ 课题题目：_____ 评分导师：_____ 总分：_____

| 项目 | 高水平＝3 | 达标者＝2 | 尚待改善＝1 | 未达标＝0 | 分数 | 评语 |
|---|---|---|---|---|---|---|
| 组织（内容及团队） | 内容组织严谨流畅，组内分工合作清晰，展示表现自然流畅 | 内容能合理组织，展示流畅 | 内容能合理组织，但展示不够流畅 | 内容散乱，没有条理，组员欠缺合作，展示不流畅 | | |
| 资料深度 | 资料详尽丰富，能全面及深入地介绍主题，内容独特并具趣味性 | 资料丰富，能全面介绍主题，内容具趣味性 | 能提供有关资料，介绍主题 | 资料搜集欠完整，有部分题目未能提供资料作回应 | | |

续表

| 项目 | 高水平＝3 | 达标者＝2 | 尚待改善＝1 | 未达标＝0 | 分数 | 评语 |
|---|---|---|---|---|---|---|
| 图表运用 | 加入丰富的图像，图像与主题内容紧扣，增加内容的真实性及趣味性 | 加入适当的图像，表达内容，图像与内容相关 | 能加入图像点缀，但图像与内容欠相关性 | 未能用图像交代内容 | | |
| 展示技巧 | 有充足的准备及演练，表现自然流畅，能吸引听众的注意 | 有事前的准备，表现流畅，听众能容易理解内容 | 有事前的准备，但表现欠流畅，听众理解内容感到困难 | 未作事前的准备，表现散漫 | | |
| 说话能力 | 说话流畅，声音清晰响亮，态度认真诚恳，能吸引听众的注意 | 说话清楚，音量足够，态度认真 | 说话清楚，态度认真，唯声音欠响亮 | 说话态度欠认真，说话不清，音量不足 | | |
| 整体观感 | 我对展示感兴趣，内容能给我启发，展示者重视 | 我对展示感兴趣，展示者认真 | 我对展示感觉平淡，但展示者已尽力 | 我对展示感到沉闷，而展示者未做准备，态度欠认真 | | |

整体评语：

### （三）健全学生研学旅行成长档案袋

鼓励学生自己设计建立档案袋，将研学旅行前、中、后一系列活动记录、梳理、总结。档案袋作为共有资源，师生都可借阅，方便学生之间相互借鉴，也为新入职的教师快速摸清研学旅行课程提供帮助。

### （四）正确处理研学旅行活动中的生成性问题

参观了自然历史博物馆的学生对昆虫感兴趣的，推荐去图书馆借阅法布尔的《昆虫记》，让学生阅读完之后分享给其他同学。延伸课程设计原则：横向、纵向多维度拓展原则；回归课程教学并在课程教学中深化原则。

## 四、研学手册开发

学生的研学手册串联起研学旅行活动的全过程，将前置课程、行中课程、拓展课程按照时间顺序整体系统化呈现。研学手册陪伴学生从"行前的一千米"开始到"行后的一千米"结束，可以有效记录研学旅行中探究过程的全貌，呈现学生完整的成长轨迹。

### （一）系列主题下的研学手册开发

手册应该包含三部分——前言部分、主体部分、结尾部分。

前言部分帮助学生理解系列主题研学旅行课程的基本要义。内容包括：什么是研学旅行活动课程；研学旅行活动课程的学习目标说明；什么是系列主题类综合性探究学习；系列主题类研学旅行活动课程的学习步骤；综合性探究的思维模式图等。

手册主体部分要充分记录行前、行中、行后全过程，由一系列表格组成。包括：主题名称、背景、目标；活动计划时间表；过程评价量表；核心能力评价量表；主题选择及研究计划书；历次见导师记录表；历次资料搜集及阅读摘要记录表；全组阅读书目及资料记录表；小组活动情况记录表；阶段性自评及组内互评量表；成果自评和小组间互评量表；研究报告等。

结尾部分为本次研学旅行的学习建议部分。包括推荐的研究方法、汇报展示技巧、参考网址及书籍、家长寄语和教师寄语等。

## （二）单一主题下的研学手册开发

手册应该包含三部分——前言部分、主体部分、结尾部分。

前言部分帮助学生理解单一主题研学旅行课程的基本要义。内容包括：什么是研学旅行活动课程；研学旅行活动课程的学习目标说明；什么是单一主题类综合性探究学习；单一主题类研学旅行活动课程的学习步骤。

手册主体部分要充分记录行前、行中、行后全过程，由一系列表格组成，包括：主题名称、背景、目标；前置课程作业单、活动计划时间表；任务单、核心能力自评和互评量表、成果自评和小组间互评量表、研究报告等。

结尾部分为本次研学旅行的学习建议部分。包括推荐的研究方法、汇报展示技巧、参考网址及书籍、家长寄语和教师寄语等。

【教与学活动建议】

（1）围绕"设计一个单一主题的研学旅行活动"这一任务开展如下活动：

① 各小组学习设计方法，深刻理解每一种设计方法的内涵和实施步骤；

② 分小组活动，在小组内讨论并达成一致，确定每组设计的活动主题，然后各组内再进行分工，制订活动计划；

③ 各小组选派一名代表进行主题发言，汇报自己本组的活动设计方案；

④ 采用个人自评、小组互评和教师评价相结合的办法。

在这个活动过程中，教师指导主题活动，收藏相关网络资源，观察学生的表现，解答学生活动中出现的问题，指导小组学习并进行评价。

（2）布置阅读任务：阅读一些关于方法论的文章或书籍。

# 思考与实践

## 一、理论思考

1. 研学旅行活动课程设计前要进行哪些准备？

2. 研学旅行活动课程主题策划的基本原则是什么？

聚焦选题
分组研讨2

3. 应该怎样规范地表述研学旅行活动课程中的主题？

4. 主题生成的基本方式有哪些？

5. 活动主题有哪几大来源？

6. 怎样进行系列主题活动设计？

7. 怎样进行单一主题活动设计？

8. 完成填空题

| 课程名称 | 组成部分 | 实　质 | 作　用 | 设计要求 |
|---|---|---|---|---|
| 前置课程 | 课程 | | | |
| | 练习单 | | | |
| 现场课程 | 流程单 | | | |
| | 任务单 | | | |
| 拓展课程 | 评价量表 | | | |

## 二、实践探索

在两个不同的班级分别采用学生自主生成主题的方法和教师生成主题的方法进行主题的设计和生成，采访学生感受。

# 第六章　研学旅行活动课程方案的撰写与评价

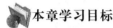 **本章学习目标**

### 知识目标

1. 能够了解研学旅行活动课程方案评价的依据。

2. 能够理解研学旅行活动课程方案评价内容。

### 能力目标

1. 能够运用一定的方法进行研学旅行活动课程方案评价。

2. 能够在合理评价方案的基础上进行方案优化。

## 核心概念

课程方案（Curriculum Programme）、方案评价（Programme Evaluation）、方案优化（Scheme Optimization）

## 引导案例

北京史家营小学开发了以"走进圣莲山　感受老子文化"为主题的研学旅行活动课程,以下是课程方案的初稿①。

一、活动背景

圣莲山位于北京市房山区北部的群山中,整个景区 28 平方千米。于 2000 年开发,2004 年对外开放,2005 年被评为国家 4A 级景区,2006 年被评为世界地质公园——体验观赏区。圣莲山是集雄、险、绝、奥、秀于一体,汇自然风光、地质遗迹和传统文化于一处的综合文化旅游度假区。

二、活动目标

（1）通过游览圣莲山文化长廊拓印名家书法字体、登老子祭拜台、过长生桥、游真武庙,使学生初步感悟我国传统文化的博大精深及其蕴含的深刻哲理。

（2）结合学拓印字体、画老子像、摄美丽山景、过长生桥、了解北方建筑特点等学科整合活动,培养学生热爱祖国传统文化、热爱家乡的优秀品质;培养学生口语交际能力、构图

---

① 　本案例由北京教育学院房山特色课程群项目组史家营中心小学提供。

教学系统设计主要是以促进学习者的学习为根本目的,运用系统方法,将学习理论与教学理论等的原理转换成对教学目标、教学内容、教学方法和教学策略、教学评价等环节进行具体计划、创设教与学的系统"过程"或"程序"。

——何克抗(1937—　),北京师范大学教授、博士生导师

绘画能力以及战胜困难的勇气等意志品质。

三、活动准备

(1)学校请示教委报批本次实践活动。

(2)了解天气状况,学生准备适合的衣物、鞋等用品。初步掌握绘画、摄影技巧。

(3)景区调研,制作导学方案。

(4)排除活动安全隐患,对学生进行安全教育。

四、活动形式

(1)教师讲解与小组合作研究相结合

(2)集体体验尝试与小组填写学案相结合。

(3)班级内交流展示与学校美篇宣传相结合。

五、活动过程

1.活动前

(1)前期进入景区调研,确定活动内容及活动路线。

(2)校务会研讨确定活动主题"弘扬传统文化　走进圣莲山"综合实践活动。

(3)设计活动方案,对学生进行安全教育。

2.活动中

活动一:尝试碑拓艺术,感受书法魅力。

活动二:诵读道德经,感悟老子文化。

活动三:欣赏北方建筑风格,锤炼学生意志品质。

3.活动后

(1)返校后以班级为单位,交流活动收获。以小组为单位展示交流《弘扬传统文化　走进圣莲山导学方案》,可制作成演示文稿。

(2)学校制成美篇进行宣传。

六、活动指导

(1)活动前:学校各部门密切合作,完成外联工作,做好充分准备,重视安全工作。相关教师指导学生完成小组准备活动,确保细致周密,万无一失。

(2)活动中:学校领导、教师各负其责,保护学生生命安全、饮食安全、交通安全,班主任和任课教师指导学生完成各项体验实践活动,搜集信息,做好个别学生的心理疏导。

(3)活动后:班主任组织小组讨论、交流、完成活动导学方案。以小组为单位进行展示交流。学校派专任教师搜集活动材料,通过美篇、展板进行宣传展示。

七、注意事项

(1)安全工作是首要问题,不能出现任何意外,确保师生安全。

(2)学生前期准备要充分、细致,班主任检查学生准备情况,适当提出建议。

(3)活动中尽量发挥学生的主观能动性,完成实践活动任务。

(4)活动后利用一周时间完成后续工作。学生、教师、学校合作顺利完成本次综合实践活动。

八、活动评价

(1)学生自评:学生利用多种形式进行评价(低年级:绘画的形式;中年级:手抄报

的形式;高年级:撰写活动感受的形式)评价本次活动。

(2)班主任评价:结合学生参与表现及成果展示整体评价本班学生表现。

(3)家长评价:评价自己孩子的收获和变化。

九、资源支持

(1)学校与圣莲山风景区联系活动事宜。

(2)按要求报批教委,取得上级领导支持。

(3)通过家长委员会,寻求家长全方位支持(邀请部分家长作为家长志愿者参与本次实践活动)。

上面的课程方案在规范性、完备性、可操作性等方面显然存在不足。研学旅行活动课程的评价依据是什么?应该从哪几个方面展开对方案的评价和优化?本章将就这些问题展开系统论述。

# 第一节 课程方案应具备的要素[①]

研学旅行活动课程方案的设计有别于以往学科课程的备课,它不是一个知识传授过程的教案,而是一个在充分考虑到校内外课程资源情况下的主题活动的实施计划,是对实现主体活动目标的步骤和过程的综合计划。

主题活动设计方案是针对一个具体的主题进行的开发工作,它对整个主题活动进行了分阶段的预设,明确了一个主题活动目标及各阶段学生活动的主要内容及方式、教师的指导重点、实施的要点以及评价的建议等,也可以称作教师指导方案,它是研学旅行活动课程开发的基本呈现形式。设计与制定主题活动设计方案可以增强教师指导的计划性。研学旅行活动的实施通常是由教师指导团队协作完成的,因此主题活动设计方案一般由指导教师在主题活动实施前开发完成,并提供给其他参与指导的教师参考,再由各小组指导教师在活动过程中完成各小组活动指导计划的开发工作。

一般来说,一个主题设计方案中包含几个基本要素,即活动主题(主题名称、背景分析)、活动目标(总目标、具体目标)、活动适用对象、活动设计与指导者、活动准备、活动时长、活动实施过程(分阶段的学生主要活动、时长、教师指导重点等)、活动实施建议、活动评价建议等。制订教师指导方案,有利于教师明确指导任务,落实具体的指导行为。

## 一、主题名称

主题是某个活动的名字,要求高度概括活动的内容,它要求既能传递研学旅行某一活动或项目的主要信息,又能吸引读者。研学旅行活动的主题要醒目、具体、准确,要求准确反映活动的内容、范围以及研究的深度,特别是关键词选用要精准、贴切,切忌模糊。

---

① 黑岚.小学综合实践活动课程的设计、实施与评价[M].北京:清华大学出版社,2020.

如"关于西溪湿地植物保护的调查"这个题目就能够非常清楚地反映研究内容、范围和方向。

同时,研学旅行活动主题有很多类型,主题表述要求能反映活动的基本类型,如"西湖水质调查""九寨沟民俗文化调查"。此外,研学旅行活动的主题表述,要求直截了当地说明活动研究的问题,使读者看到主题就对活动研究的主要内容一目了然;要求在确定标题时改变正常的语序,用短语形式来表达。如"上海市某某区垃圾分类探究"等。

无论采用哪种主题表述的方式,一个好的主题名称的表述应该是简洁、清晰、完整、准确、概括性强的。主题名称的表述应该有一定综合性,便于学生在这一主题下开展各种类型的活动。在文字表述上要贴近学生生活,既不要太口语化,也要避免过于生硬和书面化。

## 二、活动背景

课程方案中活动背景部分要回答为什么要选择这个主题的问题。可以简要阐述主题形成的起因和经过,简要分析主题活动的内在意义和价值。还要在这一部分交代政策背景、校本文化、资源教育价值及学情。

## 三、活动目标

活动目标是指在这个主题活动中学生将获得什么。主题活动的目标是研学旅行课程目标的细化、具体化、操作化,是对课程目标有计划、有步骤地拆分和具体落实。在表述时,回答学生通过此主题活动有什么情感体验,能增进哪些知识技能,能培养什么兴趣和态度,也可以以综合目标的形式表述或按主题活动的主要任务分项表述。而在活动主题确定以后,活动计划实施的各阶段、一次具体活动、不同类型的活动,在目标的制定上均有要求。

### (一)各阶段的目标的表述

各阶段的目标是指学生参加某一阶段活动的方向和应达到的要求,如选题阶段活动目标、实施计划阶段活动目标。研学旅行活动课程是由师生双方在其活动展开过程中逐步建构生成的课程,随着各阶段活动的不断展开,学生的体验与认识的不断深化,活动的目标将不断生成。因此,不同的活动阶段要考虑设计不同的目标。

### (二)一次具体活动的目标的表述

一次具体活动的目标是指学生参加某一次活动的方向和应达到的要求。一次具体的活动是一个主题活动最基本的构成要素,它可以是一次课堂内的教学活动,也可以是一次课外的实践活动,它的目标是对主题活动总目标与阶段性目标的分解与细化,在设计上更具体、更有针对性、更具操作性。

## 四、活动主体

课程方案中的研学旅行活动主体不应该仅有学生,还要有教师、家长、研学导师、导游等。在课程方案中一定要对不同主体在不同时期的活动进行明确的表述。

## 五、活动设计者与指导者

活动设计者即主题活动的主要设计人员,既可以是一位教师,也可以一个教师团队。标明设计者,一方面是责任的明确,另一方面也明确了知识产权或开发的版权,是对教师创造性劳动的一个认同;另外,由于开发成果是可共享的,有时开发者与实施者并不相同,标明了设计者还有利于实施者与开发者的沟通。

指导教师团队即承担活动实施任务的教师团队。许多主题活动的指导不是教师个体能够承担的,它需要教师根据主题活动的需要,组织成相应的教师指导团队,共同实施。明确教师指导小队,有利于该团队的形成以及各成员明确各自的任务,将有利于活动的落实。

## 六、活动准备

课程方案中要呈现活动中必要的准备资源。既包括活动所需的文本资源,如文献、档案、课外读物、音频、视频等资料,也包括一些超文本式资源的准备,如学校现有场地资源利用,校外实践基地、社区、名胜古迹等开发,还包括人力资源的利用,包括学校内部教师以及校外热心参与活动人员的准备。在活动中,需要多少物质材料,需要多少经费等都必须事先分类分项做出估算。如有条件,尽量和本校课程资源结合起来考虑,坚持低成本、本土化原则。活动指导力量的配备是至关重要的。

## 七、活动时长的设计

课程方案中要体现活动时长的设计。活动时长是指活动起始至活动结束之间的时间长度。活动时长包括活动的总时长和具体活动环节安排的大概的课时数。在当前教学管理体制下,在设计时既要有总长度,如几个月,又要有具体的课外活动时长及课内活动的时长。这样的时长设计,便于学校的管理以及对活动进行整体的规划。

## 八、活动过程

活动过程是研学旅行活动方案的主要部分,包括活动的内容、方式、步骤、教师的指导重点、实施的要点等。这个环节是方案撰写的重点,撰写时一般将其分为四个阶段。

### （一）准备阶段

准备阶段的设计要明确的主要工作如下。

#### 1. 成立活动小组

以师生共同总结、归纳的问题为据成立活动小组，学生根据自己的兴趣、爱好和特长决定自己要参加的活动小组。由学生民主选举小组长，小组长主持小组的全部活动。

#### 2. 制订活动计划

在小组长的主持下，对本组活动的主题进行讨论，制订本小组的活动计划。计划的内容一般包括活动主题的名称，预设的活动目标，预设的活动步骤和方法，拟调查和采访的对象，时间安排和人员分工。

### （二）实施阶段

活动阶段是设计活动过程的主要阶段。本阶段要阐明的内容有：开展什么活动；运用什么方法；时间、地点的安排；注意形成个人的富有特色和深刻的体验。设计要预留活动生成的空间，要求学生对生成活动主题、活动目标、活动方式，给予足够的重视。

### （三）总结阶段

在总结阶段，各小组应做以下几项工作。

#### 1. 资料整理与归类

各小组对本组成员通过各种渠道搜集的资料，包括查阅的或网上下载的文字资料、拍摄的图片资料、访谈记录的整理资料、录音录像资料等进行整理与归类。

#### 2. 撰写研究成果

各小组总结归纳，用不同的形式呈现自己活动的成果，其内容包括调查报告、研究报告、研究论文、心得体会、活动感想、活动日记、活动资料的整理与摘抄、访谈实录等。必须要说明的是，研学旅行活动课程强调过程比结果更重要，重视学生的参与。

#### 3. 成果展示

展示的范围可以以班为单位，也可以在全校范围内进行展示，还可走出校门，到社区进行成果展示。总之，一切从实际出发，从需要出发。

展示的形式可多种多样，可用论文、调查报告、心得体会、感想、日记、图片等各种资料表现出来，也可以用班级、年级或全校报告会的形式进行汇报，还可以采用各种文艺活动的形式，如短剧、相声、小品、朗诵、歌舞、快板书等进行汇报演出，甚至还可以把学生的各种成果汇编成册向社会进行宣传等。

### 4. 成果介绍

成果介绍是交流活动成果的常用方式。通常情况下，由小组成员在全班同学面前汇报自己小组的活动成果，介绍活动的过程、收获和体会，回答同学的提问或质疑，并开展讨论。这是对产生学生活动成果的检阅，也是对其他同学的促进。

在活动方案制定过程中，活动内容和方法的设计是关键。教师在方案制定课前要预设各小组活动内容和方法，要引导学生参与和经历多种方式的活动，从而更好地实现综合实践研学旅行活动的课程价值。可以将访谈法、问卷调查法、观察法等活动方式整体设计、综合实施。

## （四）评价阶段

评价是研学旅行活动课程实施的重要组成部分，是实现研学旅行活动目标的有效手段和保障，它贯穿于研学旅行活动的全过程。主题活动方案的设计中也必须要凸显活动的评价。这部分应该重点突出活动的评价方式。

### 1. 评价内容

（1）情感态度：对本次活动是否有兴趣，是否能坚持完成每一个活动，是否能主动提出设想和建议，能否形成一定的科学态度和意识，遇到困难能否克服等。

（2）能力发展：能否提出有价值、有意义的问题；是否掌握了调查的方法，会写简单的调查报告；能否坚持观察、记录实验数据，对实验结果做出分析；能否进行简单的图纸设计和制作；是否有与人沟通合作的技巧和愿望，小组成员间是否各司其职，各负其责，共同完成任务；能否用多种方法和形式表达自己的学习过程与结果。

（3）知识了解和掌握：是否了解和掌握了与主题相关的知识。

### 2. 评价方式

通过教师观察、学生活动过程评价表、学生的作品加以总评。在每项活动过程中，也要注意给学生及时的评价。教师定期把学生在前一个阶段的表现在小组活动中传达给学生，使学生更清楚地了解自己的状态，从而不断地进行自我调整和激励。采用过程性评价和总结性评价相结合，重在过程的评价方式更科学、更人性化，充分体现了新课程理念。评价的对象可表现为撰写小课题报告、阶段小结、幻灯片、学生作品、创作的网页或其他内容。

### 3. 评价主体

与通常教师对学生进行的学业成绩评价不同，研学旅行活动课程评价者是多元化的，包括教师或教师小组，也包括学生或学生小组、家长、研学导师、专家等。例如，教师组织课程时是评价的主体；同学评议、小组评议时学生或学生小组是评价的主体；在实施课题或活动中，相关的研学基地或营地的专家、导师是评价的主体。评价主体的多元性增加了评价的难度，但提高了评价的科学性。

🔖**案例**

## "走进圣莲山 感受老子文化"设计方案

一、活动背景

（一）资源简介

圣莲山（见图 6-1）位于北京市房山区北部的群山中，整个景区 28 平方千米。于 2000 年开发，2004 年对外开放，2005 年被评为国家 4A 级景区，2006 年被评为世界地质公园——体验观赏区。圣莲山是集雄、险、绝、奥、秀于一体，汇自然风光、地质遗迹和传统文化于一处的综合文化旅游度假区。作为我校实践活动教育基地之一的圣莲山风景度假区有五大教育资源，即以老子文化资源为特色的国学资源；以地质和植被科普为特色的自然地理资源；以近代史为特色的历史文化资源；以壁画、石刻、根雕为特色的艺术资源；以登山运动为代表的体育文化资源。本课程侧重于对老子文化的探究，景区内塑有整体总高 57 米（基座 18 米、像高 39 米）、占地面积 3500 平方米，号称"天下第一"的老子坐像，基座上刻有整部《道德经》；"名家论道"长廊以碑刻的形式呈现书法作品 44 幅，涵盖了各种字体，汇聚了古今名人对"道"的理解；老子像正对祭拜台，正中是体现道教精髓的太极八卦图；穿过长生桥（铁索桥）是一组道教宫观——真武庙，于 2004 年重建，占地面积约 3000 平方米。真武庙的中轴线建筑为三殿二进院。前殿为真武庙的山门，中殿为五祖殿，正殿为真武殿，真武殿是建筑文化最具代表性的一组宫殿。如此彰显传统文化的本土资源，学生却知之甚少、探究不足。家乡独有的文化资源却没有成为提升学生核心素养，培养学生热爱家乡、建设家乡的情怀的教育资源。基于此，史家营中心小学对老子文化资源进行系统梳理，借助家长资源、依托社会资源开设了"走进圣莲山 感受老子文化"研学旅行活动课程。学生通过这一主题下的子课题研究，共同感悟我国传统文化的悠久历史和其蕴含的深奥哲理，开阔眼界，丰富课外知识，提升学生热爱家乡的意识。

图 6-1 圣莲山

（二）学情分析

低年级的学生虽然识字量较少，不具备自主合作探究学习的能力和良好的学习习惯，但是直观体验的兴趣浓厚，记忆力较强，是识字、诵读、感知的最佳时期。

中年级的学生已初步掌握了基本的绘画构图、版画拓印、书法鉴赏、经典诵读等方面的知识，初步具备合作探究学习的能力，且兴趣浓厚。但是动手操作、亲身体验、汇报展示的机会并不多，实践起来困难重重。同时对家乡独有的文化资源也并不了解，建设家乡、热爱家乡的情怀也就无从谈起了。

　　高年级的学生对老子文化认识比较浅显。虽然诵读过《道德经》,但也只是背诵部分章节,对于老子文化的精髓——"道"即顺其自然,随缘而安;独立思考,做人适度;眼光长远,顺逆皆宜;懂得柔弱,和光同尘等深刻内涵还领悟不到。在绘画碑拓方面,高年级的学生已熟练掌握了绘画构图、版画拓印、书法鉴赏等基本知识,但是由于动手操作、亲身体验的机会并不多,所以在户外完成真实碑拓、写生、鉴赏等体验还存在着诸多技能方面的障碍。小组合作虽然在课堂学习中是一种经常用到的学习方法,但是由于分工不明确、学生团结合作的意识不强烈等问题导致学习效果欠佳,实效性不强。在汇报交流方面,大部分学生能够层次清楚、逻辑较强、抓住重点发表自己的见解,但汇报不能充分体现活动过程。平时的教与学的过程中,学生的主体性没有得到彰显,学生习惯于按老师设计的既定步骤进行活动,很少有自己设计学习活动方案的机会,学生独立生成方案的能力不足,画思维导图的困难重重,需指导教师加强指导,进一步完善。

　　二、活动目标

　　（一）总体目标

　　通过游览圣莲山文化长廊、拓印名家书法字体、登老子祭拜台、诵读道德经、过长生桥、游真武庙的系列活动,初步感知老子文化的核心观点和主张,唤醒热爱家乡的情怀。

　　（二）具体目标

　　（1）通过资料的搜集与整理,学生能够提升信息的采集、加工、处理的能力。

　　（2）通过探究方案的设计,学生能够提高统筹规划的意识和能力。

　　（3）通过汉字拓印,尝试不同的拓印技法,分析比较不同拓印技法的优缺点,初步掌握汉字拓印技术。通过拓印成果的展示和分析辨认不同字体。

　　（4）通过画老子像、摄美丽山景,巩固写生、构图的技法,提升审美能力,感悟家乡美。

　　（5）通过登老子祭拜台、过长生桥,提升克服困难的勇气,增强自信心,培养同学之间互助互爱的优良品德。

　　（6）通过集体诵读道德经,初步感知国学诵读的韵味,初步感受老子文化的核心观点;通过游真武庙,了解北方建筑特点等。

　　（7）通过小组合作进行探究活动,学生能够感知团队合作的重要性,提升团队意识。

　　（8）通过汇报交流,提高口语表达、认真倾听、日常交际的能力。

　　（三）年级阶段目标及内容

| 资源 | 老子坐像 | | | | 文化长廊 | | | | 古代建筑 | | | |
|---|---|---|---|---|---|---|---|---|---|---|---|---|
| 年级 | 目标内容 | 学习方式 | 对接学科 | 结果呈现 | 目标内容 | 学习方式 | 对接学科 | 结果呈现 | 目标内容 | 学习方式 | 对接学科 | 结果呈现 |
| 一年级 | 通过参观老子像、祭拜台、走长生桥,初步感知老子文化 | 观察体验 | 道法语文美术体育数学 | 诵读《道德经》第1～5节 | | | | | | | | |

续表

| 资源<br>年级 | 老子坐像 | | | | 文化长廊 | | | | 古代建筑 | | | |
|---|---|---|---|---|---|---|---|---|---|---|---|---|
| | 目标<br>内容 | 学习<br>方式 | 对接<br>学科 | 结果<br>呈现 | 目标<br>内容 | 学习<br>方式 | 对接<br>学科 | 结果<br>呈现 | 目标<br>内容 | 学习<br>方式 | 对接<br>学科 | 结果<br>呈现 |
| 二年级 | 通过参观老子像、祭拜台，走长生桥，进一步了解老子文化，了解老子像结构特点 | 观察体验 | 道法语文美术体育数学 | 1. 画一画老子像<br>2. 说一说结构特点<br>3. 背诵《道德经》第6～12节 | | | | | | | | |
| 三年级 | 通过参观体验，进一步了解老子像的数字关系，能够照一照老子像 | 观察体验探究 | 道法语文美术体育数学 | 1. 用摄影的方法照一照老子像<br>2. 说一说相关结构与数字的关系<br>3. 背诵《道德经》第13～19节 | 1. 通过参观文化长廊，初步感知不同字体<br>2. 选择自己喜欢的字体，用硬笔写一写 | 观察体验探究 | 书法 | 用硬笔书写，选择自己喜欢的一幅作品 | | | | |
| 四年级 | 通过参观体验，能够用线描的方法画一画老子像 | 观察体验探究 | 道法语文美术体育数学 | 1. 用线描的方法画一画老子像<br>2. 背诵《道德经》第20～24节 | 1. 通过参观认识不同字体<br>2. 能用软笔呈现书法作品 | 观察体验探究 | 书法 | 用软笔书写，选择一幅作品 | | | | |
| 五年级 | 通过参观体验，能用粉笔画一画老子像，了解相关知识 | 观察体验探究 | 道法语文美术体育数学 | 1. 用粉画呈现老子像<br>2. 背诵《道德经》第25～28节 | 1. 通过参观探究干拓法拓印<br>2. 能够选择局部进行拓印 | 实践操作 | 书法 | 用干拓拓印作品的局部 | 通过观察，初步了解古代三殿两进院的特点 | 观察体验探究 | 美术数学语文道法 | 绘制简单的传统建筑结构平面图 |

续表

| 资源 | 老子坐像 | | | | 文化长廊 | | | | 古代建筑 | | | |
|---|---|---|---|---|---|---|---|---|---|---|---|---|
| 年级 | 目标内容 | 学习方式 | 对接学科 | 结果呈现 | 目标内容 | 学习方式 | 对接学科 | 结果呈现 | 目标内容 | 学习方式 | 对接学科 | 结果呈现 |
| 六年级 | 通过参观体验,深入了解老子文化,能用不同形式呈现 | 观察体验探究调查访谈 | 道法语文美术体育数学 | 1.用不同形式呈现学习结果 2.简单说一说对《道德经》的认识 3.研习报告 | 1.探究不同的拓印方法 2.能够完整拓印幅作品 | 合作探究实践操作 | 书法 | 1.用自己喜欢的方法拓印一幅完整的碑拓作品 2.研习报告 | 通过观察、探究、动手等活动,深入了解宫殿式建筑风格,了解彩绘、建筑特点及历史、脊兽、榫卯结构等 | 观察探究动手操作 | 美术数学语文道法 | 1.搭建鲁班锁竞赛 2.研习报告 |

三、活动准备

(一)教师准备

1.亲子活动准备

(1)景区调研,确定活动内容,制作活动方案、中高年级研习手册。

(2)拟定"致家长的一封信",告知家长(或召开家长会),征求家长意见。

(3)发放亲子活动任务单。

2.探究活动准备

(1)召开相关教师(部分家长)会,进行活动部署,责任到人。

(2)辅导教师考察资源,制订辅导方案,准备教具。

(3)前置课程:绘画构图、摄影技巧的培训、道德经研读、书法、老子文化等相关知识的科普讲座;研学活动安全培训。

(二)家长准备

1.亲子活动准备

(1)签订安全协议书。

(2)家长进行景区游览的线路准备,为孩子做心理建设。监督孩子进行登山的物品准备。

2．探究活动准备

（1）中高年级亲子活动后根据任务单指导孩子制作汇报交流材料（PPT形式呈现）。

（2）全体家长在亲子活动之后针对孩子的表现按评价量规给予客观评价。

（三）学生准备

1．亲子活动准备

（1）针对天气状况，准备适合的衣物、鞋等生活用品。

（2）低年级准备画笔画纸；中高年级准备好亲子活动任务单、相机等学习用品。

2．探究活动准备

（1）低年级在指导教师的带领下完成研习任务；中高年级按照自己选定的探究内容分成研习小组，在组长的带领下制订各组研习计划建议书。

（2）中高年级以研习小组为单位通过读书、上网、调查、访问等形式初步掌握绘画、摄影、朗诵、书法、碑拓、建筑等相关知识以及老子及其贡献的相关资料。

（四）方案的主体流程

（1）前置课程：面向全体学生讲解社会实践活动课程的安全注意事项。

（2）亲子进景区，对各景点有一个初步感知，中高年级完成任务单。

（3）低年级学生在教师的指导下背诵《道德经》指定章节，完成研学任务，并组织学生展示研学成果。

（4）中高年级聚焦分组，根据自己感兴趣的研究内容分成若干研习小组，选定组长，初步合作规划各组组内的研究设想。（说明调查方法，呈现形式）

（5）中高年级方案设计，明确分工和方法，完成详细记录过程。辅导教师还可以根据孩子们的需要上方案指导课。

（6）方案、成果展示交流，形式多样。

四、活动形式

（1）前置课程与现场课程、拓展课程相结合。

（2）教师讲解与自主探究相结合。

（3）集体体验与小组探究相结合。

（4）班级交流展示与学校美篇宣传相结合。

五、活动过程

| 日　期 | 内　容 | 学生活动 | 教师指导 |
| --- | --- | --- | --- |
| 5月31日（课上） | 前置课程——召开家长会，明确社会实践活动课程的安全注意事项；签订安全协议书。在游览路线等方面给予游览建议 | 学生明确任务：针对天气状况，准备适合的衣物、鞋等生活用品；亲子活动任务单、相机等学习用品 | 家长会上讲清活动目的、意义、注意事项，给出游览建议 |

续表

| 日　　期 | 内　　容 | 学 生 活 动 | 教 师 指 导 |
|---|---|---|---|
| 6月1日至<br>6月12日<br>（景区） | 亲子活动——家长带领孩子初次走进圣莲山风景区，领略家乡的美，初寻老子文化 | 全体学生聆听、感受与记录；<br>低年级学生按任务单简单述说自己的收获与感受；<br>中高年级学生在家长的指导下完成亲子活动任务单，活动后根据任务单，制作汇报交流材料（PPT呈现） | 搜集任务单，提炼学生观点 |
| 6月13日<br>（课上） | 交流指导——低年级指导学生诵读《道德经》指定章节 | 集体交流亲子活动的感受和体会；<br>诵读《道德经》指定章节 | 组织学生交流指导 |
| | 质疑选题——中高年级头脑风暴，提出感兴趣的问题，并进行聚焦，选择其一作专题研究 | 分享亲子活动成果；<br>根据兴趣选子课题，生成小组 | 根据学生汇报的情况适当引导和调剂，帮助学生实现分组，组织学生选出组长 |
| | 分组研讨——中高年级学生须自行分组研讨，拟定专题研究的题目及制订研究计划思路 | 会见导师并开会，设计研究计划及分配工作 | 跟组教师参与研讨，出示方案模板，指导学生画思维导图 |
| 6月14日至<br>6月19日<br>（课下） | 研究计划制订——中高年级各组辅导教师指导学生制订计划建议书 | 制订计划草案 | 帮助确定每个学生的活动任务，学生遇到困难给予指导 |
| 6月20日<br>（课上） | 研究计划汇报——中高年级汇报展示各组制订的计划建议书 | 展示汇报；交流评价；完善修改 | 组织展示，适当引导 |
| 6月24日 | 提交计划——中高年级正式提交主题选择及活动计划建议书 | 继续完善修改主题计划建议书，并上传指导教师 | 评阅 |
| 6月24日至<br>6月26日<br>（课下） | 第一阶段数据搜集及整理（中高年级） | 研学绘画构图、摄影技巧、道德经研读、书法、老子文化等相关知识，到图书馆及互联网搜集信息；阅读有关资料，梳理重点摘要；初步整理及分析 | 解惑答疑、给出建议 |
| 6月26日<br>（课下） | 前置课程——研学活动安全及如何进行主体性探究学习培训（全体学生） | 针对天气状况，准备适合的衣物、鞋等生活用品；<br>研习手册、相机等学习用品 | 讲解活动目的、意义及注意事项，提出具体要求 |

续表

| 日 期 | 内 容 | 学生活动 | 教师指导 |
|---|---|---|---|
| 6月27日（景区） | 实践活动——教师引领第二次走进圣莲山，分组分主题探究老子文化 | 主题一：尝试碑拓艺术，感受书法魅力——书法教师；（三至六年级书法魅力组）<br>主题二：诵读道德经，感悟老子文化——美术教师；（一、二年级全体学生及三至六年级老子文化组）<br>主题三：勇过长生桥，锤炼学生意志——体育教师；（一至六年级全体学生）<br>主题四：走进真武庙，了解传统建筑特征——品社教师（五、六年级传统建筑组） | 适时给予指导 |
| 6月28日至7月10日（课下） | 第二阶段数据搜集及数据整理（中高年级） | 整理活动记录，物化成果（照片、作品等），感受体会；<br>制成演示文稿（六年级必有研学报告） | 信息技术辅导 |
| 7月11日（课上） | 成果展示——所有班级课上展示活动成果；六年级分组欣赏及评估各组同学的研究报告；家长参与展示活动并评价 | 展示交流活动成果及对他人的评价（组内评价和组间评价） | 分年级组织实施：中低年级班主任组织展示；高年级班主任及指导教师组织展示 |

六、活动评价

（一）评价方式

（1）学生自评：学生利用多种形式进行评价（物化成果：绘画、手抄报、撰写活动感受等形式）。

（2）同学评价：结合伙伴参加活动的表现进行评价。

（3）教师评价：结合学生参与表现及成果展示整体评价本班学生表现。

（4）家长反馈：结合学生的日常表现（活动前后的对比）进行反馈。

（二）评价体系

总体评分（150分）＝活动过程（100分）＋核心能力指数评价（32分）＋同学、家长及指导教师评价（18分）。

根据学生专题研习的总成绩，将颁发以下证书。

| 证书 | 分数 |
|---|---|
| 一级荣誉证书 | 120分或以上 |
| 优异证书 | 100分或以上 |
| 合格证书 | 70分或以上 |

（三）评价量规

**"走进圣莲山　感受老子文化"——阶段自我评估表（低年级）**

学校：_____ 班级：_____ 姓名：_____

请对自己作以下评估,在适当的方格内打"√",最高5分,最低1分。

| | 评价标准 | 5 | 4 | 3 | 2 | 1 |
|---|---|---|---|---|---|---|
| 1 | 积极参与研习过程 | | | | | |
| 2 | 负责任 | | | | | |
| 3 | 乐于与人合作 | | | | | |
| 4 | 接纳及尊重别人的意见 | | | | | |
| 5 | 尽力寻找与主题有关的资料 | | | | | |
| 6 | 敢于创新思考 | | | | | |
| 7 | 能依时完成工作 | | | | | |
| 8 | 研学过程中遵守纪律 | | | | | |
| 9 | 热心帮助同学 | | | | | |
| 10 | 具有一定的研学体会 | | | | | |
| 11 | 研学成果显著 | | | | | |
| 活动收获 | | | | | | |
| 活动感觉 | | | | | | |
| 有何建议 | | | | | | |

完成日期：　年　　月　　日（学生填写）

**"走进圣莲山　感受老子文化"——阶段自我及组员评估表（中年级）**

姓名：_____ 专题题目：_____

请对自己和组员的工作能力及工作态度作评估,每项最高5分,最低1分。

| 工作 | 组员姓名 | | | |
|---|---|---|---|---|
| | 自己 | | | |
| 1.资料搜集 | | | | |
| 2.资料整理 | | | | |
| 3.资料运用 | | | | |
| 4.积极性 | | | | |
| 5.合作性 | | | | |
| 总分 | | | | |

请对自己作以下评估,在适当的方格内打"√",最高5分,最低1分。

| 研 究 能 力 | | 5 | 4 | 3 | 2 | 1 |
|---|---|---|---|---|---|---|
| 1 | 清楚理解主题 | | | | | |
| 2 | 能从阅读及资料搜集中得到知识 | | | | | |
| 3 | 能提出自己的见解及意见 | | | | | |
| 4 | 能掌握今次研究的结论 | | | | | |
| | 信息技术及资料搜集能力 | | | | | |
| 5 | 能制订简单的工作计划 | | | | | |
| 6 | 能利用各种手段搜集资料 | | | | | |
| 7 | 能利用各种信息技术手段进行沟通及交流 | | | | | |
| | 学习态度 | | | | | |
| 8 | 积极参与讨论及研习过程 | | | | | |
| 9 | 负责任 | | | | | |
| 10 | 乐于与人合作 | | | | | |
| 11 | 接纳及尊重别人的意见 | | | | | |
| 12 | 尽力寻找与主题有关的资料 | | | | | |
| 13 | 能依时完成工作 | | | | | |
| 14 | 敢于创新思考 | | | | | |
| 活动收获 | | | | | | |
| 活动感觉 | | | | | | |
| 有何建议 | | | | | | |

完成日期: 年 月 日(学生填写)

**"走进圣莲山 感受老子文化"——阶段自我及组员评估表(高年级)**

姓名:_____ 专题题目:_____

请对自己和组员的工作能力及工作态度作评估,每项最高5分,最低1分。

| 工作 | 组员姓名 | | |
|---|---|---|---|
| | 自己 | | |
| 1.资料搜集 | | | |
| 2.资料整理 | | | |
| 3.问题分析 | | | |
| 4.编写报告 | | | |
| 5.演示报告 | | | |

续表

| 工作 | 组员姓名 | | |
|---|---|---|---|
| | 自己 | | |
| 6.积极性 | | | |
| 7.合作性 | | | |
| 总分 | | | |

请对自己作以下评估,在适当的方格内打"√",最高 5 分,最低 1 分。

| | 研 究 能 力 | 5 | 4 | 3 | 2 | 1 |
|---|---|---|---|---|---|---|
| 1 | 清楚理解主题 | | | | | |
| 2 | 能从阅读及资料搜集中得到知识 | | | | | |
| 3 | 能将资料整理及分析 | | | | | |
| 4 | 能提出自己的见解及意见 | | | | | |
| 5 | 能掌握今次研究的结论 | | | | | |
| | 信息技术及资料搜集能力 | | | | | |
| 6 | 能制定工作计划 | | | | | |
| 7 | 能利用各种手段搜集资料 | | | | | |
| 8 | 能利用各种信息技术手段进行沟通及交流 | | | | | |
| 9 | 能利用信息技术手段制作报告 | | | | | |
| 10 | 能利用信息技术手段演示报告 | | | | | |
| | 学 习 态 度 | | | | | |
| 11 | 积极参与讨论及研习过程 | | | | | |
| 12 | 负责任 | | | | | |
| 13 | 乐于与人合作 | | | | | |
| 14 | 接纳及尊重别人的意见 | | | | | |
| 15 | 尽力寻找与主题有关的资料 | | | | | |
| 16 | 能依时完成工作 | | | | | |
| 17 | 敢于创新思考 | | | | | |
| 活动收获 | | | | | | |
| 活动感觉 | | | | | | |
| 有何建议 | | | | | | |

完成日期: 年 月 日(学生填写)

"走进圣莲山　感受老子文化"——实践探究类学习家长意见书

| | |
|---|---|
| 您对孩子的实践探究学习有何意见： | |
| 开学至今,您对孩子的学习态度及状况有何意见： | |
| 对学校进行的这项主题探究类学习有何具体建议： | |
| 家长： | 日期： |

完成日期：　　年　月　日(家长填写)

"走进圣莲山　感受老子文化"——实践探究类学习展示技巧评价表

（低年级）

姓名：_____　评分教师：_____　总分：_____

| 项目 | 高水平＝3 | 达标者＝2 | 尚待改善＝1 | 未达标＝0 | 分数 | 评语 |
|------|-----------|-----------|-------------|-----------|------|------|
| 展示技巧 | 有充足的准备及演练,表现自然流畅,能吸引听众的注意 | 有事前的准备,表现流畅,听众能容易理解内容 | 有事前的准备,但表现欠流畅,听众理解内容感到困难 | 未做事前的准备,表现散漫 | | |
| 说话能力 | 说话流畅,声音清晰响亮,态度认真诚恳,能吸引听众的注意 | 说话清楚,音量足够,态度认真 | 说话清楚,态度认真,唯声音欠响亮 | 说话态度欠认真,说话不清,音量不足 | | |
| 整体观感 | 我对展示感兴趣,内容能给我启发,展示者重视 | 我对展示感兴趣,展示者认真 | 我对展示感觉平淡,但展示者已尽力 | 我对展示感到沉闷,而展示者未做准备,态度欠认真 | | |
| 整体评语 | | | | | | |
| 备注 | 一、展示前的准备<br>1. 开头与结尾要简洁;内容要条理分明,重点突出、精简。<br>2. 如果要用笔记,可写下演讲的大纲在小纸片上,在上台前、演讲时或必要时作参考。<br>3. 将自己的演讲录下来,从观众角度来找出应改进的地方。<br>4. 在同学或家人面前练习,一遍又一遍地改进,并接受他人的建议。<br>5. 不要太紧张,想到与大家分享自己的意见,是何等的愉快!<br>6. 要建立信心,并注重服装与仪容。<br>二、展示时的注意事项<br>1. 登台演讲发言前,先清嗓子。起立讲话时,先向大家微笑致意。<br>2. 目光接触,目光逐步扫视在场的人,使每一个观众感觉在和演讲者交谈。<br>3. 稍微走动或使用手势可使自己放松,适当的手势与肢体语言会增加效果。<br>4. 用幽默的方式演说,必须恰当、有趣。<br>5. 音调与主题内容相配合。 | | | | | |

## "走进圣莲山 感受老子文化"——综合实践探究类学习展示技巧评价表

### （中年级）

班别：_____ 展示组别：_____ 题目：_____ 评分教师：_____ 总分：_____

| 项目 | 高水平＝3 | 达标者＝2 | 尚待改善＝1 | 未达标＝0 | 分数 | 评语 |
|------|-----------|-----------|-------------|-----------|------|------|
| 组织（内容及团队） | 内容组织严谨流畅，组内分工合作清晰，展示表现自然流畅 | 内容能合理组织，展示流畅 | 内容能合理组织，但展示不够流畅 | 内容散乱，没有条理，组员欠缺合作，展示不流畅 | | |
| 展示技巧 | 有充足的准备及演练，表现自然流畅，能吸引听众的注意 | 有事前的准备，表现流畅，听众能容易理解内容 | 有事前的准备，但表现欠流畅，听众理解内容感到困难 | 未做事前的准备，表现散漫 | | |
| 说话能力 | 说话流畅，声音清晰响亮，态度认真诚恳，能吸引听众的注意 | 说话清楚，音量足够，态度认真 | 说话清楚，态度认真，唯声音欠响亮 | 说话态度欠认真，说话不清，音量不足 | | |
| 整体观感 | 我对展示感兴趣，内容能给我启发，展示者重视 | 我对展示感兴趣，展示者认真 | 我对展示感觉平淡，但展示者已尽力 | 我对展示感到沉闷，而展示者未做准备，态度欠认真 | | |
| 整体评语 | | | | | | |
| 备注 | 一、展示前的准备<br>1. 开头与结尾要简洁；内容要条理分明，重点突出、精简。<br>2. 如果要用笔记，可写下演讲的大纲在小纸片上，在上台前、演讲时或必要时作参考。<br>3. 将自己的演讲录下来，从观众角度来找出应改进的地方。<br>4. 在同学或家人面前练习，一遍又一遍地改进，并接受他人的建议。<br>5. 不要太紧张，想到与大家分享自己的意见，是何等的愉快！<br>6. 要建立信心，并注重服装与仪容。<br>二、展示时的注意事项<br>1. 登台演讲发言前，先清嗓子。起立讲话时，先向大家微笑致意。<br>2. 目光接触，目光逐步扫视在场的人，使每一个观众感觉在和演讲者交谈。<br>3. 稍微走动或使用手势可使自己放松，适当的手势与肢体语言会增加效果。<br>4. 用幽默的方式演说，必须恰当、有趣。<br>5. 音调与主题内容相配合。 | | | | | |

**"走进圣莲山　感受老子文化"——综合实践探究类学习展示技巧评价表**

**（高年级）**

班别：_____　展示组别：_____　题目：_____　评分教师：_____　总分：_____

| 项目 | 高水平＝3 | 达标者＝2 | 尚待改善＝1 | 未达标＝0 | 分数 | 评语 |
|---|---|---|---|---|---|---|
| 组织（内容及团队） | 内容组织严谨流畅，组内分工合作清晰，展示表现自然流畅 | 内容能合理组织，展示流畅 | 内容能合理组织，但展示不够流畅 | 内容散乱，没有条理，组员欠缺合作，展示不流畅 | | |
| 资料深度 | 资料详尽丰富，能全面及深入介绍主题，内容独特并具趣味性 | 资料丰富，能全面介绍主题，内容具趣味性 | 能提供有关资料，介绍主题 | 资料搜集欠完整，有部分题目未能提供资料作回应 | | |
| 图表运用 | 加入丰富的图像，图像与主题内容紧扣，增加内容的真实性及趣味性 | 加入适当的图像表达内容，图像与内容相关 | 能加入图像点缀，但图像与内容欠相关性 | 未能用图像交代内容 | | |
| 展示技巧 | 有充足的准备及演练，表现自然流畅，能吸引听众的注意 | 有事前的准备，表现流畅，听众能容易理解内容 | 有事前的准备，但表现欠流畅，听众理解内容感到困难 | 未做事前的准备，表现散漫 | | |
| 说话能力 | 说话流畅，声音清晰响亮，态度认真诚恳，能吸引听众的注意 | 说话清楚，声音足够，态度认真 | 说话清楚，态度认真，唯声音欠响亮 | 说话态度欠认真，说话不清，音量不足 | | |
| 整体观感 | 我对展示感兴趣，内容能给我启发，展示者重视 | 我对展示感兴趣，展示者认真 | 我对展示感觉平淡，但展示者已尽力 | 我对展示感到沉闷，而展示者未做准备，态度欠认真 | | |
| 整体评语 | | | | | | |

备注

一、展示前的准备

1. 开头与结尾要简洁；内容要条理分明，重点突出、精简。

2. 如果要用笔记，可写下演讲的大纲在小纸片上，在上台前、演讲时或必要时作参考。

3. 将自己的演讲录下来，从观众角度来找出应改进的地方。

4. 在同学或家人面前练习，一遍又一遍地改进，并接受他人的建议。

5. 不要太紧张，想到与大家分享自己的意见，是何等的愉快！

6. 要建立信心，并注重服装与仪容。

二、展示时的注意事项

1. 登台演讲发言前，先清嗓子。起立讲话时，先向大家微笑致意。

2. 目光接触，目光逐步扫视在场的人，使每一个观众感觉在和演讲者交谈。

3. 稍微走动或使用手势可使自己放松，适当的手势与肢体语言会增加效果。

4. 用幽默的方式演说，必须恰当、有趣。

5. 音调与主题内容相配合。

七、资源支持

（1）学校与圣莲山风景区联系活动事宜。

（2）按要求报批教委，取得上级领导支持。

（3）学校与卫生院联系，确保活动中学生的安全防护。

（4）通过家长委员会，寻求家长全方位支持（邀请部分家长作为家长志愿者参与本次实践活动）。

八、附件

附件1 "走进圣莲山 感受老子文化"——亲子活动任务单

| 题目 | |
|---|---|
| 我看到了 | |
| 我听到了 | |
| 我感受到了 | |
| 我最感兴趣的信息和问题 | |

完成日期： 年 月 日（学生填写）

附件2 "走进圣莲山 感受老子文化"主题选择及活动计划建议书

| 主题： | 专题题目： | |
|---|---|---|
| 指导教师： | 邮箱： | 电话： |
| 组长： | 邮箱： | 电话： |
| 组员： | 邮箱： | 电话： |
| 组员： | 邮箱： | 电话： |
| 组员： | 邮箱： | 电话： |
| 组员： | 邮箱： | 电话： |
| 第一次研讨日期： | | |
| 第二次研讨日期： | | |
| 头脑风暴后，你们对圣莲山老子文化的哪个主题感兴趣？ | | |
| 你们选择了哪一个方面作为研究对象？用什么方法决定的？ | | |
| 你们选择这个题目的原因是什么？ | | |

续表

| 活动计划 |
|---|

1. 任务分工：

| 小组成员 | 承担任务 | 小组成员 | 承担任务 |
|---|---|---|---|
|  |  |  |  |
|  |  |  |  |
|  |  |  |  |
|  |  |  |  |
|  |  |  |  |

2. 活动步骤(搜集资料、采访、制件等)：

| 阶段 | 时间 | 主要任务 | 负责人 | 阶段目标 | 阶段成果 | 遇到困难 | 解决办法 |
|---|---|---|---|---|---|---|---|
| 1 |  |  |  |  |  |  |  |
| 2 |  |  |  |  |  |  |  |
| 3 |  |  |  |  |  |  |  |

3. 活动所需的设备：

4. 预期的成果(研究报告、制作模型、实验报告等)：
(2000 字的研究报告)

5. 表达形式(文字、图片、实物、影像资料等)及语言(中文或英文)：

指导教师意见(由学生填写)：

指导教师：　　　　　　　　　　　　　　日期：

完成日期：　　年　　月　　日(学生填写)

**附件3 "走进圣莲山 感受老子文化"——个人资料搜集及阅读摘要**

| |
|---|
| 专题研习题目： |
| 我希望从资料搜集及阅读中得到什么资讯： |
| 书名或网址： 作者： <br> 我大概花了 小时完成阅读 阅读日期： <br> 我从阅读的资料中得到以下信息： |
| 书名或网址： 作者： <br> 我大概花了 小时完成阅读 阅读日期： <br> 我从阅读的资料中得到以下信息： |
| 书名或网址： 作者： <br> 我大概花了 小时完成阅读 阅读日期： <br> 我从阅读的资料中得到以下信息： |

完成日期： 年 月 日(学生填写)

**附件4 "走进圣莲山 感受老子文化"——小组活动情况记录表**

| 题目： | | |
|---|---|---|
| 活动时间： | 第 次 | 活动地点： |
| 参与活动成员： | | |
| 活动内容：<br>1. 目的(解决什么问题)：<br><br><br><br><br>2. 形式(小组讨论、访问、实验、查阅资料、调查、实地测量等)：<br><br><br><br><br>3. 过程：<br><br><br><br><br>4. 结果(得到什么结论、解决了哪些问题,是否完成了预定的目标和计划、出现了什么问题等)：<br><br><br><br><br> | | |

完成日期： 年 月 日（学生填写）

**案例分析**：方案中既有总目标,又有学段目标。目标从知识、能力、价值观三个维度进行设定,形成了目标系列。活动目标、活动内容和评价的设计体现了学段间的衔接性、梯度性和进阶性。活动主体不仅有学生,还有教师和家长。活动流程环环相扣,既有教师行为又有学生行为。通过小组活动记录表、资料查询及阅读记录表的设计,有效记录学生的探究过程。评价体系的设计中既有过程性评价,又有结果性评价。并对两者赋予了不同的权重。评价主体多元化,评价量规细化。是一份很值得借鉴的主题活动方案。

# 第二节　研学旅行活动课程方案评价

教育评价是在系统调查与描述的基础上对学校课程满足社会与个体需要的程度做出判断的活动,是对学校课程现实的(已经取得的)或潜在的(还未取得,但有可能取得的)价值做出判断,以期不断完善课程,达到教育价值增值的过程[①]。课程方案评价是教育评价的重要组成部分。课程方案是教学设计的文本体现,是教学实施的依据和蓝本,教学方案越规范、完整、科学,教学的实施就越顺利、越有效。

## 一、课程方案的评价依据

课程方案有以下四条评价依据。

### (一) 基于研学旅行课程化的理论基础

在第二章中,介绍了课程理论、生活教育理论、建构主义理论、多元智能理论等给予研学旅行以"课程"属性支持的理论,这些理论的精神也是研学旅行课程方案评价的导向。其中课程理论的指导尤为关键。泰勒的现代课程理论中课程四要素,后现代课程理论中生成性原则,活动课程论中学习共同体、跨学科、体验性、实践性的要点都是研学旅行活动课程方案的评价依据。

### (二) 基于政策规约

研学旅行活动课程隶属于课程的总体范畴,在评价其课程方案时要以教育部正式颁布的《基础教育课程改革纲要(试行)》《中小学研学旅行课程指导纲要》和《关于推进中小学生研学旅行的意见》等文件精神作为直接依据和抓手。政策文件是研学旅行课程方案评价的直接依据,必须时时回溯其中的相关规定,以确保研学旅行课程评价的科学性和方向性。

### (三) 基于学生兴趣和需要开展课程方案评价

杜威所强调的,呈现给学生的东西要适合学生的心理结构,要把间接的知识转化为学生所能够理解的直接经验的形式。而要实现这样的转化,就必须立足于学生自身兴趣和

---

① 叶澜,陈玉琨,沈玉顺,等.课程改革与课程评价[M].北京:教育科学出版社,2002.

需要的基础之上。学情是指学习者在某一个单位时间内或某一项学习活动中的学习状态[①]。学情是方案设计的基点，也是方案评价的依据。基于学生学情进行课程方案评价是学生主体地位的体现，也是课堂有效性提升的关键。

课程方案要体现出基于学生的群体特征、年龄特征和时代特征预设教学场景和内容，制定群体基本的教学目标，选择相应的教学方法。方案还应体现出群体基本教学目标的层次性和多元性划分，由学生根据自己的情况选择适合个体的学习目标，使不同认知水平和不同认知特征的学生选择适合的学习目标，愉快地参与学习，获得身心发展等。

### （四）基于校本文化开展课程方案评价

研学旅行活动课程是由国家倡导设置、由地方管理、学校根据实际情况开发的课程。课程方案能否体现校本性是方案评价的主要依据之一。在进行教学设计前，设计者首先应该明确学校的教育哲学，明确学校的愿景、使命和育人目标。教学设计的主题、目标及活动内容要高度契合学校的校本文化。教学方案中选择的教育资源要彰显学校的教育哲学。课程方案的主题是否放在学校课程体系的序列中，与其他课程有关联性、梯度性等都是评价的依据。

## 二、研学旅行活动课程方案的评价内容

研学旅行活动课程方案的评价内容包括方案的完整性、规范性、连续性和预见性。

### （一）方案的完整性

评价研学旅行活动课程方案时，首先要审视其完整性。课程方案的完整性表现在三个方面：要素的完整性、活动过程的完整性、活动主体的完整性。

#### 1. 活动方案中要素的完整性

以泰勒为代表的现代课程论中，课程目标、课程资源、课程实施、课程评价是课程的四大要素。研学旅行活动课程的方案中也应该包含上述四要素。结合研学旅行活动课程的特性，方案中应该表述出来的要素有：活动名称、活动时间、资源分析、学情分析、活动目标、活动形式、具体实施步骤、预期成果、活动总结评价等。这几个要素相互联系，缺一不可。

#### 2. 对方案的完整性进行评价时还要着重审视活动过程的完整性

活动过程的完整性即方案在流程上要按照活动前、活动中、活动后三阶段来设计，三个阶段缺一不可。

---

① 李伟雄，李杨.学情分析的内涵、角度与方法[J].中学政治教学参考，2011(21)：55-56.

**3. 研学旅行活动要实现家长资源、社会资源、学校资源的充分融合**

在课程方案中要充分表达学校、教师、学生、家长、基地等在课程实施前期、中期、后期各自的活动内容，即主体的完整性。

## （二）方案的规范性

课程方案的规范性是方案评价的重点。课程方案是规范性的教学文件，有固定的写作模式、逻辑顺序和表述形式。

### 1. 方案的规范性首先体现在各要素的契合性

活动评价是对目标实现与否的评价，因此活动评价与活动目标要高度契合，目标在设计时必须是可以实现、可以测量的，而评价的方案中也一定要给出目标是否实现的测量方法。活动内容是凭借资源开展的，因此活动的内容必须与资源高度契合，不能偏离了资源的教育价值。学生现有的认知水平、兴趣指向、身心特点等及资源特色、教育价值等是目标生成的依据，因此活动目标一定要与学情分析和资源分析高度契合。

### 2. 方案的规范性还体现在方案内部各要素的逻辑性

方案的规范性即方案中各个要素的排列顺序是有章可循的，有内在的逻辑规则。包含政策背景、校本文化介绍和资源教育价值的判定的背景分析是方案正文中首先要出现的内容，以与主题相呼应并对主题的生成进行说明。之后依次是学情分析、课程目标、重难点、活动准备、活动过程、活动评价、活动总结及反思等各个部分。这几个部分环环相扣，顺序不能颠倒错乱。如重难点的确定是在学情分析和目标确定的基础上进行的，因此，一定要放在学情分析和课程目标的后面，若顺序颠倒就违反了逻辑性原则。

### 3. 方案的规范性还体现在语言表述的规范上

方案还要注意表述的规范性，这也是方案评价的内容之一。课程方案是课程实施前的策划性文案，体现了课程的设计理念、思路、方法和路径等，方案在行文表述时要用表意准确、简洁明了的说明性语言，而不是议论性或抒情性语言。一般也不用疑问句进行主题表述。主题也不宜表述成论文题目，主题中要有行为动词体现研学旅行活动课程"做中学"的特点。主题的规范表述方法有两种——文学表达法和标准表达法，以调研家乡民俗文化为内容的主题可以表述为《走进家乡的民俗文化》，这是文学表达的方式，还可以用对象＋内容＋方法的标准方法将主题表达为《家乡民俗文化资源调查》。

对研学旅行活动课程方案的规范性进行评价时，还要看在语言表述上是否凸显了学生的主体性特征。如活动目标的表述方面，不能用"打造学生某方面的能力"或"培养学生某方面的品质"，而应该强化研学旅行活动课程以学生为主体的特点，在表述活动目标时将学生作为第一人称，即"学生能够养成……""学生能够提升……"，而"使学生初步感悟……"的表述是不规范的，一个"使"字将学生的主体性抹杀殆尽，主语仍然还是"教师"，而不是"学生"。

### （三）方案的连续性

《指导纲要》中明确规定："综合实践活动课程的内容设计应基于学生可持续发展的要求，设计长短期相结合的主题活动，使活动内容具有递进性。要促使活动内容由简单走向复杂，使活动主题向纵深发展，不断丰富活动内容、拓展活动范围，促进学生综合素质的持续发展。"这说明，综合实践活动课程要像学科课程的单元教学一样，遵循由浅入深、由表及里的过程。一系列的探究活动一定不是一次课就能完成的，而是需要持续推进。研学旅行活动课程是综合实践活动课程的组成部分，自然也要遵循这一原则。《意见》中也有学段内容衔接性的表述。因此在审核课程方案时，要看是否有时间跨度的设计及相应的时间段的具体安排，各个时间段是否是环环相扣、层层深入的。方案中如果缺乏时间跨度的段的明确表述，课程方案的连续性就遭到质疑。在总体方案之下还应该有开题课，方案交流课，中期汇报课和成果展示课的具体设计方案。学生活动手册的设计中也应该充分记录学生在课下的连续活动和探究痕迹。

### （四）方案的预见性

研学旅行活动课程方案要对学生可能出现的问题、遇到的困境、预计的产出进行表述。这有赖于充分、精准的学情分析。包括学生现有的知识、技能、情感态度、研究水平等；以及经过教师引导和主动探索可能达到的能力水平。教师应根据学生的群体特征、年龄特征和时代特征，预设教学场景和内容，制定群体基本的教学目标，选择相应的教学方法。同时，教师要将群体基本教学目标进行层次性和多元性的划分，由学生根据自己的情况选择适合个体的学习目标[①]。

学情分析不是给方案的评审者准备的，而是便于教师更加精准、顺利、有效地预判过程的探究障碍，从而有效地进行教学引导。学情分析得越细致透彻，方案实施起来就越容易掌控。缺失了学情分析，方案的预见性也就失去了。

## 三、研学旅行课程方案评价体系

根据上文中课程方案的评价依据和评价内容，结合研学旅行的特性，采用定性评价与定量评价相结合的方法设计出研学旅行课程方案的评价量表（见表6-1）。量表中设置15个打分项目，每个项目最高10分，分优秀、良好、再改进三个等级设置分值，打分的颗粒度为1。打分后还要求评价主体对15个打分项逐一给出文字描述，各项均要列举出优点及不足。

评价主体的设定上采取教师自评、教师间互评、家长、社区、社会机构、专家等其他主体共同评价的方式增加方案评价的科学性。在多元评价中设置各个主体的评价权重，采用自评占30%，教师间互评占30%，专家评判占30%，其他主体占10%的评价方法计算

---

① 袁小梅，王纬虹.学情分析的实践意蕴与价值[J].中国民族教育，2017(2)：59-60.

出最终得分。最终得分在 135 分以上为优秀、120~134 分为良好、90~119 分为合格、90 分以下为不合格。

**表 6-1  研学旅行活动方案评价表**

课程方案主题：　　　　　得分：　　　　　　评价者：

| 评价的项目 | 等级的评定 | | | 文字描述（以下各项均需详细列举出优点及不足） | 备注 |
|---|---|---|---|---|---|
| | 优秀 9~10 分 | 良好 6~8 分 | 再改进 1~5 分 | | |
| 主题表意准确、简洁明了。主题中的行为动词恰当科学 | | | | | |
| 背景介绍包含政策背景、校本文化、课程资源 | | | | | |
| 课程资源体现地方特色，对资源的教育价值表述明确 | | | | | |
| 学情分析细致阐述学生兴趣、关注点、已经具备的知识、能力、情感等方面的水平及缺口 | | | | | |
| 目标表述体现学生主体性，具体清晰，简洁，分点列出。可实现、可检测 | | | | | |
| 活动过程具备旅行前、旅行中、旅行后的三段式设计，时间跨度明确，流程环环相扣 | | | | | |
| 活动组织方式体现多样性 | | | | | |
| 活动评价体现过程性与结果评价相结合 | | | | | |
| 量规清晰，评价量规中充分体现学生对异地文化的理解力和包容力 | | | | | |
| 评价主体多元化。不同评价主体有不同的评价工具 | | | | | |
| 总结反思包含预设与生成的偏差及原因分析、目标的达成情况及学生探究和教师指导的成功及失误之处 | | | | | |
| 学生活动手册完备，能够记录学生在课下的连续活动和探究痕迹 | | | | | |
| 课程方案各个要素之间契合度高，要素排列顺序符合逻辑性 | | | | | |
| 课程方案体现多主体性，各个主体活动内容明确 | | | | | |
| 除了课程总体方案还有开题课、方案交流课、现场活动课、中期汇报课、成果展示课等系列教学设计 | | | | | |

总评：（　　　分）进行文字描述，对各项指标的评估结果进行总结归纳，给出优化建议

　　研学旅行课程方案评价体系的建立能够有效提升方案评价的可操作性。评价最重要的目的是更好地改进。要在科学评价的基础上实现课程方案情境与主题要素、任务与目标要素、组织要素、过程要素、资源要素、评价要素等不断优化才能推动研学旅行课程最终达成育人目标。

**【教与学活动建议】**

　　学校组织"课程方案大比拼"活动,请研学旅行活动课程指导教师在修改、优化历次活动方案后提交较为成熟的活动方案。学校设计方案评价量表,采用教师自评、教师互评、专家评审、校领导评审相结合的方法评选出优秀教案,设立奖项,并在全校范围内展示推广。

# 思考与实践

计划交流课 1

## 一、理论思考

1. 研学旅行活动方案的评价有什么意义?
2. 研学旅行活动课程方案评价的依据有哪些?
3. 研学旅行活动课程方案评价的内容是什么?
4. 如何对方案进行评价和优化?

## 二、实践探索

　　请对比"走进圣莲山　感受老子文化"课程方案的初稿和终稿,两者之间发生了哪些变化,还可以进行哪些修改使终稿更加完善?

第三篇

# 课程实施篇

# 第七章　研学旅行活动课程的实施过程

**本章学习目标**

### 知识目标

1. 能够理解研学旅行活动课程的实施特点。
2. 能够列举出研学旅行活动课程的实施主体并明确他们各自的任务。
3. 能够准确阐述研学旅行活动课程的实施流程。

### 能力目标

1. 能够在主持开题课时运用一定的方法有意识地打造学生的聚敛思维和发散思维。
2. 能够在方案交流课上运用一定的方法有意识地打造学生的批判性思维。

**核心概念**

实施主体(Implementing Subject)、实施过程(Implementation Process)、实施特点(Implementation Characteristics)、指导策略(Guiding Strategy)

**引导案例**

下面两个表分别呈现了两种不同的分工方式。在表7-1中,一人负责查采访、一人负责定题目、一人负责找资料、一人负责技术支持。这样的分工,导致研究的每个环节都只有一人参与,其余学生在这一阶段进入了"事不关己,高高挂起"的状态,弱化了合作。有学生在某些阶段没有参与到项目研究中。如表7-2的分工就是一种可以让全体组员既能参与到项目研究的各个环节,同时研究任务又能互补的分工方式①。

**表 7-1　学生初拟小组分工表**

| 小组成员 | 研 究 任 务 | 小组成员 | 研 究 任 务 |
| --- | --- | --- | --- |
| 周同学 | 组织管理及采访老师 | 赵同学 | 查找资料,归纳总结 |
| 蒋同学 | 确定研究项目 | 杜同学 | 技术支持 |

---

① 刘静. 中学生研学旅行项目研究的关键问题和指导策略[J]. 教育科学论坛,2018(8)：72-77.

把学校与家庭构成一体,彼此可以来往,教师不再孤立,学校也不再和社会隔膜,而能真正地通出教育的电流,碰出教育的火花,发出教育的力量。

——陶行知(1891—1946年),中国著名教育家和思想家

**表 7-2　学生修改后的小组分工**

| 小组成员 | 研究任务 | 研究方法 | 研究时间及地点 |
|---|---|---|---|
| 关于洛阳隋唐时期建筑风格的研究 | | | |
| 李同学 | 实地考察时笔记最核心、最关键的内容 | 文献法、记录重要信息 | 11 月 11 日隋唐洛阳故城天堂、明堂景区，11 月 14 日丽景门、十字街 |
| 黄同学 | 拍照及录制视频，并将所有资料进行汇总整理 | 观察法、分类整理并加工资料 | 每天晚上、酒店 |
| 余同学 | 查找隋唐时期洛阳的时代背景，查找洛阳的隋唐时代标志性建筑以及隋唐时期的建筑特点（造型、工艺、色彩、用材、布局等） | 文献法，通过 iPad、参考书查阅 | 11 月 11 日下午前空闲时间，无固定地点 |
| 全体成员 | 搜集信息（李同学：建筑造型、建筑色彩；黄同学：建筑布局、建筑工艺；余同学：建筑用材） | 观察法和文献法，通过寻找、观察建筑与其相关介绍，各成员分不同方面搜集研究所需信息 | 11 月 11 日隋唐洛阳故城天堂、明堂景区，11 月 14 日丽景门、十字街 |

　　教师要在研学旅行活动课程实施前预判一下学生可能遇到的困难，可能陷入的困惑，提早准备指导策略帮助学生扫清路上的障碍。研学旅行活动课程的实施有什么特点？研学旅行活动课程的实施主体有哪些？他们各自的任务是怎样的？课程实施中会经历哪些环节？每个环节教师应该怎样进行指导和引导？研学旅行活动课程实施中存在怎样的问题？是什么因素引发了这样的问题？提升研学旅行活动课程实施成效的策略有哪些？本章将对这些问题进行系统论述。

# 第一节　研学旅行活动课程实施的特点

　　研学旅行活动课程作为基础教育课程改革的一大亮点，有着其自身的优越性。它的产生顺应了世界课程改革的潮流，突破了传统的以学科课程为主的教学模式，弥补了学科教学中的种种弊端。研学旅行活动课程对学生动手能力、实践能力的提升，综合素质的提高，创新意识、合作意识的培养都具有非常重要的价值。在肯定其优越性的同时，也要看到研学旅行活动课程实施中的特殊性，其表现为安全要求高、凸显自主性、活动场所多、时间跨度长、管理难度大等特点。

## 一、安全要求高

　　安全问题作为一条"高压线"，一直是许多学校在开展校外实践活动时望而却步的重要原因。研学旅行中影响学生安全的因素错综复杂，安全问题成为社会和家长普遍关注的重要问题,这样也容易导致有些学校为了避免学生在研学旅行过程中发生伤害事故而取消研学旅行活动课程。天水市某小学五年级四班的一位学生在接受学者访谈时曾经说:"我们自己带上做饭工具,在老师、家长和同学的帮助下动手做饭,回校后一起交流。从中我认识到了合作的力量,更明白了父母的不易和学习的重要性。好期待下一次,可是由于安全问题,学校取消了这项活动,好可惜。"[①]《意见》要求研学旅行以预防为重、确保安全为基本前提,把安全性作为基本原则之一,要求研学旅行要坚持安全第一,建立安全保障机制,明确安全保障责任,落实安全保障措施,确保学生安全。这些规定提升了对研学旅行活动课程的安全要求的高度。研学旅行监管部门、学校、社会、家长对学生安全都负有不可推卸的责任,都应该高度重视并认真落实《意见》的相关要求,加强对研学旅行整个周期的安全管理。

## 二、凸显自主性

研学旅行活动课程弥补了传统教学中学生仅仅通过被动接受学习知识的方式,倡导通过学生独立分析、探索、实践、质疑、创造等方法来实现学习目标。在活动内容的选择与组织上,要以"学生"为核心,围绕学生的"需要、动机和兴趣",让学生自己选择学习的目标、内容、方式、活动小组及指导教师,自己决定活动成果的呈现方式,真正变被动为主动,成为活动的主人。教师要敢于放手、善于放手,要像叶圣陶先生那样,不把学生当成"瓶子",而是当成有生机的"种子",为每一个学生的充分发展创造适合的条件,启发与引导学生自求自得,让学生亲身实践、亲历活动,教师只是从旁"扶携",而绝不能代替学生选择,甚至包揽学生的工作。教师在研学旅行活动课程实施的过程中主动隐藏其"权威",扮演好旅行艺术家和研究伙伴的角色。为学生创设宽松、活泼、自由的探索氛围。学校也不能以单一、僵化、固定的模式去约束所有班级的具体课程内容,剥夺学生自主选择的空间。要允许和鼓励学生选择旅行中有价值的活动主题,选择适当的活动方式创造性地开展活动。

研学旅行活动课程实施的影响因素较多。例如,教育行政部门对研学旅行活动的监管和引领力度;学校的管理机制、课程定位、课时安排及资源整合能力;研学旅行活动课程指导教师队伍的规模、课程理念、课程开发能力、指导能力、组织管理能力、评价能力等;学生的团队意识、合作能力、探究习惯的养成以及家长资源、社会资源能否充分参与,等等;都会影响研学旅行活动课程的实施。

## 三、活动场所多

研学旅行活动课程是在真实的情境、开放的空间中发现问题、解决问题的课程,课程开发面向学生的真实的旅行生活。除了必要的学校集中外,要走出校园到真实的社会中、自然中进行探究。商场、集市、植物园、博物馆、农田、工厂、景点景区、科研院所等都可能

---

① 颜应应.小学综合实践活动课程实施现状的调查研究[D].天水:天水师范学院,2017.

成为学生活动的场所。相比小学,初中阶段和高中阶段的旅行活动课程以县情市情、省情国情为外延,必然要离开惯常环境,发生跨区域移动,活动场所的变换更加突出。

## 四、时间跨度长

研学旅行活动课程在实施的过程中要经历主题生成、研究方法探讨、研究计划拟定、方案策划、中期反馈、资料整理、成果展示等环节,因此围绕某一主题的研究往往不是两天就能完成的。同时,研学旅行活动课程面向学生的生活世界,为学生提供开放的个性发展空间,学生往往在探究实际问题解决方案的过程中又动态生成了新的问题,拉长了研学旅行活动课程的时间跨度。

## 五、管理难度大

研学旅行活动课程由学校自主开发、设计和实施,无统一教材。这就意味着学校对于研学旅行活动课程有很大的自主权,学校对课程和课程教师的管理也相对自由,没有教材,没有课程标准,没有课程资源等问题对课程的实施管理带来了很大难度。

# 第二节　研学旅行活动课程实施的主体、任务

作为一门新型课程,研学旅行活动课程是由国家倡导设立,地方教育部门根据当地特色加以监督和指导,学校根据校本的资源优势进行总体设计,教师根据学生的兴趣和认知水平进行设计、组织和引导。它的顺利开展和实施需要教育行政部门的管理,需要学校的统筹规划和整体推进,需要教师的设计、组织、指导,也离不开家长、导游、研学导师及其他社会人员的支持。

研学旅行活动课程是由地方统筹管理和指导,具体内容以学校开发为主,而最终通过教师进行教学实施。因此,研学旅行活动课程的实施有"三级主体",区域教育管理部门—学校—教师。

## 一、区域教育主管部门

区域教育主管部门作为第一级的实施主体,其主要任务在于监管、指导和帮助。要探索制定中小学生研学旅行工作规程,负责督促学校落实安全责任,审核学校报送的活动方案(含保单信息)和应急预案。把中小学组织学生参加研学旅行的情况和成效作为学校综合考评体系的重要内容,并定期对自己所管辖的学校进行监督、检查,促进研学旅行活动的常态化发展。

## 二、学校

　　学校是研学旅行活动课程实施中的第二级主体,其主要任务是在严格执行上级部门指示的基础上,结合自己学校的办学理念、办学特色、培养目标、教育内容等将研学旅行活动课程纳入学校总体课程体系中,进行统筹规划和顶层设计,建构既能体现学校特色,又指向研学旅行活动课程"增强对坚定'四个自信'的理解与认同;同时学会动手动脑,学会生存生活,学会做人做事,促进身心健康、体魄强健、意志坚强,促进形成正确的世界观、人生观、价值观,成为德智体美全面发展的社会主义建设者和接班人"育人目标的校本课程方案。进行研学旅行活动课程的课时、师资配备、课时费、教师发展、专业培训等方面的制度保证。学校需要多方筹集经费,同时加强宣传,使家长、社会团体及社会人士全面了解研学旅行活动课程,密切与家长、社会人士的交流、沟通,为课程的顺利实施创造良好的条件。

## 三、教师

　　教师作为研学旅行活动课程的最终实施者,其根本任务是根据资源的教育价值和学生的兴趣、认知水平对学生进行主题生成、研究群体组建、计划制订、活动开展、成果总结、展示交流、评价反思等探究环节的指导和帮助。研学旅行活动课程强调自主探究,讲求开放生成,力图提高学生的生活技能和解决问题的能力,其特征决定了其独特的开展方式。教师是活动方案的总设计师,在课程实施中要充分发挥学生的主体性及自身的主导性。教师不是远远的旁观者,而是学生探究行为的密切关注者及触手可及的支持者和帮助者,是学生陷入困境时的启发者和护航者。教师在研学旅行活动课程实施中所起的作用至关重要,其课程意识、课程实施水平决定了研学旅行活动课程的教学设计能否最终达成。

### 拓展阅读

　　研学旅行是将教育目标隐含于经过精心设计的行为、角色、情景、环境等载体中,在特定时空和规则的维度上,通过活动共同体的主体性和主题式呈现,让载体"说话",形成体验共同体;结合学生个体经验获得独特的本体性反思;针对关乎自我的当下生活热点和关注未来的分享,相互借鉴和形成学习共同体。带领者与体验者融通,引导者与分享者共情,形成寓教于乐、寓教于思、寓教于行、寓教于理的成长共同体。孔子说:"三人行必有我师焉,择其善者而从之,其不善者而改之。"因此,在研学旅行中,要形成学校教师、景区导游、馆所讲解员、文化传承人、同学同伴等的多元融合,优势互补,形成有机的教学整体,运用体验教育方法论实施富有成效的生活教育[①]。

---

　　① 薛保红. 师资与课程:把好研学旅行的品质关[N]. 中国青年报,2018-11-15(012).

# 第三节 研学旅行活动课程实施中的
# 问题、原因及对策

## 一、存在的问题及原因

下面是研学旅行活动课程实施中存在的 5 个问题及原因。

### （一）课程地位不稳定，制约了研学旅行活动课程的常态化实施

研学旅行活动课程有着独特的价值意蕴和追求目标，尤其是特别注重学生的创新精神、实践能力、社会责任感等方面的发展。但是由于对课程价值认识不足，研学旅行在学校的课程地位"不稳定"。很多学校对于研学旅行课程在学校三级课程中的定位还不清晰，学校在统筹规划、顶层设计和管理制度方面缺位。课程实施过程中，课时得不到保证，经常被占用；有的学校对研学旅行活动课程疏于管理，课程开设流于形式，成为不落地的"纸上课程""标签课程"[①]。"纸上课程"就是在课程表上可以看到而实际没有真正实施的课程，教师无法说出课程内容和实施过程。"标签课程"是指把春秋游贴上研学旅行活动课程的标签。成为听起来好、看起来靓、做起来虚、查起来空的课程。有些学校将课程直接外包给社会机构，导致活动实施带有很大的被动性和随意性。由此带来的结果是研学旅行活动要么变成了浅尝辄止的观光游览，要么变成了"课堂搬家""换个地方做作业"的传统教学活动，学生活动体验较差。

### （二）师资薄弱、教师胜任力不够，不能充分实现课程的教育功能

从活动主题确立到评价模式的制定，再到活动的组织管理和课程资源的开发等，都需要教师指导。若教师胜任力不足，缺乏相关知识与经验，实施中往往难以发挥课程的育人价值。研学旅行活动课程是一门全新的课程，需要对其目标、要求、组织、评价等内容有深入了解。由于绝大部分教师在入职前没有接受过相关的专业课程教育，所以无论在理论层面还是实践方面都相对欠缺。教师入职后虽然在课程实施过程中可以积累经验，但由于无法接受正规的培训而限制了其专业知识和专业能力的发展与进步。

美国著名课程理论专家施瓦布的实践性课程理论提出，教师和学生是实践课程的主体和创造者，实践课程的决策应由个体审议到集体审议。但在实践中，研学旅行活动计划的制订往往由教师根据自己的专业特长进行，较少照顾到学生的年龄特点及兴趣所在；在活动内容设计方面往往偏向学科本位，导致学生在活动中只是被动地听讲、记录、做题，而没有充分发挥自身的主观能动性；在活动开展过程中，教师（或旅行社）全程大包大揽的现

---

① 郑晓生.小学综合实践活动课程实施存在的问题与建议[J].河南科技学院学报，2019,39(2)：49-52.

象普遍存在,学生的主体地位难以得到有效落实[①]。

## (三)课程资源开发粗浅,课程实施活力不足

可以将所有为实现课程目标和价值服务的元素称作课程资源。研学旅行课程资源,既包括资源包、参考书、研学基地等物质资源,也包括导游、研学导师、安全员、教师、学生、家长等人力资源。研学旅行活动课程是新课程,与其他传统课程比较,课程资源的积累少,又没有统一的现成教材,没有固定模式,没有模本可以参照。而在以往的教学中,教科书、教学参考书是固定的课程资源,教师只要把教学大纲、教科书、教学参考书吃透,就能完成教学任务。很少考虑利用其他课程资源。这使广大教师缺乏课程资源意识,导致大量课程资源特别是素材性资源被埋没,不能及时加工、转化和进入实际的中小学课程。教师的课程资源意识不强,发现资源、开发资源、积累资源、利用资源的能力不够,研学旅行活动课程就会活力不足。研学旅行是一门行走中的课程,师生从学校出发到达研学基地,经过一番探究后再回到学校。探究空间的不断转换要求必须把校内和校外的资源整合起来,充分考虑地方差异、社区课程资源和学校传统等基本因素。基于教师队伍现状,教师缺乏课程资源建设的主动性和能力,主要表现在以下几个方面:自然科学领域的资源少;学校的软文化资源,如学校的历史、文化、名人、传统等资源开发不够;服务于研学旅行活动课程的社会资源、家长资源、信息化资源等有待进一步拓展。

📖**拓展阅读**

### 研学旅行现场创设中存在的问题[②]

现场作为研学旅行活动开展的基础,具有"气氛活跃""资源多维""多向互动"的特点,直接影响研学旅行的质量和实效性。有学者指出,当前研学旅行推行过程中面临着"研学旅行基地和旅游机构提供服务与学校期望差距大""安全保障压力大""教育实施难度大"等问题,其问题之源即现场设计欠缺科学性和合理性,使其优势发挥程度与学校的理想目标之间存在较大差距。总的来说,当前研学旅行现场的创设问题主要在于现场边界划分过于机械和资源开发不充分。

一、现场边界划分过于机械

研学旅行开展过程要保证学生学习经验的连续性,既需要宏观上对课程目标的把握,也需要在微观上保证研学旅行活动的实施是整体和系统的。当前,学校在开展研学旅行活动时,容易将现场与学校割裂开来,这种做法不利于学生自主统整经验。在研学旅行的开展过程中,现场不仅包括"社会/自然现场",也需要包括"学校现场"。前者即研学旅行的活动场地,是指严格意义上的赋予学生真实体验机会的活动场地,而"学校现场"的责任在于出发前对学生所进行的安全教育和知识储备教育等。忽略社会或现场容易使研学旅行失去其实践性和体验性,而忽略学校现场则会使学生准备不足,甚至出现安全隐患。研学旅行的开展应在时空上将二者统一于整个研学旅行过程中,实现活动前和活动中的对

---

① 杨德军,王禹苏.当前研学旅行课程实施中的问题与对策[J].中小学管理,2019(7):12-14.
② 李臣之,纪海吉.研学旅行的实施困境与出路选择[J].教育科学研究,2018(9):56-61.

接,增强研学旅行的实效性。在实际操作中,一方面由于课程时间紧,在研学旅行开展前期,"学校现场"往往无法帮助学生做好充分的知识储备和行前准备;另一方面,由于教师缺乏教育经验连贯性的主观认识,容易把研学旅行孤立于学校教学之外,将研学旅行的"现场"严格限定于活动开展现场,割裂了社会/自然现场与学校现场之间的联系。

二、资源开发不充分

研学旅行的自然或社会现场作为一个课程资源的宝库,对其资源的充分开发和利用能使研学旅行的效果得到最大限度的发挥。根据课程资源的载体形式(生命载体和非生命载体两大类),一些学校在开展研学旅行时,往往重视现场课程资源的非生命载体,即现场物理环境、音像制品等,而忽略了极具内生性和能动性的生命载体形式的课程资源。生命载体形式的课程资源,包括在研学旅行现场的工作人员、社会人士、教师和学生等。现场工作人员和社会人士能为学生带来新知识,而教师和学生各自具有自己的经验,也是现场资源的重要组成部分,如何利用好这一部分资源促进师生互动和生生互动,对研学旅行的开展具有重要意义。有学者总结了研学旅行过程中"谁来教"的问题,一种是"以班级为单位,由学校制订方案,由教师负责开展,基本上都由教师来承担";另一种是委托"研学旅行机构"来负责。前者对教师提出了更高的要求,由于教师教学负担重,因而难免存在心有余而力不足的情况,而后者在一定程度上保证了研学旅行活动过程的流畅,但也由于机构缺乏学校教育教学的专业背景,缺乏教学理论和对学情的把握,容易使研学旅行沦为产品推介的流水线作业。因此,如何使二者有机配合,在对话协商中实现活动指导,在指导中"共同成长",值得认真谋划。

## (四)课程评价不够科学,效果难以有效考量

课程评价是促进课程建设与发展的重要手段。评价可以促进课程规范化,推动课程目标的达成。研学旅行活动课程的实施应该是行前有计划、行中有探究、行后有反思,但实践中很多学校却出现重探究缺反思、重活动轻评价的问题。在评价内容方面,很多学校只关注学生在知识习得方面的表现,而忽略了对学生在活动中体现出来的团体协作、责任担当、问题解决等综合素养的评价。

健全的课程评价体系中除了学生评价外还包含对教师的评价、对学校的评价、对研学基地的评价等。研学旅行活动课程评价体系不健全是制约研学旅行活动课程全面实施的一大因素。教师评价是学校管理的重要方面,完善的教师评价体系对中小学研学旅行活动课程教师的专业发展意义重大。合理而健全的评价标准是教师在工作过程中的"标尺"和"调节器",既可以使教师了解自己在专业发展方面的优势与不足,又对其能力的提升具有指引作用,促进其专业素质的提高。研学旅行活动课程提倡以教师自评和学校考核相结合的办法,以提升教师专业水平为目的,对其进行发展性评价。很多学校对教师是否参与课程实施没有做出相应规定,对教师的课程实施成效也没有考核,导致教师参与研学旅行活动课程指导的积极性不高。

## (五)家庭及社区等外部力量支持力度不够

家庭教育在学生一生的教育中起着基础性的作用,是学校教育强有力的支撑。家长

如果重视课程,必然能够潜移默化地影响学生,减少课程教师开展活动的阻力,对教师专业发展起到一定的促进作用。然而,许多学生家长并不了解研学旅行活动课程,一味地认为学生出去游玩就会影响学习成绩,对该课程持冷漠甚至是反对的态度,自然也就不会支持课程教师的教育工作。天水市一位教学经验丰富的一线老师曾这样反映家长态度对课程实施带来的阻力:"我从事基础教育工作已有 18 年,任教过小学的所有课,总体的感受是教师和家长对学生的语数外考试成绩十分重视,特别是家长,把学生的学习与考试成绩直接挂钩,一切与提高考试成绩无关的课程他们都较为抵触。"①从中不难发现,家长更关注主课的学习成绩,应试教育的考核方式。这种传统观念的根深蒂固在一定程度上使家长对活动课程较为排斥,应试教育下的衡量标准更加剧了家长对这一课程价值的认同。缺少了学生家长的理解与支持,教师在开展课程时难免会增添烦扰,影响其专业发展的实现。

研学旅行活动课程讲求以学生为核心,鼓励学生走出校门,走进活生生的社会和自然中进行探索发现,而社区以及异地一些自然、文化场所成为课程校外实施的场地。学生在行走中理解人与自然、社会及自身的关系,通过与自然资源和社会文化的动态接触提升生态意识和社会责任感,所以研学旅行活动课程的有效开展离不开社会的支持。然而,外界对该课程不理解,没有形成对该课程教师专业发展的支持力量。教师缺乏与校外相关机构联系的媒介和能力,从而使教师无法获得热心人士以及校外专家的支持,导致其课程实施受阻,严重影响课程的有效实施。

## 二、提升研学旅行活动课程实施的对策

目前,研学旅行活动课程的实施面临诸多困境和挑战,必须寻求一些应对措施,来突破研学旅行面临的症结。

### (一)厘清认识,准确定位研学旅行课程的独特价值

要想深入推进研学旅行课程,有必要对其价值和定位进行重新认识。当前,研学旅行普遍被认为是一种自然主义教育、生活教育、休闲教育、志向情趣教育,在这样的教育观的指导下,研学旅行课程属于后现代课程观理念下的一种课程新形态,是为了适应现代社会深刻转型匹配教育综合改革而诞生的一门新兴课程。从课程特征来看,研学旅行活动集自主性、实践性、开放性、生成性于一体;从价值取向来看,它不再局限于书本知识的传授,而是通过旅行为学生营造实践情境,引导他们面对各种现实问题,主动探索、发现、体验,获得解决现实问题的真实经验,从中培养实践能力②。由此我们可以得出这样的结论:研学旅行活动凭借将研究性学习和旅行体验有机结合,为学生构建了"开放、多元、生成"的学习系统,成为培育学生核心素养、落实立德树人目标的重要方式和载体,应发展成为学校校本课程的重要组成部分。基于此,研学旅行课程不能演化为"课堂的搬家",偏重讲

① 颜应应.小学综合实践活动课程实施现状的调查研究[D].天水:天水师范学院,2017.
② 吴支奎,杨洁.研学旅行:培育学生核心素养的重要路径[J].课程·教材·教法,2018,38(4):126-130.

授,以完成作业为目的;也不能成为以参观为主的旅游活动,让学生奔走于多个景点,出现游山玩水、回家即忘的现象,"游而不学"或"学而不游"都体现不出研学旅行课程的真正意义[①]。

## (二)加强制度建设,严格落实研学旅行课程计划

研学旅行活动课程的实施需要教育行政部门的政策支持和制度保障。地方教育行政部门应当以《意见》和《指导纲要》为准则,落实并完善该课程的监管职责。教育主管部门要出台研学旅行活动课程管理文件,将研学旅行活动课程管理纳入对学校教育教学工作评估的指标体系,建立研学旅行活动课程的质量标准。通过行政手段,定期开展监督、检查与交流,坚决消灭"纸上课程""标签课程"等,推进研学旅行活动课程真正落地。教育部门对学生课程实施评估方案不能碎片化,应该更关注活动过程中的生成学习,要求教师制作学生活动档案袋、写实记录与反馈。此外,学校和教育部门也要保障活动经费,课程的实施开展、设备的使用都离不开经费的支撑。结合地区实际情况制定一套合理的课程教师的奖惩制度、教师培训制度及课程实施参考案例等,激励教师不断反思教学,提高自身的学科专业素养。

学校层面要提高研学旅行活动课程的地位,将研学旅行活动课程纳入课程体系管理范畴,统一要求、统一管理、统一教研。学校要将指导研学旅行活动课程纳入教师个人年终考核指标体系,让研学旅行活动课程教师享有和其他学科教师同等的职称晋升和评优评先机会,吸引优秀教师加入研学旅行活动课程教学团队,激发教师研究课程、建设课程、实施课程的积极性,提高课程教学质量。

## (三)着眼于课程理解、执行、评估和分享等维度提升教师的课程胜任力

课程理解是指教师通过多种途径的信息获取达成对研学旅行活动课程的性质、理念及特点等的正确理解,它是研学旅行活动课程有效实施的前提和基础。学校、教学研究与教学管理部门应为研学旅行活动课程指导教师提供更多参与式培训和案例式培训的机会,帮助教师精准理解研学旅行活动课程的核心特点、独特价值和有效实施方式等,进而使这种理解真正在课堂上落地生根。

课程执行是研学旅行活动课程实施的关键行为。教师应充分考虑和践行研学旅行活动的课程特性,尊重学生兴趣和需求,面向学生的旅行生活开展活动,打破学科界限,拓展活动时空和内容,让学生在活动中亲身经历发现和解决问题的过程,体验和感受学习与生活之间的联系,发展实践和创新能力。

课程评估是教师对研学旅行活动课程实施的有效性和科学性所进行的自我检查和反思,有利于在实施过程中及时发现问题并进行相应调整。致力于将自身打造成反思型教师。因此,应鼓励中小学研学旅行活动教师学会在不同阶段进行课程评估,从而不断反思和改进课程的实施。

---

① 杨德军,王禹苏.当前研学旅行课程实施中的问题与对策[J].中小学管理,2019(7):12-14.

课程分享是教师与同事沟通并建立教学共同体的主渠道。通过课程分享可以将所有教师的智慧进行整合,发挥团队协同指导的合力,从而有效促进学生开展综合化的学习并且推动其个性化的发展。它决定了教师能否以开放的心态分享自己的认识和做法并且向他人学习优秀经验,去粗取精,主动调整或创新化实施课程。总之,每个因素都是教师实施研学旅行活动课程的过程中不可或缺的组成部分,因此要想提高课程实施的水平必须从这四个方面入手,避免出现"重执行,轻其他"的问题[①]。

研学旅行活动课程是新的课程形态,它有别于学科课程,具有综合性、开放性、生成性、实践性、体验性等特征,需要整合多学科资源。要求教师具备文史哲、科学、艺术、信息技术等综合素养,需要教师在实践中不断研究与建构课程。研学旅行的任课教师由少量的专职教师和大量的兼职教师组成,要更新教师的观念,提升教师队伍的专业素质。在校本课程的开发设计中,与学校的实际情况和社区的具体实际相结合,对周边的课程资源的教育价值识别和开发。教育行政管理层面,要配备专职的研学旅行活动课程教研员,引领课程建设与课程教研。学校要提供支持系统提升教师课程实施能力,把校内不同学科教师组织起来,形成课程教学团队,开展集体教研;在校外建立教学共同体,多所学校联合开展区域教研;整合校内外教师资源参与课程建设与研究,开展校内、校际协同教研;形成区域联动、校际合作,提高教师的课程设计和实施能力,解决中小学研学旅行活动课程教师"人少力单"的问题。

## （四）多措并举推进课程资源建设

课程资源是课程设计、实施和评价等整个课程编制过程中可资利用的一切人力、物力和自然资源的总和。课程资源是多元的,由于特殊的课程性质,研学旅行活动需要开发足够的课程资源库。校园内的图书馆、多媒体教室,校外的博物馆、青少年宫、研学旅行活动基地等物质资源;当地及外地特殊的气候资源、人文资源、地质资源等自然资源;以及社区居委会、学生家长和通过学生家长联系到的一切有利于学生发展的各行各业的人力资源。这些资源都可以纳入学校的研学旅行活动中,开发建立相对稳定的研学旅行活动基地,实现多校共享,常态化运行。除了充分开发学校资源,还要整合利用学生家庭资源,让家长成为研学旅行活动课程的参与者和指导者,实现多方参与课程。组建课程教学联盟,建设研学旅行活动课程网络资源,利用网络技术实现课程资源共享,整体提升课程质量。这些都需要研学旅行活动的指导教师有敏锐的课程意识[②]。

## （五）建立评价体系,完善评价机制

研学旅行活动的评价着力关注学生的整个活动过程,让每个学生更好地了解活动实施过程中自己的状况,从而明确努力的方向。研学旅行活动追求的是学生解决问题能力、动手操作能力的发展。活动过程中学生的参与情况如何,有哪些感受或体验,这些都需要

---

① 李小红,姜晓慧,李玉娇.小学综合实践活动教师的课程实施:结构、水平与类型[J].华东师范大学学报(教育科学版),2019,37(4):104-115.

② 王亚萍.河北省小学综合实践活动实施现状、问题及对策研究[D].石家庄:河北师范大学,2015.

通过评价来体现,因此要根据活动主题、教学目标制定相应的评价指标,完善相关评价机制。

### 1. 评价主体要多元

在研学旅行活动中,教师很难跟踪学生的全部活动过程,所以教师不再是唯一的评价主体。评价主体要包括参与活动的所有人员,例如学生家长、各行各业的专家、研学基地的工作人员、研学导师、特别是学生自己,因为学生最清楚自己及同学在整个活动过程中的表现,他们最有发言权。

### 2. 评价内容要综合化

教师不仅应关注学生对于研学手册、小课题研究等方面的完成情况,更要关注学生通过参与研学旅行课程在能力、态度、行为习惯方面的发展变化[①]。

### 3. 评价形式要多样化

在研学旅行活动评价形式上,很多学校和教师由于种种原因,只是表面上"走个过场",简单地对个别学生的表现评价两句,致使学生很难从中看到自身的成长和不足,不利于促进学生的发展。因此研学旅行活动的评价可以结合多种形式,如档案袋评价、学生自评或互评、协商讨论式评价等,对学生参与活动的态度、遇到困难时的坚持程度和意志力以及对方法、技能的掌握情况和发现问题、解决问题的能力进行全面细致的评价。

### 4. 评价量规要精细化

研学旅行活动所设计的评价量规一定是具有可衡量性的,不能粗略笼统,要尽可能地细致具体,并便于学生理解。

## （六）形成家校合作机制

研学旅行活动课程的实施效果与家校合作密不可分。目前,家长对研学旅行的认知和态度大体有三类:第一类,家长对研学旅行活动不是很了解,但是认为学校开设就有道理,教师让学生准备需要的材料,家长认为应该尽力地准备好,让学生在课堂上不会因为缺少材料而影响学习的效果。第二类,家长认为研学旅行活动的开设没有太大的现实意义,这门课程的开设影响学生文化课的学习时间。第三类,家长认为研学旅行活动有很大的开设意义,研学旅行活动能够提高孩子的生活能力,比死读书对他们将来的生活更有帮助。基于此,学校要多开家长会,与家长交流些新颖或热点的教育现象与理念,让家长知道并能为家长所接受。同时,教师要将学生在课程实施中表现出的优秀之处和薄弱之处告知家长,并让家长认识到孩子的独特性与差异性,在不足之处继续努力。教师要充分利

---

① 杨德军,王禹苏.当前研学旅行课程实施中的问题与对策[J].中小学管理,2019(7):12-14.

用互联网资源,与学生家长建立密切联系并进行实时沟通①。

拓展阅读

## 基于政策规约的研学旅行课程实施重建②

研学旅行作为学校综合实践活动课程的特殊组成部分,对学生发展具有知识学习、能力培养、情感体验以及品格塑造四大层面的重要意义。自教育部等11个部门联合颁发《关于推进中小学生研学旅行的意见》以来,研学旅行实践日渐繁荣。然而,在实施过程中"旅行"味道太浓,实施主体以旅游部门为主,教育部门更多是"助手",而"研学"旨归未能真正落实。主要原因在于研究旅行的理论研究不够,政策上没有严格的职责划分,没有构建可操作性的实施框架。为此,需要强化理论方面的探究,加强政策引领,重构本土化的研学旅行课程实施新样态。

一、现实困境:研学旅行课程实施的"学—行"分离

分析我国近几年的研究成果发现,研究者们普遍关注到了研学旅行课程实施问题主要指向"研学"与"旅行"的分离。从课程理论视域来看,概括为以下几个方面。

(一)重旅行安全,轻学习规划

目标对活动开展起着引领作用,决定着课程实施的基本方向。很多学校对研学旅行课程目标的定位模糊、宏大和异化,有的甚至缺失目标。具体实施过程存在"教育为本,注重学生体验"的课程理念被消解于"安全至上"原则中。大量研究表明,旅行途中的安全问题是影响中小学校研学旅行课程开展的首要因素。囿于安全风险规避能力不足以及对学生人身安全的担忧,很多学校将确保学生出行安全作为主要研学目标。但安全只是研学旅行实施的保障条件,我们不能因噎废食,不能因为有可能出现安全问题就不开展研学旅行了,也不能以牺牲学生的探究学习及活动体验为代价。研学旅行的根本旨归是通过集体生活的方式让学生亲近自然、融入社会、认知自我,从中提升家国情怀,提高社会责任感,培养实践能力。这需要给予学生充分真实且内在包括自我安全保障的实践体验机会,而不是让学生只参加"零安全风险"的活动。研学旅行课程组织复杂,面临很多偶然性,课程实施不可能是静态、机械地完成预设方案的过程。实施过程需要具备极强的延展性及弹性,它允许教师及学生根据特定情境及现实需要实现课程的再创造。总之,课程组织主体间持有共同的课程愿景对保证研学旅行课程实施效果具有举足轻重的作用。

(二)重旅行活动,轻探究成长

在活动组织上,现有的研学产品大多是在一般旅游线路的基础上,增加了少量的研学、科技和教育元素。活动方案设计偏重旅游行程安排,缺乏精心规划的研究性学习环节。尤其在实施方式上偏向于参观、游览,弱化了研学活动与一般旅游产品的差别,难以实现让学生在旅行中体验、探究与学习的初衷,导致研学旅行课程陷入了严重的形式化危

① 羊峰,刘晓仪,杨沫婉,等.薄弱小学综合实践活动课程实施中的问题及对策[J].文教资料,2019(2):202-203+220.

② 吴紫娟,程雯,谢翌.基于政策规约的研学旅行课程实施重建[J].河北师范大学学报(教育科学版),2019,21(6):115-120.

机。有学者认为造成研学旅行课程"形式化"严重的原因在于缺乏系统的课程规划,未建立完善的课程管理制度。其中,目标游离是导致学校将旅行活动作为课程组织的重心,忽视了探究研习本质的主要原因。另外,课程容量和时间规划是影响研学旅行课程质量的重要因素,研学旅行的课程容量与学生接受能力不匹配,研学时间安排不合理均会导致研学旅行课程实施只见"旅游行程",不见"研习学程"。

(三)重市场主导,轻家校参与

研学旅行作为教育与旅游的交叉产品,应该由教育机构来主导设计和执行,旅行社可与教育机构合作,承接部分旅行的职能。而目前研学旅行基本上是一种市场行为,主要运作模式是学校将其"外包"给研学机构或者旅行社,由这些校外机构提供研学产品甚至课程方案,并主导课程的实施。从课程的设计到课程的实施和评价,所有核心工作都是由校外机构工作人员完成。市场与生俱来的"自愿求私利"的商业化和逐利性特征与研学旅行的教育性和公益性间存在矛盾会对研学旅行带来负面影响。市场主导会引起学校及家长角色缺位,造成研学旅行教育性不足的困境。学校未设立专任教师,缺乏具备专业的教学能力和较强的组织管理能力的研学导师,是阻碍研学旅行课程发展的重要因素。

(四)重形式展示,轻研学体验

课程评价是研学旅行健康发展的重要一环,目前很多学校还面临不知"评什么""怎么评""谁来评"的困局。主要原因在于政策文件规定的研学旅行内容及目标难以用量化方式检测,对评价工作的建议不够具体细致,有针对性的评价机制建设还处于虚无或者起步阶段。研学旅行的创新性、动态性、开放性、研旅合一等特点是导致课程评价范式转换过程中还存在诸多亟须解决的困难的主要原因。

政府相关部门虽大力强调评价的重要性,但并未对此做具体、细致、可操作的规定。加上学校缺少评价方式变革的动力与环境,评价工作忽视对学生体验的深层观照,更多是选择、填空、连线等封闭式的二分法测验题。可见,研学旅行面临着"运作、评价与管理机制不健全,缺少有效的监督和评估机制"的困境。

二、政策规约:研学旅行课程文本的视角

我国研学旅行是在国家陆续出台的政策文件鼓励下大范围开展起来的。对政策文本的分析可以获得关于研学旅行课程的规定性理解,勾勒出一个研学旅行课程的预构样态。依据指示性和影响力两个标准,选择了对研学旅行课程实践具有关键性影响的政策文本作为分析对象,提炼出了研学旅行课程实施的核心要素和基本准则。

(一)研学旨归:促进学生德、知、能三位一体整合发展

研学旅行作为一门综合实践活动课程,其价值追求同样"主要不是学术性取向的,而是以创造性自我探索、体验和表现为价值旨趣和取向的"。相应地,作为"推动全面实施素质教育"的重要一环,政策文本对研学旅行育人目标的表述主要包括知识、情感、技能与健康三个方面。具体内容如下:①知识目标。素质教育中人们希望达到的素质因素中,与知识有关的包括学科知识、经验知识、能力知识以及信息知识4个知识群。研学旅行更为注重的是学生经验知识。诉诸旅行的方式让学生走进不同的文化场域,作为交往主体在与外部世界的互动中认知自我与世界的紧密联结。在旅行体验中"增进对自然和社会的认识""增进对不同国家,不同文化的认识和理解",以习得关于生活经验及社会环境等方

面的基本知识。②情感目标。在此目标领域中,研学旅行重点观照心理、思想以及品德三大层面。其中,心理层面主要涉及让学生认知他人,学会人际交往。通过"集体旅行,集中食宿"的方式,让学生在与他人的相处中学会认知我与他者的关系,在人际交往中"学会做人做事"。思想层面主要是让学生在对"祖国大好河山、中华传统美德、革命光荣历史以及改革开放伟大成就"有所认知的基础上,激发"对国家,对人民的热爱之情"。在品德层面,则要"引导学生主动适应社会"在认知与社会关系的过程中"培养社会责任感"。③动作技能与健康目标。政策文本对此目标领域的描述较为粗糙,可提炼出两点:技能上让学生"学会动手动脑";健康上"促进身心健康、体魄强健"。这依赖于学校教师、研学导师、后勤人员以及家长等人员结成相互协作的课程实施者联盟,构建起研学旅行课程共同体,为达成课程目标提供相应的课程支持与服务。其中,学校教师是研学旅行实施过程中最具关键性作用的因素。他们需要结合学校实际情况,主持制定适应学生需求的课程实施方案,并根据课程规划,组织研学活动。在过程中还要承担指导学生对外部现象进行深入思考,确保学生安全,联系校外指导教师或基地工作人员,多元评价学生研学旅行的表现等工作。研学导师主要充当辅助者角色,配合学校教师完成研学活动。后勤保障人员主要包括以下几类人员:安全员——主要负责研学旅行过程中的安全教育和防控工作,预防意外状况的发生;具有职业资格的随行医护人员——携带基本的医疗救护工具,负责定时关注学生的身体状况,对活动过程中学生出现的身体状况进行及时处理;生活管理员——负责管理学生的住宿及饮食等生活事宜。此外,家长角色尤为重要,他们需要研读课程文本,了解学生出行计划,与带队教师随时沟通,配合教师做好学生的学习准备及安全保障等工作。

(二)过程设计:以旅行体验为载体的研究性学习

研学旅行是"由教育部门和学校有计划地组织安排,通过集体旅行、集中食宿方式开展的研究性学习和旅行体验相结合的校外教育活动",即表明"旅行"仅是形式或载体,"教育性"才是研学旅行的本质。因此,研学活动设计在内容上首先要符合教育、尊重儿童身心发展规律的原则,"结合学生身心特点、接受能力和实际需要,注重系统性、知识性、科学性和趣味性"。其次要凸显"文化生活世界"的育人价值,"依托自然和文化遗产资源、大型公共设施、知名院校、工矿企业、科研机构",让学生的学习场域向学校以外的生活世界延伸。另外还要注重与其他课程间的整合,"促进研学旅行和学校课程有机融合"。在实施取向上,由于"旅行"带来的诸多不可控因素及潜在安全风险,研学旅行不可能完全忠实于文件课程,它必须是一个不断调试的过程。不仅要"根据教育教学计划灵活安排研学旅行时间",还要结合实际情况制订活动方案。在活动过程中,必须要"坚持安全第一,建立安全保障机制,明确安全保障责任,落实安全保障措施,确保学生安全"的原则,依据天气、交通等实际情况灵活调整课程实施计划。

(三)组织与实施:"主办方—承办方—供应方"三方协作

组织环节是研学旅行的技术性环节,组织者要进行恰当的行前规划与人员安排。《研学旅行服务规范》中规定研学旅行在人员配置上至少涉及主办方代表、带队教师、项目组长、安全员、研学导师、导游人员 6 类从业人员,特殊情况下需要"吸收少数家长作为志愿者,负责学生活动管理和安全保障"工作。按照各类人员所承担的责任及提供的服务类别,将其划分为主办方、承办方及供应方三大组织主体。他们需要为研学旅行提供包括教育、交通、住宿、餐饮以及导游讲解等多种服务。研学旅行组织复杂,涉及的服务类别广,组织人员来自学校、教育管理部门、研学机构、旅行社以及家庭等多个职能部门。为此,学校需要"整合校内外教育资源,统筹协调校内外相关部门的关系",制定好研学旅行实施规划,做到"活动有方案,行前有备案,应急有预案"。每个活动环节人员配置要符合研学旅行服务规范,做到分工明确、权责到位。

（四）评价管理：对接学分与综合素质评价的个性化综合考量

政策文本着重强调评价对研学旅行课程发展的重要性,要求各地要建立健全研学旅行评价机制,但对评价的内容、方式、主体等表述较为笼统,缺乏可操作性的指引。评价内容强调要以"充分尊重个性差异、鼓励多元发展"为前提,但关于具体包括哪些评价维度并未做规定性的引导;评价方式仅笼统地鼓励"多采用质性评价方式,避免将评价简化为分数或等级",却未提供具体指导;对评价结果规定"逐步纳入学生学分管理体系和学生综合素质评价体系",却对具体如何纳入、研学旅行学分占总学分的比例等均没有规定。值得欣喜的是,政策文本主张除了对学生参与研学旅行的情况和成效进行评价外,也要重视"建立教育服务评价机制,对教育服务效果进行评价,持续改进教育服务"。

三、实施框架的重构：基于研学旅行政策

文本的指引研学旅行实施存在的诸多问题反映了实际运作的课程与理想课程间的差距。虽然官方文件提供了一些可资援用的参照,但尚停留于政策认识层面的"表面知识",而疏于提供资源开发与利用、研学环境创设、课程改进机制等支持研学旅行课程具体实施的"技艺知识"。因此,学校虽意识到研学旅行存在很多问题,却不知如何做出改变。对接研学旅行自身特性及政策文本的规约,为了搭建更好的研学旅行课程实施平台,我们基于上文对课程文件的理解,以课程实施影响因素作为分析视角,重构了图 7-1 所示的研学旅行课程实施框架。

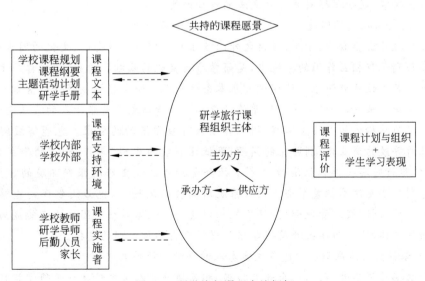

图 7-1 研学旅行课程实施框架

（一）共持的课程愿景：为研学旅行课程组织提供引领

研学旅行课程组织的复杂性呼吁完善的课程领导制度,有学者指出,"愿景的构建与传播是校长课程领导的首要任务"。校长作为课程领导者,需要带领教师、家长及其他组织主体就研学旅行课程建设问题达成预设性的理解与共识。我们认为,共持的研学旅行课程愿景大致需要满足以下几点要求:①具备关于"研学旅行是什么"的一致性理解。研学旅行是一门以旅游为载体,以促进学生发展为旨归的综合实践活动课程。它强调为学生创造真实的学习情境,留给学生独立思考、交流合作、探究发现的空间。②明确研学旅行课程在学校教育教学体系中的位置。研学旅行课程不是自筑高墙的存在,它是整个学校课程系统中的重要一环,需要在与其他课程相互作用、相融共生的关系性结构中体现自身的规定性。③要着力创设过程取向的课程。

（二）研制课程文本：学校研学旅行课程实施的行动指南

课程文本可以承载学校课程变革的愿景,也可以实现课程团队之间影响力的传导。研学旅行课程文本的研制主体包括学校、教研组、教师三个层级,进行不同层级间课程文本一体化研制是确保实施有章可循的重要环节。一套完整的研学旅行课程文本包括:①学校整体课程规划。是国家规定的文件课程向教师实施的现实课程转化的桥梁。课程规划阐明了研学旅行在学校整个课程系统中的位置。其中课程方案是学校课程规划的核心内容,它规定了研学旅行设计、实施与评价需遵循的统领性原则。②学期/学年课程纲要。针对不同年级段学生特点对学期/学年研学旅行主题群进行整体设计。包括拟定主题,选择研学场所,规划研学路线等。③研学主题活动计划。做好单次课程实施计划。包括出行前的准备工作,旅行中的活动项目组织、旅行结束后如何组织学生进行学习总结与反思。④研学手册。可视为供学生使用的研学旅行教科书。学校在自由选用或研制研学手册时,要充分考虑学生的需要,不仅要体现"以旅行为载体进行探究学习"的课程理念,还要与研学旅行倡导的学习方法保持一致性。当然,课程文本的引导作用的发挥不完全由文本自身决定,还受课程实施者对文本的解读的影响。

（三）创设课程支持环境：形成一体化的课程服务平台

课程环境是由除教师、学生、教材之外的物质的、心理的、社会的、文化的因素构成的,它直接参与到课程相互作用的系统中,是研学旅行实施的基础。首先,学校作为主办方把握着决定权是创设良好课程实施环境的基本条件与保障研学旅行教育性的基础。从教育发展的宏观角度来看,学校主导的研学旅行更加符合素质教育着眼于人的素质全面提高,以完整的素质结构为核心设置课程、组织各项教育教学活动的要求。也能够缓解全权委托旅行社所导致的商业化、利益化的问题,降低课程实施出现"学行分离"的形式化风险。此外,研学旅行的实践性和旅游性决定了社会支持是创设良好的课程环境的重要因素。当学校感到自己无法承担整个公立教育系统所面临的风险时,就必须要找到能够共担责任的主体。旅行社、交通管理部门、保险机构以及新闻媒体等社会团体均可能成为与学校共担责任的主体,他们为学校开展研学旅行提供来自学校外部的支持。

（四）课程实施者联盟：构建多主体卷入的联动—协作共同体

课程的实施离不开"人",一个分工明确、相互协作的人员支持系统是研学旅行得以有效开展的必备条件。这依赖于学校教师、研学导师、后勤人员以及家长等人员结成相互协作的课程实施者联盟,构建起研学旅行课程共同体,为达成课程目标提供相应的课程支持与服务。其中,学校教师是研学旅行实施过程中最具关键性作用的因素。他们需要结合学校实际情况,主持制订适应学生需求的课程实施方案,并根据课程规划,组织研学活动。在过程中还要承担指导学生对外部现象进行深入思考,确保学生安全,联系校外指导教师或基地工作人员,多元评价学生研学旅行的表现等工作。研学导师主要发挥辅助者角色,配合学校教师完成研学活动。后勤保障人员主要包括以下几类人员:安全员——主要负责研学旅行过程中的安全教育和防控工作,预防意外状况的发生;具有职业资格的随行医护人员——携带基本的医疗救护工具,负责定时关注学生的身体状况,对活动过程中学生出现的身体状况进行及时处理;生活管理员——负责管理学生的住宿及饮食等生活事宜。此外,家长角色尤为重要,他们需要研读课程文本,了解学生出行计划,与带队教师随时沟通,配合教师做好学生的学习准备及安全保障等工作。

（五）课程评价:构建"及时反馈"的实施改进机制

课程评价包含"对教育过程的校内计划与组织的判断和对学生成绩（学生的学习成果）的判断"两个方面。对于研学旅行,面向组织与计划的评价还需延伸到校外行程中的各环节,具体工作为建立起"校长、教师、学生、家长、研学导师"多主体参与的评价机制,对实施过程的合理性、规范性的监督,对出现的问题进行分析评估。该评价机制至少需要具备以下几个要素:评价主体包括参与研学旅行课程的学生、教师、后勤工作者、研学导师、家长等,他们既是评价的主体,同时也是评价的对象;评价内容要精心设计,确保其具备相当的效度及信度,能够真实地反映课程落实程度;评价方式遵循"契合活动形式、能够真实反映问题"的基本原则,根据每次研学旅行活动的特征而选择。对学生学习成果的判断要与课程目标保持内在的一致性。关于研学旅行的三维目标前文已述,它决定了评价在难度上存在差异性,所诉求的评价方式也不同。其中,经验知识比较容易转化为单个知识点,可在完成一个主题阶段的研学任务后进行测量,适当采取问—答的考察方式;心理、思想及品德目标难以用直接的方式进行测量和确认,需要教师对学生活动过程中的外显行为表现进行评估,多依赖于撰写体验报告、成长记录袋评定法等质性评价方式。技能和健康要关注过程的重要价值,依赖于教师通过观察、记录等方式描述学生在研学活动中的成长变化过程。

四、未来超越:对研学旅行课程发展的审思

结合研学旅行实施的现实问题以及政策文件的顶层规约,我们认为,未来研学旅行课程发展需要理论、政策、实践三个层面的互动观照,共同发展,以期形成有中国特色的研学旅行课程理论与实施机制。对研学旅行课程的发展有以下三方面的建议。

（一）借鉴国际研学课程经验,探索本土的研学旅行课程理论

日本等国家开展研学旅行活动较中国更早,形成了较为成熟的模式及运行机制,积累了很多可供借鉴的经验。在反思我国研学旅行实践的基础上,可以借鉴国际经验,形成具有中国本土特色、符合中国话语习惯的研学旅行课程理论。对此,要将研学旅行放入课程视域作为正式的课程来研究,加强教育视角的切入。还要增加实证研究比例,采用多元化的研究方法,让理论与实践相互促进,着力探究一个完整系统的本土研学旅行课程理论框架。

（二）研制高质量课程文本，做好研学旅行政策的顶层设计

我国的研学旅行实行的是由中央相关部门提出政策方针，各地方教育相关部门负责施策规划，学校进行具体落实执行的路径。政府层面的文件课程是课程的最高层级，做好研学旅行课程的顶层设计需要依托课程计划、课程标准以及教科书等文本作为载体。课程文本研制的前提是将研学旅行作为课程去规划，并且要与理论研究、实践发展间形成双向互动关系，提升对课程实施的指导作用，让学校有制度可依，有规章可循、有底气去干。

（三）总结学校本土经验，发展出研学旅行课程实施的新样态

学校要注重校本的研学旅行课程开发。将研学旅行与国家课程、地方课程及其他校本课程做整体的设计与安排。不可机械地套用网络媒体发布的研学路线，也不能完全依赖旅行社售卖的研学方案。必须要从本校实际情况出发，基于本校办学基础、课程愿景、课程传统、学校师资状况以及学生的实际需求，与学校教育管理者、教研人员、教师、家长、学生进行充分对话，开发融入本校"血脉"的研学旅行课程。明晰实施过程中各主体的角色及职责，形成多主体共同协作的组织格局，发展出符合本土特色的研学旅行课程实施新样态。

# 第四节　研学旅行活动课程实施的过程及引导策略

研学旅行活动课程的实施分三个阶段 9 个步骤。三个阶段为前置课程、现场课程、拓展课程。9 个步骤包括：选择或提炼主题—提出问题—问题归类与创建研究小组—生成研究课题—研究计划的制订—活动开展—成果总结—展示与交流—评价与反思[①]。

## 一、前置课程的实施及策略

前置课程的实施及策略包含开题前的准备，进行开题指导课、生成主题和研究小组，学生制订研究计划三方面。

### （一）开题前的准备

已经将研学旅行活动课程纳入教学计划的学校一般都有比较成熟的主题模块供不同学段、不同学年甚至不同学期的学生选择。大主题及研学线路已定的情况下，开题指导课之前，教师要安排一定的时间，让学生获得对研学目的地的感性认识，包括背景知识、线路安排、时间跨度等。对研学目的地背景介绍可以通过视频欣赏获得，也让学生到图书馆、互联网查阅目的地资料，或通过安排相关主题的讲座让学生获得，也可以通过教师讲故事、组织学生辩论等活动来获得。不管使用哪种方式，都是为了激发学生对目的地探索欲望和参与活动的热情，帮助学生发现自己兴趣所在，引导他们意识到这些现象与他们原有

---

① 洪明，张俊峰. 综合实践活动课程导论［M］. 福州：福建教育出版社，2007.

知识的差距,提高对开题课的期望值。

对于初次实施研学旅行活动课程的学校来说,没有现成的主题和线路可供选择,也没有上一届的经验可供借鉴。需要教师和学生甚至是旅游企业共同努力生成主题并策划线路。在这期间,教师要综合考虑学校的育人目标、校本文化、资源特点等要素,更不能忽视学生的兴趣点。要对全班同学的兴趣点进行调查,并罗列出大致的范围,之后教师就可以根据这一个调查的结果与学生一起提炼主题设计线路,并向旅游企业咨询可行性。鼓励高中段、初中段、小学高段以上的学生在教师的指导下自主提炼生成集体意志下的大主题。小学中段和小学低段的学生在研学旅行起步阶段可以采取教师生成主题或主题选择的方式。

## (二)进行开题指导课,生成主题和研究小组

研学旅行活动课程的开题指导课是对活动过程的大致预设,是探究活动的方向引领,是学情了解的重要环节,是整个活动良好的情感铺垫,更进一步说,成功的开题指导课能对整个活动起到"导航"的效果。

开题课上,教师首先鼓励学生提出自己想研究的系列问题。在这个阶段教师不为学生设定规则,鼓励学生进行头脑风暴,思维驰骋。学生的问题五花八门,教师引导学生充分讨论如何筛选问题。学生在旅行中会遇见形形色色的问题,并不是所有的问题都值得探究,并不是所有的问题都需要转化为课题进行探索实施。在确定可行性、有研究的价值、可操作性三条原则后,引导学生对所提出的问题进行筛选。筛选的过程要全员参与,学生充分发表意见。筛选的过程中要去掉针对性不强、缺乏可行性、缺乏研究价值、在后期的研究中难以找到切入点、只能泛泛而谈的问题。筛选完成之后,要对保留下来的问题进行归类。

归类的过程是学生聚敛思维的培养过程,也是研究小组形成的过程。归类的方法一是合并同类项、同属项。同类项就是删除重复的问题,同属项即有从属关系的问题,小问题并入大问题。归类问题的过程要充分发挥学生的自主性。问题的筛选权利不在教师的手中,而是在提出问题的人手里。教师可以请两位学生对所有学生的问题进行归类,归类的过程中与提出问题的学生充分沟通、交流、争辩、碰撞。引导学生将众多的问题进行归类,逐渐在学生的头脑中产生类的概念,提出同类问题的学生也逐步形成了共同的研究小组。再让这些有着相同或相近兴趣爱好的孩子集中在一起,对问题进行聚焦,提出研究课题并民主选举出研究小组的组长。

**案例**

### 核工业科技馆课程开题课

在开题课之前,学生已经到核工业科技馆进行了第一次参观,聆听了讲解员对三个展厅的细致讲解,并完成了如下任务单(见表7-3)。

表 7-3　第一次参观核工业科技馆任务单

| 第一次走进核工业科技馆任务单 |
| --- |
| 我看到了： |
| 我听到了： |
| 我体验到了： |
| 我最想知道的： |

　　在参观的基础上，学生通过在线学习的方式观看了核工业科技馆微课课件，在线回答了相关问题。进行系列准备后教师实施了开题指导课。以下是课堂实录。

　　师：在此之前我们是不是已经做了一些工作了？我们听着讲解参观了核工业科技馆，也看了微课了。所以我们是有备而来的。前期的所见所闻中给你最大触动的是什么？什么让你感触最深？

　　生 1：中国核工业发展的速度很是惊人，在商用和军用等领域都得到了突飞猛进的发展。

　　师：那你知道核能占中国能源的比重吗？

　　生 1：不清楚。我知道中国目前还是靠火电，不是靠核电。

　　师：看来还是要回去查一些资料。

　　生 2：分离机里面有两个柱子，快速旋转后乒乓球与小球分开了，很有意思。

　　师：看来这个实验激发了你的兴趣，这个实验叫什么名字？你想不想进一步研究？

　　生 2：想。

　　生 3：好像没什么。

　　师：看了半天，听讲解员讲了半天，什么印象也没有吗？

　　生 3：燃烧后废料的回收和再利用问题还没有得到解决，未来应该怎样回收和再利用？

　　师：这是个很好的问题，请给他掌声。

　　师：还有没有其他方面的感受？

　　生 1：我之前看了一部电影叫《流浪地球》，发现聚变比裂变产生的能量大得多。

　　师：你能不能给大家说一下它们之间有什么不同？

　　生 1：它们的反应式不同。

　　师：那个微课上的题目你答对了吗？

　　生 1：答对了，那个微课视频讲解得挺详细的，所以我们都答对了。

　　师：人才是根本，像你们刚才说的核工业发展迅速，没有人才的支撑是不能实现的。有没有同学对我们的核人才印象深刻？

生 4：钱学森。

生 5：为了保护文件的那个科学家。

生 6：不知道。

师：你知道核工业科技馆的第一位馆长是谁吗？

生 6：我只知道钱三强。

师：核工业科技馆的第一位馆长就是钱三强。钱三强的贡献在哪些方面，有同学知道吗？

生 6：讲解的时候听过，记不起来了。

师：从同学们的反馈来看，同学们的关注点大都集中在科技方面。大家对核科技的认识还是处于浅层次的，大家是不是抱着很大的期待对核科技做深度的探究？

生：是。

师：现在请大家思考 5 分钟，然后把未来三个月甚至更长的时间你最想探究的题目写在你手中的白纸上面。注意你写下的这个主题一定要有探究的空间，一定不是一加一等于二这样的问题。另外，有的同学对技术感兴趣，有的同学对文化或人物感兴趣，或者都感兴趣，请你只选择一个最感兴趣的写在纸上，写完以后所有同学的作品都上墙。

学生写完后将白纸固定在教室后面的墙上。

师：请两位同学上来，将大家的主题首先大声念出来，然后合并同类项，把同一范畴的主题放在一起。分类的时候如果同学们有不同的意见可以直接跟这两个同学交流。

两位学生对问题进行分类，并与其他同学讨论、争辩，将系列问题划分成三个不同的问题包。之后教师请核工业科技馆的专家对学生的分类结果进行评价、修正。

师：同学们对这样的分类同意吗？

生：同意。

师：你的兴趣不会有所改变了吗？

生：不改变。

师：请第一小组的同学起立，到黑板的左边集中；第二小组的同学起立，到右边集中；第三小组的同学到你们老师所在的位置集中；第四小组的同学到我的身边集中；第五小组的同学就是现在还坐着的同学了。请每个小组组内的同学互相认识一下，不熟悉的自我介绍一下。未来的三个月甚至一个学期，你们将作为研究伙伴，互相支持，互相配合共同完成探究活动。认识以后请各小组集中，以手指投票的方式选出组长。

师：请大家开启研究小组内的第一件事，将问题包进行梳理提炼，给你们的研究课题命名。

教师巡回走动，适时给予指导。

最后，学生经过小组充分讨论，生成了 5 个课题：核动力和核弹相关的科技课题、核废料处理和利用课题、核的历史和发展主题、核在日常生活中的应用课题、核在医疗方面的应用课题。

师：小组已经确定了，组长也选出来了，课题名称也有了。现在请大家看黑板，上面出示的是思维导图。请每个小组在面前的大白纸上画出自己探究主题的思维导图。我举个例子。如果大家想要研究老师，那么大家就在图的中间写上老师的名字，之后应该从哪几个方面展开研究?

生:兴趣爱好、职业、家庭等。

师:对,这是思维导图的第二个层次,那么再进一步细化,研究兴趣爱好就要把兴趣爱好再细分为音乐、书法、羽毛球等,这是思维导图的第三个层次。

学生开始分组画思维导图,教师随堂指导。

之后教师拿核燃料的处理组的思维导图做了简要评价。布置同学们回去之后以小组为单位对思维导图进行进一步的完善,并完成活动记录中的开题报告。最后希望同学们在后续的研学过程中有丰富的收获。课程结束①。

案例中的指导教师很注重对学生思维的训练。开题课前,教师组织学生参观科技馆,聆听导游讲解,这是对学生发散性思维的训练。参观后完成任务单、进行微课练习是对学生聚敛思维的训练。开题课上先让学生找寻最感兴趣的点是对学生发散思维的训练,而让学生归类问题、提炼课题是对学生聚焦思维的训练。

此外,教师还践行了以学生为中心的教育理念。研究小组的划分不是教师强加给学生的。倒推小组产生的过程,学生自己提交答案,然后在交流、争辩中合并同类项,最后公选组长,总之都是学生自己选择的结果,教师仅仅是在组织,在辅助。

## (三)学生制订研究计划

主题和研究小组都已经生成后,就要开始制订研究计划。教师首先要给学生出示思维导图,对要研究的主题进行分解,并鼓励学生生成一个简单的思维导图,形成简单的研究思路。这个过程也是考验学生合作意识与能力的一次机会。学生研究计划形成后要集中上好研究计划交流课,在交流课上,教师首先要引导学生总结出好的研究计划的判断标准,之后组织学生分小组汇报展示自己的研究计划,汇报展示的小组要接受其他小组的质询。在这一过程中教师要引导学生以评判研究计划是否科学的标准审视自己及别的小组的研究计划,并形成计划的修改意见。最后,教师给出活动计划范例,并布置学生在课下修改自己的活动计划并完成活动计划表(见表 7-4)。

表 7-4 活动计划表

| 主题: | 课题: | |
|---|---|---|
| 指导教师: | 邮箱: | |
| 组长: ( ) | 邮箱: | 电话: |
| 组员: ( ) | 邮箱: | 电话: |
| 组员: ( ) | 邮箱: | 电话: |
| 组员: ( ) | 邮箱: | 电话: |
| 组员: ( ) | 邮箱: | 电话: |

---

① 案例来源于北京教育学院北沟特色课程群项目房山附属中学高二年级核工业科技馆课程。

(1) 任务分工：

(2)活动步骤：(搜集资料、采访、制件等)

| 阶段 | 小组成员 | 主要任务 | 主要方法 | 时间跨度 | 阶段目标 |
|---|---|---|---|---|---|
| 1 | | | | | |
| 2 | | | | | |
| 3 | | | | | |
| 4 | | | | | |

(3) 活动所需的设备：

(4) 预期的成果(研究报告、制作模型、实验报告等)及所对应的表达方式(文字、图片、实物、影像资料等)：

指导教师意见：(由学生填写)

| 指导教师： | 日期： |
|---|---|

## 二、行中课程的实施及策略

在探究活动开展的过程中教师要充当学生忠实的研究伙伴,站在学生身后触手可及的地方,在学生遇到困惑、陷入困境的时候及时出现,给予方法及策略的指导。密切关注学生在资料搜集整理、提出假设、选择方法,研制工具,实验开展、获取证据,提出解释或观念等环节中的表现。鼓励学生通过实地测量,调查、观察,访问及实验等多种渠道从不同来源搜集资讯、数据和意见,引导学生运用选择推理及批判性思维,从不同角度推敲资料,发展和列出各种相关的影响因素。

在探究的过程中,教师进行引领学生在自己未知的领域进行探究,而不是学习掌握知识和技能,要着力打造学生的批判性思维,让学生在活动中有比较、有质疑、有判断。同时,教师也要做好此次活动的实施环节的记录工作,教师要督促学生及时填写活动手册,这样不仅能记录学生成长的点滴,更能为学生今后活动的顺利开展提供经验借鉴。

## 三、拓展课程的实施及策略

拓展课程的实施及策略包括成果的总结、展示交流、评价与反思三方面。

## （一）成果的总结

成果的总结阶段也是学生创意物化的阶段。在这一阶段,教师要鼓励学生以多种方式总结自己的研究成果。既要有论文、调查报告、画作、陶艺等静态形式的展示方式,也要有舞台剧、动漫、视频制作等动态的成果形式。在这一过程中,教师要鼓励学生运用信息技术,提升学生运用信息技术的能力。教师要做好学生成长档案的建设。同时,教师也要做好学生成果的总结,学生成果既包含过程性成果,也包含结论性成果。成长档案袋是很好的资料整理工具,设计档案袋目录,完整地、客观地反映学生的研究过程:研究问题的原因、小组活动方案、过程性资料、活动结束报告等。同时还可以在档案袋中编制一些小栏目,如"活动方法集锦",把活动中学会的一些"方法性知识"记录在其中,有利于学生更好地迁移和应用。

## （二）展示交流

展示交流的环节教师应该扮演好组织者的角色,上好成果汇报课。在上课伊始,教师就要先将成果评价的标准及展示活动的评价标准告知学生,引导学生倾听别人的成果,运用标准对汇报过程及成果进行思考和评判。汇报课不能只注重有形结果的汇报,忽视学生实践过程中所获得的情感态度、实践能力、思想意识和良好个性品质这些无形结果的交流。同时,这种展览式的成果汇报缺少对问题展开深入的讨论和广泛交流。展示汇报的最终落点,应该是通过师生、生生的交流,在交流中启迪学生打开思维,把多角度思考、多层次心理感受、多维度体悟挖掘出来,汇报展示课应充满"交流味"。

## （三）评价与反思

在这一环节中,教师和学生要共同完成对整个活动的评价。学生对自己的参与度、贡献度进行自我评价,同时还要对合作伙伴进行评价。指导教师也要完成对学生探究过程及探究成果的评价。这就需要教师和学生共同开发出进行评价的标准和清晰的量规,以提高评价的公信力。评价的目的在于进一步优化研学旅行活动的开发和实施,帮助学生进一步发现提升和不足。

**拓展阅读**

在具体的研学旅行课程中,还要深入把握问题导向法、情境导入法、体验带领法、分享引导法和价值澄清法等方法系统,让课程教材、教师教学和学生体验形成整体,做到教学做合一,使学生的身体素养、心理素养、技能素养、道德素养、习惯素养高度统一,培养中小学生的综合素质,实现立德树人。

【教与学活动建议】

教师组织学生开展以"我游历,我成长"为主题的宣传活动,请学生结合自己的体悟向父母宣传研学旅行活动对自己成长的帮助。

开展方法:学生将历次研学旅行主题活动中能够体现自己成长过程的资料及成果资

料进行整理,形成档案袋,并给档案袋个性化命名。用 PPT、视频、文章、画作、舞台剧、朗诵等多种形式呈现历次成果中最具代表性的成果。学生可以自由组建小组,也可以自己单独汇报展演。

# 思考与实践

计划交流课 2

## 一、理论思考

1. 研学旅行活动课程在实施中有什么特点?

2. 研学旅行活动课程的实施主体有哪些? 它们各自的任务是怎样的?

3. 研学旅行活动课程的实施过程有哪些环节? 每个环节中教师应该怎样进行指导和引导?

4. 研学旅行活动课程实施中存在怎样的问题? 是什么因素引发了这样的问题?

5. 提升研学旅行活动课程实施成效的策略有哪些?

## 二、实践探索

1. 参与一堂研学旅行主题活动的成果汇报课,评价一下教师的指导策略。

2. 组织一次研学旅行主题活动开题课,在充分发挥学生自主性的原则下指导学生组建研究小组。

# 第八章　研学旅行活动课程指导教师

## 本章学习目标

### 知识目标

1. 能够理解研学旅行活动指导教师应该具备的素质及在课程实施中与学生的关系。

2. 能够说明课题生成的几大步骤。

3. 能够列举出搜集学生问题的几种方法。

### 能力目标

1. 能够比较、分析、总结出传统教学中与研学旅行活动课程实施中教师角色的不同。

2. 能够运用一定的方法和策略对学生的选题、方案制订、资料搜集和整理、成果汇报交流等环节进行指导。

3. 能够采用正确的师生活动方式有效推进在研学旅行活动课程的实施。

## 核心概念

职业道德(Professional Ethics)、知识结构(Knowledge Structure)、组织关系(Organizational Relations)、人际关系(Interpersonal Relationship)、指导策略(Guiding Strategy)

## 引导案例

在课题"罗源湾滩涂渔业工具调查"的形成过程中发生了师生间这样的一段对话：

师：对于我们学校旁边美丽的罗源湾，大家有什么感兴趣的、想进一步了解的问题吗？

生：罗源湾风景、罗源湾的养殖业、罗源湾的滩涂、罗源湾经济、罗源湾与可门港、罗源湾的……

师：请同学们将自己感兴趣的问题写在一张纸上。

(搜集学生的问题，并投影学生的问题)

再问：关于罗源湾的滩涂,提出这个问题的同学准备研究什么内容呢？

生：滩涂的变化、滩涂养殖、滩涂渔业工具、滩涂生态、滩涂鱼类标本制作……

师：你最想了解哪个方面？

生：滩涂的渔业工具。

活的人才教育不是灌输知识,而是将开发文化宝库的钥匙,尽我们知道地交给学生。

——陶行知(1891—1946年),中国著名教育家和思想家师：那么你对你的问题想怎么样修改？

生：罗源湾滩涂渔业工具调查。

师：很好，这就是问题形成研究的课题了[①]。

在课题形成的过程中，指导教师采用了恰当的指导策略帮助学生有效缩小了研究范围。在研学旅行活动课程的实施过程中，指导教师应该具备怎样的素质？履行哪些职责？研学旅行活动课程中的师生关系是什么样的？在学生选题、制订研究方案、搜集资料及成果交流汇报中应该采用什么样的指导策略？本章针对这些问题逐一展开讨论。

# 第一节　研学旅行活动课程指导教师的应有素质

研学旅行活动课程指导教师应具备高尚的职业道德、合理的知识结构和知识整合的本领、全面的课程设计实施能力。

## 一、高尚的职业道德

研学旅行活动课程的开设难度大、要求高、责任重。大到学生的发展目标，小到一次活动的安全问题都要仔细考虑，不能有任何的疏忽和大意，这就要求教师必须具有高度的事业心和强烈的责任感，有较强的敬业精神和吃苦精神，不怕困难、不怕失败，以科学严谨的态度来对待这份工作。

研学旅行活动课程的设置和实施本身就是对教师自身的挑战，实施研学旅行活动课程的教师是这门课程教学的直接策划者、设计者、组织者、指导者。没有高度的敬业精神和强烈的开拓意识的教师，缺乏进取精神、不着眼于教育发展的未来的教师不可能有效地实施和参与研学旅行活动课程。

研学旅行活动课程强调实践的课程观，要求由"科学世界"向"生活世界"转变，关注学生的现实生活，面向学生未来的可能的生活，注重学生的可持续发展。因此，教师要确立全新的教育理念，致力于每一个学生的发展，平等对待所有的学生，对学生的发展负责，并相信所有学生都能有发展；要意识到教育对象的差异性，因材施教；要帮助学生设计未来，全面提高学生的综合素质，使学生不仅获得当下的发展，而且还能获得面向未来的发展。此外，教师还应尊重学生的价值和尊严，注意发挥自身作为活动主体的作用。同时用"以学生为本"的原则协调自己与他人的关系，调动活动过程中学生的积极性，从而实现课程目标。

研学旅行活动课程所涉及的学科领域众多、范围广泛，而且没有现成的经验和固定的模式，需要教师在职业道德的规约下不断进行自律学习，教师要不断地向书本学习，向其

---

① 吴笈.综合实践活动中教师选题指导与策略[J].福建基础教育研究，2014(5)：121-123.

他同行学习,甚至向学生学习,以便寻找研学旅行活动课程的开发与实施的新途径、新模式[①]。

## 二、合理的知识结构和知识整合的本领

研学旅行活动课程的实施,不仅需要教师更新教育观念和方法、具备高尚的职业道德素养,还需教师进一步完善自己的知识结构。研学旅行活动课程有其自身的综合性特点,这就要求教师要具备与此相匹配的综合性的学科知识,而不仅仅是局限于单个学科的知识。由此形成的知识结构可以让教师从多学科的角度整体考虑研学旅行活动课程在主题的设计和活动的实施两方面的丰富性和多样性,从而促进学生多方面的发展。可以说,"一专多能"是研学旅行活动课程对教师的要求。研学旅行活动课程包含的知识非常广泛,而教师仅仅依靠现有的学科知识是无法保证活动的有效开展的。长期以来,中小学一直以分科教学为主,教师被大纲和教材禁锢着,在校读书时有限的专业知识不断地缩小到与考试有关的知识范围内,忽视了学科间的联系。这种单一和老化的知识结构更不利于研学旅行活动课程的开发和实施。研学旅行活动要求教师在"专"的基础上追求"博",做到"一专多能",力争做到文理兼通、多才多艺,向一个综合型、全能型教师靠拢;在努力完善自身知识结构的基础上,注意发挥不同学科教师知识的优势。

中小学研学旅行活动课程除了具备自身的综合性特点以外,它还是一门开放性极强的课程,不仅内容开放,活动区域也是开放的。因此就要求教师具备特定的地域性知识。学科课程的内容是由国家统一规定的,但研学旅行活动课程的内容则不是如此,它是来源于学生的现实生活和社会实践,是由教师和学生自主决定的;研学旅行活动课程的活动场所包括广阔的自然空间和社会空间;课程的实施会因地方和学校实际情况的不同而各具特色。因此作为课程开发与实施的主体,教师要想指导学生的问题探究、社会调查、文化体验等活动,就必须首先对研学目的地的发展状况,对其特有的地域性知识,对其自然因素及其状况、社会因素及其历史与现实状况、特有的民族文化和风俗习惯等有较全面的了解。此外,还要对学校的发展史和特有的文化传统、对学生文化背景与生活方式和习惯等有较好的了解。只有这样,研学旅行活动课程的教师才有可能充分识别目的地资源的教育价值。教师只有不断地扩展知识,时常更新知识结构,对新知保持长久的好奇与敏锐,才能具备知识整合的本领[②],以确保研学旅行活动中引导的有效性。

## 三、全面的课程设计实施能力

研学旅行活动课程虽由国家统一设置,但主要还是由地方特别是学校来具体开发和实施。在以往的教学活动中,学科教师可以完全根据教学大纲的要求和教科书的内容设

① 陈路路.论小学综合实践活动中教师应具备的素质[J].课程教育研究,2017(30):166-167.
② 陈路路.论小学综合实践活动中教师应具备的素质[J].课程教育研究,2017(30):166-167.

计教学或编写教案。然而,研学旅行活动课程并没有现成的、适合于所有学校和班级的教学参考书、教科书和教学大纲。在研学旅行活动课程中,教师和学生可以选择更为宽广和自由的活动空间,由此教师可以更加自主地、灵活地引导学生选择或生成研学旅行活动的主题或课题。

因此,这就要求教师自行设计适合研学旅行活动课程的活动方案,并根据各自的方案进行有特色的教学活动。这对教师来说是一种新的尝试,它要求教师必须具备对研学旅行活动课程进行教学设计和教学规划的能力,打破传统课程设计过于僵化和呆板的思想或模式,向弹性、动态和互动的现代课程设计的理念转变[①]。教师要善于根据学生已有的生活经验、社会经验和已获得的基础知识,引导学生选择或提出自己感兴趣的活动主题,师生按照活动的主题,合理地制订研学旅行活动方案,并在方案的实施过程中主动构建民主、平等、合作、共享的新型师生关系,在学生进行主题生成、小组搭建、计划制订、资料搜集、活动开展、反思总结等环节中充当好学生的组织者和探究伙伴。在学生遇到困惑、陷入困境时及时出现,给予方向上和方法上的帮助。

在研学旅行过程中,教师是研学旅行课程内容的开发者,学生课程的指导者、组织者和评价者,同时也是研学旅行的参与者。在研学旅行实施过程中,教师必须具备各种能力,其中包括课程开发能力、实践探究能力、组织管理能力、适应新授课教学的能力、综合评价的能力,必须具备问题意识和课程素养。

# 第二节　研学旅行活动课程中的指导教师角色

## 一、研学旅行中的"桥梁": 联通学校与社会的中介者

研学旅行主张走出户外,利用自然和社会的有效资源增进学生与环境的互动。因此,研学旅行活动课程的成功实施依赖于社会、政府、学校、家庭各界的全力配合。在借助社会之力一起打造既安全又有质量的研学旅行课堂的过程中,教师是落实政策方针的执行者,研学旅行的有效开展离不开教师这个"拱顶石",离不开教师在学校和社会之间的架接作用。作为研学活动的中介者,教师承担着以下两方面的工作:在学校方面,教师需要和学校领导、其他教师进行商讨,制订出切实可行的研学旅行方案;同时,需要向学生明确介绍研学旅行的活动目的、注意事项、研学任务等,确保活动有效实施。另一方面,教师需要寻求家长的理解、支持和合作,确保家校之间的联系;教师还需要围绕研学旅行的相关活动主题、学生特点、人身安全等问题和研学旅行基地进行商议,确保研学旅行活动有序有质地进行。在这一过程中,教师如连接学校和社会的"桥梁"一般,为学生的研学旅行活动顺利开展提供了必要的保障。

---

① 陈路路.论小学综合实践活动中教师应具备的素质[J].课程教育研究,2017(30):166-167.

## 二、研学旅行中的"顾问"：学生走进研学旅行户外课堂的陪伴者

研学旅行是一种全方位、立体式的学习，将学习空间从教室拓展到自然和社会中，为学习者提供了一个更加开放、宽广的环境，使学习者的身体和意识得到了充分的解放<sup>①</sup>。通过研学旅行，学生能学会获取信息、进行自我探究，并主动建构自我生命的完整性。在这个过程中，"教师是一位顾问、一位交流意见的参与者，一位帮助发现矛盾论点而不是拿出现成真理的人"<sup>②</sup>。当师生共处于宽广、活泼、自由的环境中时，学生天性得到相当程度的释放，那么教师应当主动内隐其权威，以拉近师生关系，增进师生间的相互了解，与学生做旅行和学习的同伴，促进每个学生个性化的发展。另外，教师应当平衡教学管理者与旅行艺术家的特性。研学旅行既然是一种教育教学活动，就必然涉及教学管理，教师在其中承担了相当重的管理任务，如过程管理和安全管理等，但研学旅行也是一种旅行活动，因此，教师作为一个纯粹的管理者身份是不可取的，教师还应丰富作为一个旅行艺术家的特性，在复杂的环境中敏锐地观察，对事物进行百科全书式的快速链接，以自身良好的修养和审美情趣投入这项创造性事业中。

## 三、研学旅行中的"风向标"：学生构建"知识图谱"的引导者

研学旅行强调寓学于游，主张"万物皆为师，处处可学习"的学习理念，这对改变单一的学习方式大有裨益。然而，这样的学习环境也容易让学生置身于信息的大熔炉中，出现学习内容碎片化、知识片段化以及学习浅层化等问题。鉴于此，为避免在研学旅行中出现内容过载、知识不系统的问题，促进研学旅行的有效开展，教师承担着以下三方面的任务：一是促使课程系统化。教师应以学生经验和研学资源为基本出发点生成系列主题，使之模块化，并根据学生学段特点做进阶性实施规划。二是促使活动流程常规化。在研学旅行过程中，教师可以指引学生自行设计研学旅行目标、子课题、实施策略，使学生开展自我评价以及互评，最后形成总结性的反思日记，并进行交流展示。三是教师应该引导学生掌握过程性的方法。例如，在学生发现问题，提出假设，活动规划，活动实行，活动总结等阶段进行方法性的引导；在培养学生反省思维、创造思维，沟通合作能力、组织能力等品质上提供策略性的引导训练。在这个过程中，教师如同航向标，指引学生不断前进。指引学生深化学习。

研学旅行将学生置于自然和社会复杂的环境中，在这个环境中，教师应该引领学生全身心参与活动，体验能够获得发展的有意义的学习过程，让学生能够运用多种学习策略对知识以及信息进行深度加工，从而形成关键能力和必备品格。在这个过程中，教师俨然是一个清晰的"地图"，助力学生在研学旅行这个复杂的"迷宫"中构建自己的"知识图谱"，

---

① 殷世东，汤碧枝.研学旅行与学生发展核心素养的提升[J].东北师范大学学报(哲学社会科学版),2019(2)：155-161.

② 联合国教科文组织国际教育委员会.学会生存——教育世界的今天和明天[M].华东师范大学比较教育研究所,译.北京：教育科学出版社,1996.

培养其面对未来生活的核心素养。

# 第三节　研学旅行活动课程中的教师职责

有的学校在实施研学旅行活动课程时无辅导教师引导,自由活动和形式上的参与让学生在自由松散的群体中失去了学习的动力,更无法实现研学旅行活动课程的教育价值,仅仅达到满足学生外出旅游愉悦的目的;有的学校教师在研学旅行中过度介入,又会让学生困顿在说教式的课程里,氛围低沉,兴趣低迷,使生动鲜活的研学旅行课变成了行走式填鸭灌输课。教师作为研学旅行活动的开发者、参与者与评价者,其职责的履行直接关乎研学旅行落地生根的品质。因此,对于教师在研学旅行中职责的思考与追问迫在眉睫。

### 拓展阅读

**研学旅行中的指导教师职责**

在研学旅行活动中,落实教育立德树人根本任务,达到综合培育学生发展核心素养的研学旅行活动目标。

(1)贯彻研学旅行活动课程和研学旅行活动课程标准,开发研学旅行活动课程教材。

(2)参与建设研学旅行活动基地、营地。设计研学旅行线路及其实践点的活动任务。

(3)组织带领学生参加研学旅行活动全过程,在野外或社会现场指导研学活动的开展,在室内进行必要的讲课、个别辅导。

(4)评阅学生研学旅行作业,公正、客观、科学地撰写学业评语。

(5)管理学生的集体旅行、集体食宿、集体研学。做好学校、社会、家庭之间的沟通协调,共同完成研学旅行教学任务。

(6)开展研学旅行教学研究,参与基于研学旅行的学校教育课程和升学考试的改革。

(7)教育、监督学生遵纪守法、注意安全。[1]

## 一、研学旅行的校本性决定了教师具有课程开发职责

研学旅行是学校教育的重要组成部分,是一门独立的、具有阶段性的校本活动课程,课程性是研学旅行的内在要求。其课程的独特性在于课程实施地点在校外的活动现场,课程内容依托于地方资源的特色主题项目来开发。而注重高品质的活动课程开发是保证研学旅行育人效果的核心要义[2]。新课改的持续深入强化了教师的课程意识,助推了教师角色的转型。一些教师已经开始从纯粹的课程消费者、忠实的课程执行者转变为课程的开发者与领导者。研学旅行作为一项国内新兴的崭新校本活动课程,在国家和地方政

---

① 周维国,段玉山,郭锋涛,等.研学旅行课程标准(四)——课程实施、课程评价[J].地理教学,2019(8):4-7.

② 王晓燕.研学旅行的基本内涵和核心要义——《关于推进中小学生研学旅行的意见》读解[J].中小学德育,2017(9).

策意见的指导下,需要一线教师充分发挥课程权利进行相应的校本课程开发与设计。地方学校的课程开发处是研学旅行课程开发的负责机构,具体开发任务则由参与研学活动的教师负责。教师要在国家和地方性研学旅行意见的指导下,依托当地特色资源,结合学段学情,参照学科课程知识系统,以探究性的项目主题形式,按照课程逻辑,具化重构研学旅行的课程系统,并在一定区域内组建课程联盟。整体来看,课程的系统开发与设计需要各个教师的协同合作,需要教师课程权利的真正落实。

## 二、研学旅行活动课程的探究性决定了教师具有课题指导的职责

研学旅行通过旅行的方式进行研究性学习。活动的探究性是研学旅行活动课程的内在属性。自主、合作、探究是新课程改革以来倡导的基本学习方式。研学旅行作为一门撬动素质教育的杠杆课程,其基本实践形式即在体验中探究、丰盈人情事理之道。探究性主要体现在让学生以小组合作形式在项目课题的问题驱动下开展真实、鲜活、有效的活动探究,从而感知、再发现、创新抽象知识符号的丰富内涵,让学生学会合作,学会学习。探究性着重通过科学规范的课题探究过程探寻把握事物的真理,教师作为研学旅行课程的实施主体,探究性对教师的课题研究指导能力提出了要求。

## 三、研学旅行活动课程的体验性决定了教师生活教育和德育的职责

旅行体验是研究性学习的载体。体验性即学生走进与学校生活截然不同的环境,这是一种参与过程的体验,也是一种情感意志的体验,更是一种分享合作的体验[①]。这样的成长体验会让教育自然发生,个体在体验中与自然环境、人文社会乃至内部自我重塑关联,并不断重构自我的世界观、人生观与价值观。体验性的焦点则在于自我精神世界的重构,这一根本属性全面阐释了研学旅行立德树人、培养人才的目的。体验性对教师的德育方法发出了挑战。

## 四、研学旅行的开放性决定了教师重构评价体系的职责

与学科课程不同,研学旅行活动课程没有固定的内容和答案。学生的研究视角不同,研究目标不同,认知基础不同,探究方法不同,成果形式不同。研学旅行活动课程的开放性使该课程不能像学科课程一样采用传统方法评价。教师要以全面性、发展性、开放性、过程性、主体性、激励性、多元性原则为指导重构评价体系。关于这一点,《意见》中也有明确的表述:"学校要在充分尊重个性差异、鼓励多元发展的前提下,对学生参加研学旅行的情况和成效进行科学评价,并将评价结果逐步纳入学生学分管理体系和学生综合素质评价体系。"教师是教学实践的主体,必须承担起构建研学旅行评价体系的职责。同时,教

---

① 陈春光.论研学旅行[J].河北师范大学学报(教育科学版),2017(3).

师也是教学反思的主体,基于研学活动的生成,每次活动都要进行及时的评价总结。唯有如此,才能推动研学活动的健康发展,以及学生研学能力的持续提高。

### 拓展阅读

#### 教师在研学旅行中职责的错位现状和归位保障[①]

一、教师在研学旅行中职责的错位现状

(一)活动前:课程开发意识淡薄,被动开展研学准备

研学旅行活动是一场自上而下的教育变革,其自上而下的变革方式极易造成课程开发主体中一线教师的缺位。在试点实践中,由于目前学术界对研学旅行的学理探究众说纷纭,活动尚未形成成熟机制,部分学校对教师的课程权利定位不清,课程开发的权利主要集中在少数教学专家或是学校委托的研学旅行机构手中。在课程开发上,他们往往陷入"只学不旅"或"只旅不学"的两元论思维窠臼。

研学旅行课程开发与设计中带队教师的缺位、日常教育教学工作的琐碎及自身课程权利意识的淡薄,导致教师在研学活动准备阶段自身职责履行的错位,具体表现在将自己仅仅定位于活动开展的忠实执行者,对研学旅行采取被动消极的态度,按照学校要求亦步亦趋、唯命是从地完成活动前的系列准备工作,而对研学所涉及的项目主题等核心内容则熟视无睹。此外,由于研学旅行尚未纳入学校课程系统中,为不影响正常的教学进度,研学活动的筹备、开展时间都较为短暂,这也是教师准备不充分、处处被动的重要原因之一。

(二)活动中:践行安全监管职责,无暇顾及"教书育人"

项目课题探究是研学手册的主要知识载体,是落实研究性学习的重要方式。教师在研学旅行中不仅是课程开发者,更是项目主题研究的指导者。而现实中,往往出现学生拿着研学单来求教教师,教师则看着陌生的课题题目哑然失语、尴尬万分,无奈之下把"烫手山芋"推给导游。这样的做法不仅直接影响学生探究能力的培养,还有损教师的职业尊严。究其原因在于活动前对研学旅行的目的认识不清,对自己的研学职责判断错误,缺乏相应的"研学备课"。此外,集体出游安全第一。研学旅行属于校外集体性实践活动,其安全风险从一般性的活动风险扩大到餐饮、交通、住宿等更为复杂的安全问题。另外,公众舆论和家长认知对于学校保障学生人身安全的法定义务存在误区,一味地将安全风险推给学校。因此,出行安全成为学校和教师最为关注的问题。活动现场,带队教师的职责主要体现在维护班级学生秩序,保障学生安全,而对学生在研学中遇到的课题探究问题关注不多,对于学生个体在活动中的独特感受与体验了解较少,对于其变化中的情感态度与价值观更疏于引导。带队教师心系学生安全本无可厚非,但如果仅停留在安全教育与监管上,置身于"学游兼得"的目的之外,那教师"教书育人"的职责也就流于形式,研学的本真也就无从谈起。因此,教师在研学活动中对自己"教书育人"的职责出现认识错位,必然导致活动成效的差强人意。

(三)活动后:回归教育现实桎梏,评价总结难以深刻

研学旅行的生长性确立了教师对历次研学活动的评价总结职责,教师在研学旅行中

---

[①] 王燕芳.教师在研学旅行中的职责[J].教学与管理,2019(8):9-11.

的职责充分说明研学旅行活动结束后及时跟进研学评价的重要性和必要性。而反观现实,很多学校对此重视不够,研学评价滞后或根本没有。教师也多是临时接到通知,被动作为。为避免耽误正常的教学进度,教师会选择在最短的时间内最简单地完成此项任务。这样"速成"的研学评价,虽然能够在一定程度上表征研学活动的成效,但不免存在报喜不报忧、评价不客观真实的肤浅状况,制约研学旅行活动后续的健康发展。学生研学评价方面,由于研学活动中学生心理、探究能力、实践能力的变化等具有内隐性,活动中对研学评价方案所涉及的各要素关注不够,因此教师难以做到真实有效的评价。

二、教师在研学旅行中职责的归位保障

(一)教师明确研学旅行职责定位,增强自我内在修炼

我们的教育长期以来存在着重说教而轻实践、重道德灌输而轻情感体验的倾向,研学旅行正是破解这种长期以来"纸上谈兵"式的教育症结的良药。为此,教师个体首先要以主人翁的态度,明确自己在研学旅行中的职责定位,积极主动地参与到研学实践中。参与活动时,头顶需要时刻悬挂着职责的"达摩克利斯之剑",用于规范和指导自己的举止言行。其次,"工欲善其事,必先利其器"。研学旅行课程主要通过课题研究形式来培育学生综合运用知识与解决问题的关键能力与品格,涉及的是跨学科知识与多维的文化视野,这对带队教师的个人综合素质有着很高的要求。作为带队教师,要保质保量地履行自己的研学职责,就须增强自我的内在修炼。在日常教育教学工作中,须进行校本课程开发的尝试,丰富课题研究经验,钻研评价机制,注重积累各种实践经验,并定期对经验进行反思,提高课程开发、课题研究和评价总结能力。最后,教师在明确职责的"有所为"的同时,也要注意明确其"有所不为"。只有分工明确、职责清晰,才能真正发挥教师的带队价值。

(二)健全研学旅行课程规划体系,下放教师课程权利

研学旅行要以研学的目的作为课程规划的出发原点,把地方特色资源的挖掘作为课程内容的主要构成要素,按照课程内容组织的连续性、顺序性和整合性原则,以恰当的结构形式编排整个课程内容要素。这里需要特别关注两个问题。①课程内容的主要构成要素具体是什么?这涉及课程开发的主体——教师。由各个教师依据各学段学科课程知识系统,遵循学生的身心发展特点,结合地方特色资源,确定每次研学活动的主题项目。②现实中十二年一贯制的学校较少,怎么保障研学旅行课程的系统性和连续性呢?这涉及区域学校对地方特色资源的联合开发。因此,研学旅行课程系统的规划与完善、研学课程的精品打造需要区域学校教师在同一平台上协同开发,需要相关教育部门和学校对教师课程权利的充分下放。

(三)搭建研学旅行教师培训平台,提升教师研学能力

教师是研学旅行课程开发、实施和评价的主体,研学旅行核心在于课程研发,关键在于研学导师。研学旅行作为课程变革的重要组成部分,是加速教师课程权利落实的"催化剂"。为此,各地方区域的教师教育部门应尽早搭建研学旅行教师培训平台,给教师以方法论的指导。研学旅行课程的实践品性对研学方案的可操作性提出了很高要求。因此,对教师的指导应主要采取典型引路的方式进行,具体可尝试从以下几个方面进行系统考虑。①研学宣传。通过讲座或座谈会的形式对研学活动进行宣传动员,明确研学旅行中参与人员的主要职责。②点面结合。普及研学旅行中教师职责履行的具体做法,并采取

具体案例解析的方式进行佐证。③检测反馈。通过实地考察、协同合作来检测反馈教师撰写的研学课程方案。④跟踪评价。督促教师在各个学校开展的研学活动实践中不断反思修正课程方案，进而切实提高教师的研学能力。

# 第四节　研学旅行活动课程中的师生关系

新一轮课程改革要求构建民主平等、合作共享的师生关系，这样才能激发学生的求知欲，提高综合能力。因此，新型师生关系的重构将成为新课程改革中的重大突破。

研学旅行活动课程是一门实践性、生成性、综合性的活动课程。课程是由师生合作开发、设计与实施的。教师角色转变成功与否，决定了研学旅行活动开展的成效性。研学旅行活动中教师和学生之间的关系必须转变传统教学中"师道尊严""唯师是从"的师生观，努力构建一个民主、平等、合作、共享的新型师生关系，建立民主平等的、朋友式、伙伴式的对话型师生关系既是新课改的要求，也是研学旅行活动课程生成性、实践性的内在要求。

对话型师生关系是指师生基于平等的地位，相互尊重，互相交流，携手合作，形成心灵默契、精神相通的和谐师生关系。建立对话型师生关系，是促进研学旅行有效进展，使教师角色作用充分发挥，实现学生自主生长的重要保障。教师转变传统的教师权威的观念，树立新的学生观，是建立对话型师生关系的重要途径。

## 一、教师要转变传统教师权威的观念，弱化管理者身份

在研学旅行活动课程的实施过程中，教师要弱化管理者身份，更多地充当与学生平等的组织者。教师作为组织者好比节目的主持人，而非维持纪律、不断施加压力的"监工"。教师对学生的组织关系表现为要营造一个接纳的、包容宽松的活动氛围，创设能引导学生主动参与的教育环境。解除学生身上的各种压力，帮助学生提高学习效率。

研学旅行非常注重学生创造性思维的发展和个性的培养，而教师权威容易造成学生畏惧教师，从而阻碍学生自主性的发挥。教师应转变传统的"师道尊严"的权威性角色，主动和学生进行平等对话，促进师生之间内在精神世界的敞开和沟通，并在相互理解的过程中实现观点、思想和精神上的相遇、相通与相容。

## 二、教师要树立新的学生观，激发学生自主意识

研学旅行的教学空间、学习方式的改变，使教学中的主体地位也发生了相应改变，教师从"独奏者"变成"协奏者"，学生也成了研学活动中的主角。因此，教师需要树立新的

学生观,尊重每个学生的个性差异,注重调动学生的主观能动性,从而发挥学生的主体性[①],在主题生成、探究小组组建、研究方案制订、考察实验、结果汇报等环节中实现自我管理、自我组织、自我成长,要让学生产生责任感和使命感,使学生从他律走向自律,从自律走向自觉。

教师树立学生为主角的意识不代表教师不作为。教师在组织实践活动时应该观察学生的活动情况,包括学生个人的参与情况,以及与他人合作的情况;需要深入学生中检查他们的做法,及时发现他们的错误,以便提供必要的提示和矫正,并回答问题;教师还需要及时鼓励,把一些游离于小组之外的或长时间保持沉默的成员拉进活动小组中,以促进小组间更好的合作。

# 第五节　研学旅行活动课程中的师生活动方式[②]

## 一、相互倾听、倾吐——课程实施的核心

传统教学中,师生的活动方式是"我讲你听,我管你从",教师的任务就是把"定论"的知识搬运给学生,教师是独白者,学生是听众;教师讲授和说教,学生倾听和服从。研学旅行活动课程以发挥学生的主体性为出发点和归宿点,强调学生的发现学习和探究学习。这一课程模式旨在给学生提供一个自主学习、自我发展的自由空间和实践"场域"。传统的师生活动方式显然不符合研学旅行活动课程的内在要求。"我说你听"的教学方式要转变为讨论、商量的对话方式,师生间相互倾听和倾吐。教师倾听学生感受,分享学生收获;学生倾吐自己的发现和困惑。对话中教师不再是单纯的知识占有者和传授者,而是通过对话了解学生的兴趣,关注学生思想,启迪学生精神;学生也不再仅仅是知识的接受者和"无知"的听众,而是在对话中自己发现知识,自我描述感受,自觉获得智慧。相互倾听、倾吐应该灌注于整个研学旅行活动的全过程。

## 二、平等对话——课程实施的基本要求

研学旅行活动中的教学是教学方式与学习方式的转变,教学成为一种以对话为特征的生命和情感的沟通。这种对话是师生的互动,任何一方没有缺席的权利。对话意味着人格的平等,任何一方都不拥有"话语霸权",但都有自己的话语权利;意味着在"商榷"气氛中共同探讨学生未知的领域。"在教与学的社会关系中,师生之间不是命令与服从的关系,而应该是平等的'你我'关系,双方互相尊重、互相信任、真诚交往,共同探求真理、交流人生体验[③]。"交流和交往应该以平等的对话为基础,平等的对话是师生合作和交流的"支

---

①　汤碧枝.研学旅行中的教育理念变革与教师角色重塑[J].教师教育论坛,2019,32(10):39-42.
②　何茜,杜志强.综合实践活动课程实施中师生的角色定位及相互关系[J].教育科学,2008(3):45-48.
③　靳玉乐.新课程改革的理念与创新[M].北京:人民出版社,2003.

架"与"桥梁"。在对话的交互关系中,学生的自尊得到了承认,学生的想法得到了重视,学生追求知识的兴趣就可能会被激活,心灵就可能由此而敞亮起来。

### 三、在探究过程中相互合作——课程实施的根本方法

研学旅行活动是基于学生的直接经验、密切联系学生自身生活和社会生活、体现对知识的综合运用的课程形态。这是一种以学生的经验与活动为核心的实践性课程[①]。

由此,课程不只是特定知识的载体,而是师生共同学习和发现的过程。在这一过程中教师和学生共同探索研究对象,共同商讨研究方案,共同处理所遇问题。教学成为"协作学习",教师和学生成为合作伙伴。"教师—活动—学生"构成了不可分割的有机整体,三者交织在一起。活动成为教师和学生共同关注的对象,师生的活动共同贯穿于整个研学旅行活动课程的始终。因此,在以师生互动为特征的研学旅行活动中,教师主体与学生主体同时存在,互相依附,共同创设一个充盈于师生之间的和谐的、具有亲和力的教育情景和精神氛围。

研学旅行活动课程中的教师和学生失去了可以"依附"和"照搬"的书本,失去了课程实施过程中的"指令性"规则,需要在实践中进行资源开发,并在探究活动中不断生成。这些无疑给教师和学生提出了一个崭新而又富有挑战性的课题。它要求师生在课程中共同确定研究课题,共同探索研究方法,共同实现课程目标。在课程的开发和实施中,师生置于一种不容缺席的地位。师生成为一种伙伴和共同的参与者的关系,课程实施不仅是一系列活动过程,而是成为知识创新的历程。因此,在课程实施过程中,教师和学生成为一种伙伴,共同参与到从确定研究主题到活动成果展示的全过程。

## 第六节　研学旅行活动课程实施中
## 教师的指导策略

研学旅行是整合融通式教育,要让学生在研学旅行活动课程中产生对价值的体验、体悟,直至体认。达到这一目标就需要高水平的教师队伍围绕教育主题思想和教学目标,开展富有成效的课程设计、教学组织、活动带领、分享引导和价值澄清等教研工作。在研学旅行中,"言传身教、以身示范、学以致用、生活即教育"等教育思想体现得淋漓尽致[②]。

---

① 朱慕菊.走进新课程[M].北京:北京师范大学出版社,2002.
② 薛保红.师资与课程:把好研学旅行的品质关[N].中国青年报,2018-11-15(012).

## 一、选题的指导策略

### （一）开题前的准备

#### 1. 开题前总动员

教师需要做好充分的思想动员,让学生认识到研学旅行是研究性学习和旅行体验的结合,认识到研学旅行与普通旅行的本质区别在于开展研究性学习。研学旅行不是观光旅游,而是一种学习,教师要告知学生研学旅行过程中的具体安排。学生有了比较清楚的认识,才能以正确的态度和饱满的热情投入研学活动中。学校在此次研学旅行正式开始前,就研学旅行的线路推荐,开展研学活动的目的、意义等与家长、学生做了沟通、宣讲,统一了认识。在研学旅行启动时,学校以研究性学习为主题举办专题讲座,学生通过讲座对研究性学习有了初步的认识,了解到研学旅行和普通旅游的区别,在心理上和思想上更加重视研学旅行,认真对待后续的活动。

#### 2. 督促学生做好学习用具准备

为了保证开题的顺利进行,学生需要提前准备好相应的学习用具,例如研学手册、笔记本、笔、iPad 以及相关书籍,以方便查阅、记录、书写相关资料。

#### 3. 氛围营造

环境氛围会潜移默化地影响学生的心理状态和学习态度,这直接关系着开题能否成功。在开题前,教师可以通过调整教室桌椅、布置黑板、悬挂横幅等方式营造一个比较正式、严肃的氛围,引起学生在思想上对研学旅行的重视。

研学旅行活动课题生成一定要发挥学生主体性。大主题已定的情况下对学生研究课题的指导主要经历提出问题—筛选问题—归类问题—提炼课题的基本过程,也是变问题为课题的过程[①]。

### （二）上好开题课

研学旅行中的研究性学习课题一般与旅行目的地相关,需要对目的地有一定的了解才能提出有价值的课题。现在的孩子虽然从小就随着父母一起旅行,但基本以游玩、放松为主,很少对目的地有深入的了解,很难提出有研究意义、可行的研究课题。在一些研究性学习中,往往是由指导教师就旅行目的提供一些课题,由学生根据自己的兴趣做出选择。这样的做法,学生坐享其成,失去了研究性学习培养学生发现问题、解决问题能力的重要意义。

主题设计之下的研究课题是研学旅行活动教学设计中十分重要的一个环节。有哪些

---

① 吴笺.综合实践活动中教师选题指导与策略[J].福建基础教育研究,2014(5):121-123.

方法可以帮助学生设计好的课题呢？下面介绍横向统整法和纵向推进法[①]。

横向统整法是指依托学校现有资源和条件，围绕共同主题多视角开发活动内容，实现多领域、多层次的研究与实践。这些内容之间是并列的、独立的，不存在顺序先后和逻辑关系，活动之间无须特别的组合排列（见图 8-1）。这种方法通用于各个学段的学生。教师要对不同学段探究的目标做梯度性设计。这类活动主题涉及方方面面，可以调动学生所学过的学科知识或未学过的有关知识，这很符合课程强调内容统整性特点。所选择的内容越丰富，就越能表现主题。在有限的活动时间内，学生可以学到多方面的知识，获得多方面的感受。

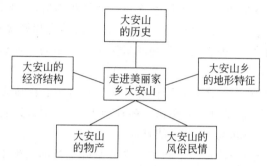

图 8-1　"走进美丽家乡大安山"系列主题实践活动[②]

纵向递进法是指以某一特定主题为线索分学段或年级递升设计活动，使研究目标、内容及方法等方面逐渐拓展深化。这一类的活动都是围绕一个主题展开，将主题逐步推进，不断升华。这种形式要求每个子课题内容层次之间必须能够衔接、推进、升华，一般来说，顺序不能颠倒。这样层层推进、环环紧扣、由浅入深、由感性到理性，由一般活动到高潮的活动，能较好地促进研学旅行活动课程的系统开发和宏观建构，对于研学旅行活动课程的常态化实施具有较大价值。第四章中提到的"造访茶园　品味茶香"就是这种情况。纵向推进的方法很适合研学旅行活动课程在全学段学校的实施。教师要对不同学段的课程资源进行提前调研。

### 拓展阅读

#### 逻辑贯通，拓宽生命的长、宽、高[③]

北京中学的"中华文化寻根之旅"研学课程遵循由近及远、由小到大、由具体到抽象、由整体到部分的认知规律，结合"先知后行、行后再知、知行结合"的行动逻辑，由一个资源点到一条研学线，再到一套课程体系，形成了"知根—寻根—培根"的阶梯性课程体系，培养有根的中国人。

---

①　黑岚.小学综合实践活动课程的设计、实施与评价[M].北京：清华大学出版社，2020.
②　案例来源于北京教育学院北沟特色课程群项目，由大安山中心小学提供.
③　余国志.研学旅行的校本表达与演绎——以北京中学"中华文化寻根之旅"研学课程为例[J].基础教育课程，2019(20)：13-21.

### 1. 激发学生提出最想研究的问题

爱因斯坦(Albert Einstein)曾说,提出一个问题往往比解决一个问题更为重要,因为解决一个问题也许只是一个数学或实验上的技巧问题。而提出新的问题、新的可能性,从新的角度看旧问题,却需要创造性的想象力,或许还标志着科学的真正进步。

问题不是拍着脑袋提出来的,一定是建立在前期调研的基础上的。比较有效的做法是教师与学生一起拆分目的地,分组选定不同的研学地点,就自己选定的地点查找相关资料并充分交流,在交流的过程中,教师要引导学生使用头脑风暴法。头脑风暴法是将有关人员召集在一起,以会议的形式(头脑风暴法也因此被称作"圆桌会议法"),对某一问题进行自由的思考和联想,提出各自的设想和方法。它是由学生和教师平等讨论,以协商的方式共同选择和确定主题的一种方法。头脑风暴法是最实用的一种集体式创造性解决问题的方法。

使用头脑风暴法时其有效之处在于抓好几个关键环节:教师与教师之间或教师与学生之间尽可能民主协商;必要时可以邀请一些社会人士或家长参与讨论;写下能够参考或想到的任何与主题有关的问题,要尽可能具体。

教师要善于运用调查表搜集学生问题。在此基础上帮助学生生成研究主题。尤其是组织学生开展社会调查访问时,经过合理设计的调查表格(见表8-1)是主题生成的得力工具。

表 8-1 调查表

| 班级: | 姓名: | 回答 |
| --- | --- | --- |
| 你想研究什么事物? | | |
| 你想研究这些事物的哪些方面? | | |
| 你打算怎样研究这些问题? | | |
| 你准备独立研究还是与他人合作? | | |
| 你预计研究这一事物可能遇到的困难是什么? | | |
| 你希望得到哪些帮助? | | |

### 2. 把好问题的筛选关,有效筛选问题

学生的问题五花八门,不是所有的问题都能成为研究课题。在这一阶段,教师要指导学生把好问题筛选关。问题筛选很重要,教师要与学生共同探讨问题筛选的原则,然后遵照原则引导学生去掉简单肤浅的问题、缺乏探究空间的问题、难以实现的问题、缺乏可行性的问题。

### 3. 引导问题归类并组建研究团队

将学生提出的系列问题汇总、归纳、整合的过程就是研究课题形成的过程。问题归类的工作一定要由学生自主完成,学生通过思考、争辩、研讨后对众多的问题进行分类、归

纳、整合、汇总,最后形成了一个个不同类别的"问题包"。在这一过程中教师仅仅起到主持和组织的作用,不能代替学生进行归纳工作。待若干"问题包"形成后,教师及时出现,匡正学生在合并同类项过程中出现的失误,提高分类的科学性。学生提出的问题反映了学生的兴趣点,因此问题分类的过程就是研究小组形成的过程。伴随着问题的归纳和汇总,兴趣相投、致力于研究同一类别问题的学生自然形成研究小组。

### 4. 拟定课题研究的题目

研究小组内部进行讨论,对问题包进行命名就形成了课题名称。问题提出和课题生成的过程可以用图示呈现如下(见图8-2)。

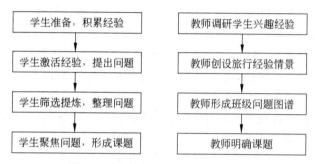

图 8-2　问题提出和课题生成示意图

### 5. 对课题的再调整

学生分组后确定的课题题目往往会出现范围太大或太空、针对性不强、缺乏可行性、课题缺乏研究价值等问题,在后期的研究中难以找到切入点,只能泛泛而谈。教师需对各个小组拟定的题目加以指导,提升课题与学生研究能力的契合度及研究课题的科学性。

**案例 8-1**

某中学敦煌线路组会去敦煌、酒泉、嘉峪关三个城市,教师将这三个城市中要去的景点罗列出来,包括月牙泉、鸣沙山、莫高窟、雅丹地质公园、玉门关、酒泉卫星发射中心、嘉峪关等著名景点。以下是教师的指导策略。

(1) 通过调整研究对象将学生生成的题目具体化

案例一:学生围绕"雅丹地貌是如何形成的"提出了系列研究问题,转化为"雅丹地貌的成因"这样的课题名称,但是雅丹地貌本身的内涵比较丰富,按照发育阶段和外表形态又分为风蚀墙、风蚀塔、风蚀柱等,教师引导学生选择其中某一个小的类别进行研究。经过指导,学生将题目最终确定为"雅丹地貌风蚀柱的特点及形成原因"。从修改后的题目可以看出,学生思考有逻辑、有层次、有方向。

(2) 通过在题目中增加时间、地点等限定词缩小研究范围

案例二:学生经过系列讨论最终确定了"莫高窟壁画上人物的动作意义研究"的题目。但莫高窟有洞窟735个,壁画4.5万平方米,泥质彩塑2415尊,研究莫高窟壁画上人物的动作意义,需要对这2000多尊泥塑进行详细的观察和研究,这样的题目对于初一的

学生来说不具有可行性。教师引导学生在原有题目上添加限定词,最终将题目确定为"敦煌莫高窟唐代壁画人物造型特点研究",从而达到缩小研究范围,明确研究内容的目的。

(3) 通过细化研究内容确定研究题目

案例三:某小组拟定了"雅丹地貌的环境保护"这样一个题目。这个题目的方向比较有现实意义,但是环境保护这个问题很大,从题目无法看出学生到底想研究什么。教师通过这样几个问题,逐渐帮助学生明确了研究内容:为什么要对雅丹地貌进行保护?是什么原因导致了雅丹地貌被破坏呢?具体表现在哪里?针对这样的现象,应该怎么办?经过教师的指导,该组的课题确定为"雅丹地貌被破坏的原因与保护措施"。

(4) 通过修改关键词调整研究方向,使课题更具有研究价值

案例四:某小组拟定的题目为"酒泉卫星发射中心的地位",这个题目让人一头雾水。首先,单就"地位"而言,要看在哪个具体领域的地位,卫星发射属于航天工业,其地位应该首先体现在航天工业方面;其次,大家都知道酒泉卫星发射中心被称为"中国航天事业的摇篮",关于其地位早已有定论,没有太大的研究价值。教师提出诸如"为什么对酒泉卫星发射中心有这么高的评价?""表现在哪些方面?""支撑这样地位的基础是什么?"等问题,学生逐渐明白自己拟定的题目的问题,并对关键词进行了修改,将题目确定为"酒泉卫星发射中心对中国航天事业的影响",虽然这个题目仍然存在问题,但是比最初的题目已经有了进步。最终,敦煌线路一共确定了以下几个课题:①雅丹地貌被破坏的原因与保护措施;②敦煌莫高窟唐代壁画人物造型特点研究;③酒泉卫星发射中心对中国航天事业的影响;④玉门关在边塞诗人眼中的形象是什么;⑤从莫高窟壁画颜料看宋代经济发展;⑥月牙泉千年不涸的原因探究;⑦雅丹地貌风蚀柱的特点及形成原因。

虽然一些课题在研究价值、可行性等方面还存在一些问题,但是这些题目是学生经过了认真思索而确定的,这时学生更期待的是教师给予的肯定。教师应该明确,初次接触研学旅行的学生进行研究性学习的重点并不在于追求研究结果,而在于让学生获得亲身参与科学探究的体验。在这个过程中,学生的探究可能成功也可能失败,但失败何尝不是一种体验呢,学生试错的过程也弥足珍贵①。

## 6. 课题分解——对课题分解形成子课题

活动课题生成后,为了实现研究的充分性和分工的有效性往往需要拆分课题,在小组内部形成一系列子课题。教师要鼓励小组内的交流讨论,学生对课题进行思考,提出自己愿意深入探究的子课题。在子课题确立的过程中教师要善用思维导图。教师在分解课题伊始先出示思维导图,讲解思维导图的作用,并以某一主题的分解做示例解说如何应用思维导图,之后让学生小组内或班内讨论,自行使用思维导图分解课题。

子课题生成环节,教师要引导学生画思维导图,让学生利用发散思维联想到与主题相关的诸多方面,或并列或递进,进行思维的逐级发散。用形象的图像、线条来代替文字描述,直观形象,富有条理,比纯粹的文字更适合中小学生的心理特点。如某小学开发了走

---

① 刘欢,唐杨.指导初次接触研学旅行的学生有效开题——以敦煌线路组为例[J].教育科学论坛,2018(8):54-58.

访汽车工厂的以"车迷天地"为主题的研学旅行活动,围绕"走进汽车"这个课题,师生共同构建思维导图,形成了"汽车的危害""汽车的发展史""汽车的构造""未来的汽车"等多个子课题问题。图 8-3 是师生共同绘制的思维导图。思维导图把课题的生成交给了学生,充分发挥学生的自主性,体现了研学旅行活动的课程开放理念。思维导图还可以用于学生活动计划的制订,培养学生解决问题和统筹规划的能力。

图 8-3　"走进汽车"思维导图①

## 二、对学生研究计划的指导策略②

对学生研究计划的指导策略包括布置各小组拟定研究方案、上好方案交流课、组织开题答辩。

### (一)布置各小组拟订研究方案

教师布置学生利用课余时间拟订研究方案,并告知学生拟订方案的时候要充分协商,在每个小组成员充分发表意见的基础上形成具有集体意志的研究方案。

### (二)上好方案交流课

#### 1. 出示范例,让学生明晰活动方案的要素和格式

在开展研学旅行活动方案交流课时,教师要充分了解学生的现实水平,给予学生必要的引导。学生受其认知水平、阅历、独立性等方面的限制,在方案的科学性、周密性、详细性、可实现性等方面存在一定困难,需要教师在学生评议活动方案之前进行合理引导。教师引导的具体做法是:在学生刚开始接触研学旅行活动课程时给学生展示相关的活动方案的案例,让学生对活动方案的基本要素和格式有一定了解,对活动方案的性质、作用、标准、制定的方法进行集中学习。

---

① 黑岚. 小学综合实践活动课程的设计、实施与评价[M]. 北京:清华大学出版社,2020.
② 温富荣.综合实践活动方案设计课的教师指导策略[J].福建教育学院学报,2014,15(6):110-111.

### 2. 着重讲解研究方法[①]

在研究性学习过程中，一般会用到调查法、文献法、观察法和实验法等研究方法，每一种方法的实施办法和注意事项不尽相同。学生对这些方法如果缺乏系统的认识，就无法有效地设计研究方案。针对这一问题，教师要在方案交流课上就以上 4 种研究方法进行必要的说明。

（1）调查法。

调查法是通过制订某一计划，全面或比较全面地搜集研究对象的材料，并做出分析、综合，得到某一结论的研究方法，其按照形式可分为座谈会、访谈、调查表、问卷调查等。

（2）文献研究法。

文献研究法主要指搜集、鉴别、整理文献，并通过对文献的研究形成科学认识的方法，包括以下五个环节（见图 8-4）。

图 8-4 文献研究法的环节

（3）观察法。

观察法是指用自己的感官和辅助工具去直接观察被研究对象，从而获得资料的一种方法。其实施步骤如图 8-5 所示。

图 8-5 观察研究法的步骤

（4）实验法。

人们根据一定目的，在人为控制或模拟自然现象的条件下，通过仪器和其他物质手段，对研究对象进行观察的方法称为实验法。实验法的一般步骤如图 8-6 所示。

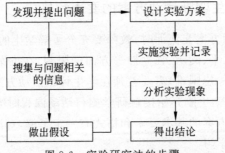

图 8-6 实验研究法的步骤

---

① 刘欢,唐杨.指导初次接触研学旅行的学生有效开题——以敦煌线路组为例[J].教育科学论坛,2018(8):54-58.

### 3. 组织小组间相互欣赏和评议

美国心理学家威廉·詹姆士提出："人类本质中最殷切的需求是渴望肯定。"不管是大人还是孩子，被肯定、被欣赏总是高兴的，特别是处于学习起始阶段的小学生，更是每节课都期望得到教师的肯定和欣赏。在全班交流汇报论证研学旅行活动方案时，教师先引导学生发现别组方案的优点，在汇报前就采用启发式语言"你们觉得某某小组的活动方案哪些地方值得我们学习借鉴？"引导学生在认真倾听他人活动方案的基础上，先找出同伴方案中的优点、亮点，学会欣赏同伴，然后再提出问题和建议。不要一开始就说这里不好，那里不对，把他人的方案批得一无是处，论证交流会变成了一场批斗会，学生的自信心会受到打击，丧失兴趣。

**案例 8-2**

某小学校开展《校园植物导览手册》这一主题活动，学生在制订校园考察方案时，教师先引导学生从"《校园植物导览手册》里要放些什么内容才能让大家对校园里的植物了解得更多一些？这些内容可以用哪些方式获取？根据这些获取信息的方式，小组成员之间该如何分工？"等方面帮助明确校园植物考察方案内容。待学生根据教师提示自主拟定好校园植物考察方案后，教师组织学生把自己小组制订的考察方案在全班进行汇报交流，同时引导其他学生认真倾听并对汇报小组的活动方案进行提问和质疑。如针对某小组方案中"给植物拍照"提出问题"你们小组的考察方法有给植物照相，请问你们的相机从哪来？谁负责拍照？"汇报小组回答后，再次质疑"某某有学过拍照吗？你们怎样保证拍出的植物照片清晰？你们有没有考虑过请某某老师帮忙或向他学习拍照技术？""拍整株植物还是部分？"等问题，指出考察方案不完整的地方，展开充分的讨论和论证，引导学生对考虑不全或忽视的地方重新思考，从而明确自己方案中的问题，有效地修改和完善自己的活动方案[①]。

可行性论证是活动方案制订指导课的重点。教师引导学生找出他人活动方案中值得肯定和欣赏的地方后，再引导学生从他人活动方案中的"人员安排、活动时间、活动地点、财力、物力"等方面的考虑是否妥当进行审视，寻找"不足"。为了让学生能欣然接受别人的意见和建议，一定要找准问题，注意说话的艺术。例如，在提供意见时可以用"老师觉得××地方怎么样可能会更好""可以考虑下……"等说话方式。

整个方案论证过程中，教师都不要包办代替，给予学生充分的自主权和肯定的同时，为学生找出问题的关键，并且提意见时用的是商量和征询的语气，很中肯，让学生感觉教师和同伴在帮助自己，而不是指责。在愉快地接受别人的意见时，能及时认识自己的不足，积极改正、调整方案不完善的地方，为后续活动做好铺垫，方案制订课的教学起到了应有的效果。

### 4. 引导学生修改完善研究计划

最后，教师针对学生自主制作的方案进行匡正。通过启发性追问等方法促使学生完

---

①  温富荣.综合实践活动方案设计课的教师指导策略[J].福建教育学院学报,2014,15(6)：110-111.

善方案。

### 5. 布置填写开题报告，进行文本表述

（1）设计开题报告，讲述开题报告的基本格式。

开题报告呈现的内容就是课题的研究方案，做好开题报告，相当于做好了研究性学习的计划。做好开题报告也有助于学生厘清研究思路，明确研究方向，掌握研究重点，熟悉研究方法，为研学旅行中课题研究的行动提供科学的规划。从开题报告的格式来看，一般包含课题名称、研究背景、研究目的、研究内容、所需条件、具体实施计划、预期成果等内容。为了帮助学生了解什么是开题报告，了解开题报告如何填写，开题报告一般包含在研学手册中，通过阅读《研学手册》，学生初步了解了开题报告的格式。

（2）讲解开题报告，让学生了解开题报告的内容，明确各项内容的内涵。

从内容来看，开题报告主要解答研究什么、为什么研究和如何研究这三个问题，对于初次接触研究性学习的学生来说，解答这三个问题比较困难，多数学生不清楚什么是研究背景、研究目的和研究内容。研究背景和目的就是阐述为什么选择这个课题、为什么研究它，研究内容是回答具体研究什么的问题，具体实施计划是解决如何研究的问题。

**案例 8-3**

某小组课题是"探究雅丹的破坏原因和保护措施"，学生填写的研究目的是"了解以前的雅丹地貌为什么会变成现在这样，是受了什么影响，我们需要怎么做，同时了解人们对雅丹地貌现状的看法"。研究内容是"了解雅丹地貌的现状，总结保护措施，让人们明白保护雅丹地貌有多么重要"。从这个例子可以看出，学生对研究目的和研究内容并不明确，这时候需要教师的点拨。经过教师的指导，学生将研究目的确定为"认识和了解哪些行为会对雅丹地貌造成破坏，以及如何保护，并呼吁人们爱护和保护自然环境"。研究内容调整为：①从自然和人为两方面了解雅丹地貌被破坏的原因，了解哪方面的原因为主要原因；②了解景区现有的保护措施有哪些；③了解还应该从哪些方面改进现有的保护措施。对于初次接触研学旅行的学生来说，以上方面不适宜做太高的要求，能够让学生对开题报告有初步的认识即可[①]。

## （三）组织开题答辩

开题答辩重点在于"答"和"辩"，辩的过程就是研究和学习的过程，辩的结果是"明"，辩的作用在于专家的指导和引领。对于初次接触研学旅行的学生来说，开题答辩则重在展示，且具体开题内容在开题报告中已经有体现，答辩的过程更加重视学生对开题答辩过程的认识和了解，锻炼学生的表达能力。

---

① 刘欢,唐杨.指导初次接触研学旅行的学生有效开题——以敦煌线路组为例[J].教育科学论坛,2018(8)：54-58.

## 三、资料搜集的指导策略

教师在此环节要明确资料整理的任务和要求,将整理资料的方法和注意事项告知学生,以便学生在实际操作过程中不会无章可循。资料搜集好之后,教师要组织学生对搜集的一手资料进行整理和交流,可以以小组为单位将学生的调查表、访谈记录、实地考察记录、统计数字等进行信息的整理和提炼。教师首先要让学生明确资料的查阅方式是多种多样的,资料查阅的方式不仅仅包含查阅互联网上的信息,还有专著、报纸、期刊的搜索,以及调研、访谈后获取的信息。

下面重点介绍教师在文献的查阅和整理中的指导策略。

教师要善于引导学生交叉运用不同的分析方法对资料进行分析。材料的分析一般有定量分析和定性分析两种,定性分析法包括因果分析法、功能分析法、历史分析法和比较分析法等。

### (一)文献查阅的指导策略

教师应当向学生传授资料搜集和整理的方式、方法。使学生明确搜集资料应遵循科学性、综合性的原则。教师应指导学生关注资料的科学性,尽量多搜集有事实依据的资料、第一手资料,对于那些出处不明,准确性、真实性较差的资料要去伪存真。同时指导学生综合运用各种方法查阅资料,如顺查法(按照所研究课题的时间和发展顺序由远及近、由旧到新的查找方法)、逆查法(按照所研究课题的时间和发展顺序由近及远、由新到旧的查找方法)、引文查找法(根据已获得文献中所包含的参考文献和注释为线索查找资料的方法)等进行资料的搜集和检索。

资料查阅后,进行筛选和整理也是学生面对的一大困境。教师应采用多元的方式指导学生整理文献。[①]

### (二)帮助学生掌握资料阅读、筛选的方法

教师在指导学生时可以引导学生尝试体验,习得相应的方法。首先,在获得文献资料后快速地浏览一遍,看题目、目录、段落的开头或结尾、研究过程、结论等,判断与主题的相关性;其次,详细地读一遍,边读边思考,在重要的信息处用画线、圆圈的方式做标记,将产生的想法或疑问标注在空白处,如果是从图书馆等地借来的资料,不可在上面乱涂乱画,应在笔记本上做摘录(原封不动地记下原文中重要的信息并注明出处,方便后期核对、引用)、提要(对文章中的基本内容、主要思想、观点、创新点等内容进行概括总结)、札记(在笔记本上随机记下阅读时的想法、灵感),或复印后在复印件上标注等,或者制作成资料卡片(该卡片大小相同,每张卡片可记录一篇文章或一个故事,最重要的是必须注明出处,可以分为摘录栏、提要栏、札记栏等),方便保留。做记录、画线、抄写属于复述策略,口述、做

---

① 董曼曼.综合实践活动课程中文献法的指导策略[J].教学与管理,2017(34):35-37.

笔记、类比、总结属于精加工策略,选择要点、列提纲属于组织策略,这三种策略都隶属于认知策略,教师可以选取上述策略指导学生进行文献阅读和筛选。

### (三)师生共同制定筛选的标准

文献搜集阶段虽然要求学生依据研究目的获取资料,但是仍会有大量多余、无关的素材,所以必然要进行筛选,在再次明确搜集目的的基础上,师生应共同讨论制定标准。大致可以遵循以下标准:第一层剔除与研究主题无关的资料,第二层去掉来源不明,可信度低的资料,第三层筛选时应该按照权威性进行排序,第四层筛选时除了研究历史相关资料外,还可按照时间进行排序,剔除时间间隔较长的资料。

### (四)在对话中启发学生筛选文献

在对话式的教学过程中,教师引导学生从多角度、多维度去思考问题,在对话中学生获得了自主探究的机会,教师和学生不仅是对话的两个重要参与者,同时也是师生双向学习、共同进步的赢家。

### (五)通过表格对文献进行整理

表格是一种直观化、条理化地呈现信息的方式,它能够使读者一目了然,因此,教师可以引导学生通过制作表格达到整理资料的目的。如在"扎西德勒藏族文化研究"主题活动中,学生搜集到了大量的文献资料,根据学生提出的哈达敬献对象的不同,教师和学生共同制作了文献整理表格,引导学生将本组的资料整理到表格中,然后进行小组间交流分享。这种通过表格整理文献的方法可以将烦琐的、片段状的信息整理成有条理的、具体化的、直观的表格,对比更加明显,帮助学生提升提取、整合信息的能力。

## 四、交流汇报的指导策略

活动总结交流阶段教师的基本任务是整理活动过程中获得的资料、经验和学生的感受,形成对问题的基本看法,获得解决问题的基本经验,通过开展活动交流讨论会、成果展示会等形式与学生共同分享活动成果,最终达到师生共同进步和成长的目的。

### (一)引导学生交流探究过程中的独特感受

在整个研学旅行活动过程中,学生亲身经历了各种探究活动,采访、发放调查问卷、实地考察,遇到了许多问题,或困惑或委屈或兴奋,这些独特的感受,若经过教师的精心点拨与引导,便是一种润物无声的、有力的情感升华体验。如在"寻访小白鹭民间舞团"的小组展示汇报结束后,教师问:"从你们的汇报中,老师发现你们的采访十分成功,哪位小组成员来说说你们采访的故事或者采访的感受?"当学生讲述采访时自己如何在大家的鼓励下,勇敢地到办公室敲门采访,并回忆首次采访预约时的怯弱后,教师赞许地为该小组长竖起大拇指。在研学旅行活动中,不可能时时处处享受着成功的快乐、实践的喜悦。当学生谈到自己在活动中的失败、挫折、失望、烦恼时,教师应引导学生倾诉、交流。使正确的价值观占上风,情感体验得到升华,促使学生形成正确的道德意识、道德情感、道德行为。

## （二）引导学生交流解决问题的途径

研学旅行的课堂是学生在知识的学习以及活动的过程中,向能力转化、向思维方式转化、向学科素养转化的过程。学生在汇报展示的过程中,对研究的主题在认真分析的基础上形成结论,这是总结能力的培养;学生谈收获、谈反思,是自我反思能力的培养;学生谈自己遇到的问题、分析问题,这是解决问题能力的培养。还有采访能力、调查分析能力,这些是汇报展示课中更具价值的无形成果。在汇报展示"纸的历史"的成果后,教师发现,平时汇报展示都没用 PPT 汇报的第一小组,这次用上了 PPT,而且制作十分精美。于是,教师请制作 PPT 的学生来交流,介绍自己是如何学会这项本领的。学生通过交流,进一步梳理强化了自己的收获,再一次得到锻炼。其他学生从他的汇报中得到启发,有所收获。在进行"防火自救"主题汇报展示时,学生总结了自己在采访消防队叔叔的过程中所做的准备。准备一,利用身边的资源;准备二,学会沟通的技巧;准备三,写采访方案,围绕采访目标拟定问题;准备四,进行采访演练。实施采访活动的学生在活动中练就了采访能力,其他学生也看到了榜样的力量。学生在"纸的浪费现象"研学旅行活动中,设计调查问卷、发放问卷、统计、小结。通过对年段、班级卫生角的观察,发现了纸张浪费现象严重的事实。汇报展示阶段,学生们联系实际、各抒己见。通过亲身体验和过后的总结梳理,学生从心里发出阻止浪费纸张的呼声。这样的活动,提高了学生对自己行为的约束力,也提高了学生的自我教育能力。

## （三）引导学生交流对彼此的评价

研学旅行活动的评价交流应该贯穿于整个汇报展示的始终。在每个小组汇报展示结束后,要让学生学会对自己和他人开展的主题活动过程、汇报的成果、汇报的效果进行评价、分析、共享。在学生还不懂得如何互评和自评的时候,教师要给他们评价的框架,告诉他们从哪几个方面评价。如汇报展示方面、成果方面、分工合作方面、研究方法的应用及过程方面。在整个汇报展示过程中,教师引导学生发现这几方面的亮点和不足之处。评价并不只局限于这几个方面,应该给学生更加开放的评价空间,让学生大胆地畅所欲言,教师适时启发,及时点拨,注重观察,开发一切可以利用的教育资源。在师生、生生的互动评价中,教师作为引导者,引导学生听和思考,对活动过程中的成果、分工合作等方面做深入分析和点评,并提出自己的见解或建议。依据思维规律有目的地反复训练,在训练中不断矫正学生的不良思维习惯,使思维主体逐渐形成主动探究知识,多方面、多角度、创造性地解决问题的能力,提高思维能力与思维品质。在汇报展示交流阶段总结、反思,交流独特感受、交流解决问题的办法途径、交流互相之间的评价。这样才不枉费丰富多彩而又辛苦的活动过程,才能从中得到更多的收获和反思,整个研学旅行活动才更具实际价值。所以,研学旅行"汇报展示课"需要充满"交流味"[①]。

**案例8-4**

### "走进圣莲山 感受老子文化"研学旅行活动教学设计
### ——成果展示 交流评估

| 实践活动<br>名称 | "走进圣莲山 感受老子文化"<br>——成果展示 交流评估 | | 活动时间 | 2019-11-08 |
|---|---|---|---|---|
| 参加年级 | 六年级 | | 成果形式 | 研习报告<br>物化成果 |
| 活动概述 | 形成报告—成果展示—交流评价—总结表彰 | | | |
| 小组成员 | 指导教师 | 主讲:任国鹏<br>助教:张 娟 宋有冬 任国彦 | | |
| | 学 生 | 六年级全体学生共27人 地点:录课教室 | | |
| 学习目标<br>任务 | 知识目标 | 通过汇报交流展示各小组研习成果,从而加深对老子文化的理解 | | |
| | 技能目标 | 通过研习成果的汇报交流,培养小组合作能力和成果制作的能力;发展<br>口语表达、认真倾听、日常交际的能力 | | |
| | 情感目标 | 通过小组合作的方式展示、交流研习成果,初步感知老子文化的博大精<br>深,唤醒热爱家乡的情怀,产生自豪感 | | |
| 学习过程<br>设计 | (一)课前研习,形成成果<br>(1)组内合作:根据各阶段研习情况,遴选搜集到的有效信息组织撰写研习报告,物<br>化成果。推选汇报交流人选。<br>(2)辅导教师:给予必要的指导。<br>(二)课中展示,交流评价<br>1.谈话引入,切入主题<br>"走进圣莲山 感受老子文化"研学旅行研习活动到目前为止我们已经接近尾声。<br>自6月25日至今我们按计划历经了近三个月的小组研习活动,活动期间看到同学们<br>积极探索,团结协作,收获满满,让我感慨万分,用老舍先生的一句话表达那就是有<br>喜有忧,有笑有泪,有花有果。这节课就把我们近三个月的研习成果向大家进行汇报<br>展示。<br>2.汇报展示,交流意见<br>(1)出示展示技巧:<br>① 登台演讲发言前,调理自己的心情,缓解紧张情绪。讲话时,先向大家微笑致意。<br>② 目光接触,目光逐步扫视在场的人,使每一个观众感觉在和演讲者交流。<br>③ 稍微走动或使用手势可使自己放松,适当的手势与肢体语言会增加效果。<br>④ 用幽默的方式演说,必须恰当有趣。<br>⑤ 音调与主题内容相配合。<br>(2)汇报展示:分组展示各组的研习成果(形式多样化,每组交流15~20分钟)。顺<br>序:书法魅力—老子文化—传统建筑。 | | | |

---

① 蔡晓曲.综合实践"汇报展示课"要有"交流味"[J].新教师,2015(11):64-65.

续表

| 学习过程设计 | | | | | | | | | | | |

（3）互相评价。

| 组别 | 专题题目 | 评审准则 | 以5分为满分 | | | | | 你心目中的<br>冠、亚、季军 | | |
|---|---|---|---|---|---|---|---|---|---|---|
| | | | 5 | 4 | 3 | 2 | 1 | 冠 | 亚 | 季 |
| 1 | 书法魅力 | 报告内容的丰富性 | | | | | | | | |
| | | 报告内容的启发性 | | | | | | | | |
| | | 展示报告的能力 | | | | | | | | |
| 2 | 老子文化 | 报告内容的丰富性 | | | | | | | | |
| | | 报告内容的启发性 | | | | | | | | |
| | | 展示报告的能力 | | | | | | | | |
| 3 | 传统建筑 | 报告内容的丰富性 | | | | | | | | |
| | | 报告内容的启发性 | | | | | | | | |
| | | 展示报告的能力 | | | | | | | | |

（三）总结表彰，畅谈感受
（1）总结表彰：对本次研习活动表现好的个人及小组进行表彰（颁发荣誉证书）。
（2）畅谈感受：从这次实践活动中你学到了什么？谈谈你的收获

| 时间进度 | 物化成果（课前一周）<br>展示汇报（90分钟）<br>总结表彰（15分钟） |
|---|---|
| 教学反思 | 成果展示过程中，虽然出现不少问题，如展示形式单调；作品制作粗糙、汇报紧张、内容深度参差不齐等。但是这是孩子的亲身体验，在整个研习活动中孩子经历了、收获了。每个孩子在听、说、读、写、研、画、展等各个方面都得到了有效积极的锻炼，我认为这就是我们本次活动成功之所在。正如我们实践活动的初衷：不在于孩子能通过活动学到多么深奥的知识，在于引导学生经历研学探究的整个过程，能够让他们在今后的学习生活中更好地、主动地去探究更多、更广、更深的知识，在知识的海洋中快乐遨游 |

**案例分析**：教师在教学反思中认识到虽然学生的成果还存在这样或那样的问题，但是知识本身不是最重要的，让学生经历知识发生的过程，找到解决问题的路径才是研学旅行活动课程的出发点和归宿。有了这种认识，教师才会在汇报展示、交流评价环节恰当引导学生的行为，让学生都找到自己的增量，听到自己成长的声音。

**【教与学活动建议】**

以班级为单位开展"老师，我希望您是我们的……"征文活动，请学生结合历次主题实践活动中的感受，把自己心目中理想的研学旅行活动指导教师应该扮演的角色及应该发挥的作用在文章中展现出来。文体不限。

本次活动能够帮助教师近距离聆听学生内心的声音，进一步明确自己的角色定位及应该具备的素养。

233

# 思考与实践

成果展示课 1

## 一、理论思考

1. 研学旅行活动课程指导教师应该具备怎样的素质?

2. 研学旅行活动课程中的师生关系是什么样的?

3. 研学旅行活动课程中指导教师应扮演什么角色? 承担哪些职责?

4. 教师在对学生进行选题指导时可以应用怎样的策略?

5. 教师在学生进行活动方案制订时应该怎样进行引导?

6. 学生进行资料搜集时教师的指导策略有哪些?

7. 成果汇报课上教师要怎样进行引导才能使课堂更有交流的味道?

## 二、实践探索

1. 参与一堂研学旅行活动的成果汇报课,评价一下教师的指导策略。

2. 组织一次开题课,在充分发挥学生自主性的原则下指导学生组建研究小组。

3. 案例分析:一位经常深入小学研学旅行活动课堂的教研员说过这样一番话:我听过一些近乎完美的研学旅行活动汇报展示课,学生制作的 PPT、手抄报、版画水平都极高,学生的汇报语言流畅自然,生动到位,无懈可击,学生的这些表现为指导教师津津乐道,教师在最后的总结时说同学们的精彩表现给汇报展示课画上了一个完美的句号。但我经常疑惑,这样的活动是完美的吗? 如果您是这位教研员,您会怎样审视这样的一堂汇报展示课?

# 第九章　研学旅行活动课程的评价

## 本章学习目标

### 知识目标

1. 能够理解研学旅行活动课程评价的特征、理念及原则。

2. 掌握研学旅行活动课程教师及学生评价的内容及方法。

### 能力目标

1. 能够针对某一主题活动课程,开发用于学生过程性评价的档案袋。

2. 能够根据课程目标,设计评价量表和评价量规。

3. 能够采用正确的师生活动方式有效推进研学旅行活动课程的实施。

## 核心概念

评价原则(Evaluation Principles)、评价内容(Evaluation Content)、评价方法(Evaluation Method)

## 引导案例

北京市广渠门中学每次研学旅行活动结束后,学校都会统一组织填写三方量表,包括学生自评量表、家长评价量表和教师评价量表。前两者主要针对学生个体在知识与视野的拓展、问题的发现与解决、团体合作意识及生活习惯等方面进行评价;教师评价量表主要由教师针对研学旅行活动过程中课题组的分工情况、研究过程的完整性、研究结果的创新性等内容进行评价。学校最后再结合三方量表的结果,根据学生的发展变化对课程实施质量进行多维评估[①]。

这个案例对你有什么启发吗? 课程评估是课程实施的重要环节,通过课程评估可以诊断课程开发、实施中的问题,有助于新一轮课程优化。研学旅行活动课程的评价内容和评价方式都有哪些? 你在哪些方式上曾有一些探索? 带着这些问题,开始本章的学习。

---

① 杨德军,王禹苏.当前研学旅行课程实施中的问题与对策[J].中小学管理,2019(7):12-14.

教育儿童通过周围世界的美,人的关系的美而看到的精神的高尚、善良和诚实,并在此基础上在自己身上确立美的品质。
——苏霍姆林斯基(1918—1970年),苏联著名教育实践家和教育理论家

# 第一节　研学旅行活动课程评价的原则[①]

研学旅行活动课程评价应该遵循全面性原则、发展性原则、开放性原则、过程性原则、主体性原则、激励性原则和多元性原则。

## 一、全面性原则

研学旅行活动课程作为综合实践活动课程的组成部分是在国家的统一规定下，由校本管理、教师指导、学生主动参与的特殊课程。《基础教育课程改革纲要（试行）》中指出，要"改变课程评价过分强调甄别与选拔的功能，发挥评价促进学生发展、教师发展和改进教学实践的功能"。因此，对研学旅行课程进行评价时要遵循全面性原则，并不能简单地对学生这个单一要素进行评价，其评价的内容应该包括对学校课程管理的评价、对教师的评价、对学生的评价三方面完整的评价，它们共同决定着研学旅行课程的质量。只有这样，研学旅行课程的评价才能实现促进"学校重视、教师研究、学生主动"的目标。此外，研学旅行如有采取服务外包的方式，则要对服务承担方也进行评价。

## 二、发展性原则

研学旅行活动课程是面向全体学生的教育活动，它重在促进每一个学生的发展，而不是设法在学生中制造等级，筛选或者淘汰学生。研学旅行课程的实施，强调适应学生个性发展的需要，根据每个学生的需要、兴趣特长和不同的认知方式，为每个学生个性的充分发展创造空间，为学生的参与、探究，理解旅行中的自然、社会问题提供机会。开设研学旅行活动课程的目的是促进学生的发展，学生是研学旅行活动课程的服务对象，学生的发展是一切教育活动的出发点和归宿，学生的发展是评价课程质量的主要标准。所以发展性原则是研学旅行课程最重要的原则。

## 三、开放性原则

研学旅行课程是新事物，其内涵需要在实践中不断理解和深化、拓展和完善。在实施过程中也出现了改造整合式、学科延伸式、条块分割式、系列专题式、自主课题式、记录本式、项目引导式等多种实施模式。面对这些模式，我们在评价中应该首先持一种宽容、谦虚的态度，肯定学校的积极探索和创造性，不要一开始就用各种条条框框束缚学校和教师的手脚。特别是研学旅行课程的评价应该鼓励创新、鼓励探索。新课程的评价强调："评价功能从注重甄别与选拔转向激励、反馈与调整；评价主体从单一转向多元；评价的角度

---

[①] 黑岚.小学综合实践活动课程的设计、实施与评价[M].北京：清华大学出版社，2020.

从终结转向过程性、发展性。更加关注学生的个别差异……"长期以来,对学生的学习评价往往就是"一张试卷"或"教师的评语",因而造成了评价主体单一、评价方式模式化且有局限性的种种弊端。可见,实施发展性学生评价,特别是研学旅行这一综合性、开放性、生成性的课程的学生评价,评价主体的确定是非常重要的。

## 四、过程性原则

要实现研学旅行课程的目标,提高课程的质量,关键在教学的过程,而不是过分注重结果的评价。所以,研学旅行课程要求对学生的集体和个体进行及时的和经常性的指导和评价。所谓评价过程化,是指评价的不是只重视活动结果的验收或评价,而是重视学生在活动过程中的态度、行为、表现,重视学生在活动中付出的努力的程度,以及过程中的探索、创意、思考等。

研学旅行的评价要重视学生活动过程的评价,对学生进行评定的作业应该揭示学生在活动过程中的表现以及他们是如何思考问题的,而不是针对他们得出的结论。即使最后结果按计划来说是失败的,也应该从学生获得了宝贵的经验的角度视为重要的成果,肯定其活动的价值,营造其体验成功的情境。例如,组织劳动领域的实践活动——洗衣服。在进行评价时,所注重的不仅仅是衣服洗得干净与否或洗涤数量的多少、速度的快慢,而应侧重于关注学生对洗衣服这种家务劳动的兴趣,在洗衣服过程中产生的积极体验及由此而产生的对劳动者的尊重、对父母辛劳的体谅之情。当然,还包括自主探索而得到的正确的洗涤方法以及在劳动过程中合作、互助的精神等。由此可见,评价学生是一种最有效的导向,它将直接影响课程目标的达成。

## 五、主体性原则

传统课堂教学主要是由教师传授知识给学生,教师与学生相处的时间也是最多的。所以,对学生了解最多的除了学生本人之外就是教师。加之受到传统教育思想的影响,教师自然而然地成为教学评价的主体,教师制定评价标准,学生只是被动地接受评价,其评价主体单一。而且传统教学评价关注的是学生对所学书本知识的掌握,评价内容也相应单一。

研学旅行课程在真实的旅行情境中开展,开展过程中除了教师和学生外还有家长、基地管理者、研学导师、社区人士等相关人员共同参与。在课程评价时必然要遵循多元评价的原则。贯彻强调参与与互动、自评与他评相结合的原则,实现教育过程逐步向民主化、人性化发展。具体来说,就一般研学旅行主题活动的内容、形式、效果而言,应该由学生、教师、活动人员担任评价者,负责对学生的活动、实践表现做出评价。

相比而言,发展性学生评价更为提倡引导学生本人进行自我反思与评价。这样,学生成为评价主体的一员,在评价主体扩展的同时,产生了学生与教师、学生与同伴或家长等其他人员的互动,并在互动中关注学生发展的需要,共同承担促进其发展的职责。这样的评价变成了学生主动参与、自我反思、自我教育、自我发展的过程,同时在相互沟通协商中,增进了多方的了解和理解,易于形成积极、友好、平等和民主的评价关系。这还将有助于活动方案的实施和活动目标的达成,从而更有效地提升活动质量,促进学生综合能力的提高。

研学旅行涉及面广,相关方多,需要由多方面参与对课程的评价。在教育主管部门主持组织下,学生、家长、指导教师等都可以作为评价主体,从各自的角度对研学旅行课程的开发建设、课程的实施、课程的条件、学生的研学业绩等进行评价。

## 六、激励性原则

与知识点的考试不同,在研学旅行课程中,学生的发展是通过参与现实的实践活动体现的,学生的表现是评价学生发展状况与水平的客观的、可见的、直接的依据,具有十分重要的价值标准。注意观察学生的表现,分析学生的表现,鼓励学生的表现,不但可以准确地评价学生的发展,还可以促进学生的发展,更好地达到课程的目标。课程也要为学生提供更多展示他们进步与成果的机会。同时要正确对待学生表现中的失败或错误,有时学生的作业失败了,但他们能够诚实和勇敢地面对错误或失败,从错误或失败中总结经验和教训,就必须充分地肯定学生的学习成果。在重表现的评价中,把学生必然会出现的错误看作促进学生进步和扩展学生经验的机会,而不是指责学生,把它作为在学生之间划分等级的依据。

综合评价应该重在发现和肯定学生身上所蕴藏的潜能、所表现出来的闪光点,鼓励学生每一步的想象、创造和实践,激励和维持学生在探究过程中的积极性、主动性和创造性。对研学旅行课程的评价并不是对学生综合素质的评价,要严格区分这两类评价的性质。研学旅行重在学生的参与体验,因此,对学生的评价不能以"好""差"等褒贬色彩强烈的词汇进行评价,应该以描述性的语言对学生的研学旅行的态度、完成情况进行说明。例如,"会做××事""做了××事"等。

### 拓展阅读
#### 研学旅行的评价要突出过程性和激励性[①]

如何能够在短短几天的旅行过程中,实实在在地开展研究性学习,对整个研学旅行活动课程的设计者和实施者是一个非常具体和巨大的考验。由于研究性学习强调过程性,因而在活动设计之初就要充分考虑到评价如何贯穿于过程始终。如果我们粗略地将研学旅行活动划分为设计内容阶段、实施阶段和总结阶段,那么,对研学旅行活动的评价也要做好这三个阶段的评价。

一、设计内容评价,侧重于学生发现问题和提出问题的意识和能力

应做好评价前期的资料搜集工作,包括如何确定好研究课题,制订好旅行中的研究方案,进行问题论证和报告等,促使学生以积极的态度投入问题解决中。

---

① 胡向东.中小学研学旅行评价体系建设研究[J].决策与信息,2018(12):10-18.

二、实施阶段评价,侧重于检查研学旅行方案的实施情况

主要考查学生对资料的搜集、加工和分析,掌握研学的活动进程,认定其"研究目标"的达成等,也可以让学生互相检查。这个过程中,要对评价结果进行及时的反馈,重视对学生课题活动的指导。

三、总结阶段的评价,侧重于关注学生参与过程情况

主要对学生在研学过程中知识的整理与综合、资料的搜集与加工、研学报告撰写、人际交流与小组合作、研究成果的评定与展示等进行评价,这个过程也是对其学习方式、思维方式的考查,最后在全过程基础上形成总结性评价。需要注意的是,研学旅行评价的价值取向是强调每个学生都有充分学习的潜能,具有创新精神和创造能力,为他们在实践中进行不同层次的体验和研究提供条件,激励学生全员参与,因此研学旅行评价必须以激励性为主,以学生发展为本,注重学生的个体差异,用发展的眼光评价研学旅行活动的成果,注意从纵向角度评价他们的发展和提高,肯定他们的成绩和优点,而不能演化成一次性的学业评价,特别是分数评价。通过学生间互相评价,激发学生建立共事合作、尊重他人意见、发现别人长处、遇到挫折相互鼓励、群策群力的精神,才能够充分调动学生的积极性、主动性、自觉性,鼓励学生发挥自己的个性特长,展示自己在实践中形成的创造才能。

# 七、多元性原则

研学旅行的评价强调多元价值取向和多元标准,肯定学生与世界交往的多元方式,不仅允许对问题的解决可以有不同的方案,而且表现自己所学的形式也可以丰富多样,评价者要尽量使家长、学生及一般人能理解的评议描述学生的表现,避免将评价简化为分数或等级。此外,评价主体的多元也是被各级提倡的。

研学旅行是基于学生的经验,密切联系学生自身生活和社会生活,体现对知识的综合运用的实践性课程,具有实践性、开放性、自主性、生成性的特点。设置这门课程的目的是"强调学生通过实践,增强探究和创新意识,学习科学研究的方法,发展综合运用知识的能力。增强学校与社会的密切联系,培养学生的责任感"。在新的基础教育课程体系中,研学旅行具有自己独特的功能和价值。为了实现这一课程宗旨及目标特色,决定了该课程不能像学科课程那样,以考试成绩来进行评价,而必须建立起自己的评价规范。

学生的实践活动是多种多样的,学生的自主体验和发展的差异性也同样是很大的,划一的评价标准和评价方式不利于学生的个性发展。所以,应着重有针对性地对具体问题进行描述性的评价,对不同特点进行分析性评价,对创造性行为进行鼓励性评价。尽量少用等级性评价手段。所谓评价多样化,是指评价工具多样化、方式多样化、角度多样化、评价主体多样化。积极的评价,应该重视活动过程中学生的主动性、创造性、参与意识;引导学生的自我评价、相互评价;评价与指导一体化。

📖 拓展阅读

## 以多维目标设计构建研学旅行评价标准体系

研学旅行可谓是世界各国、各民族文明中最为传统的一种学习教育方式。所谓"读万

239

卷书，行万里路"，对正处于成长期的青少年来说，研学旅行的确可以增长见闻、扩展胸怀，学到不少在书本中无法获得的知识。而我们今天对研学旅行的评价，却不能只立足于这样一种简单的认识。必须要有清晰的战略目标和顶层设计，把研学旅行体系建设上升到提升国民素质、增强国家文化软实力，以及国家重要的对外教育、文化交流的战略高度来认识。评价对教育活动的导向作用是客观存在的，关键是我们的评价到底要将研学旅行指向何方。研学旅行的目的不是旅游，而是研究性学习。那么，我们追求什么样的研究性学习效果，就决定了我们将评价什么，如何评价。

一、明确研学旅行评价的多元化目标

研学旅行的魅力在于，它的实施渠道是多种多样的，活动特色是丰富多彩的，作用的发挥是多个层面的。因此，设计研学旅行活动的评价目标也必须是多元的而不是单一的，既不是单纯的"开眼界"旅行，也不是呆板的"换个地方上课"。如开展研学旅行较早的日本，其学者较为一致地认为，组织学生进行研学旅行的意义和目标是多方面的：作为国民教育的一部分，修学旅行可以使学生们见识、体验国家重要的文化名胜；使学生们有机会对书本知识进行实践；通过旅行可以锻炼学生们的保健卫生、集体行动、安全等意识，从而使学生的身心得到锻炼；可以丰富学生生活，留下美好的印象等。

开展研学旅行活动的根本宗旨，是对学生进行素质教育，出发点在于激发学生主动作为，在研学旅行活动中观察世界，动手动脑，提高学生发现问题、研究问题、解决问题的能力。遵循教育规律的研学旅行，把学习与旅行实践相结合，把校园教育和校外教育有效衔接，强调学思结合，突出知行合一，学会生存生活，学会做人做事，促进身心健康，有助于培养学生的社会责任感、创新精神和实践能力，是落实立德树人的根本任务、提高教育质量的重要途径。研学旅行还是加强社会主义核心价值观教育的重要载体。它依托自然和文化遗产资源、红色教育资源和综合实践基地等，让广大中小学生在研学旅行中，感受祖国大好河山，感受中华传统美德，感受革命光荣历史，感受改革开放伟大成就，激发学生对党、对国家、对人民的热爱之情，增强对坚定"四个自信"的理解与认同，是加强中小学德育、培育和践行社会主义核心价值观的重要载体。研学旅行既是实施素质教育的重要途径，又承载着道德素养的养成、创新精神的培育、实践能力的培养等多方面教育功能。因此，研学旅行的评价要遵循教育内在规律，既要注重旅行形式的趣味性、旅行过程的知识性、旅行内容的科学性，还要注重学生良好人文素养的培育，以及旅游过程中的良好习惯的养成教育。

研学旅行评价要在这个总目标的统领下，以多维的视角来确定评价的目标。以往学科课程的评价者主要是各科教师或班主任，以"分数的高低"或"升入重点学校人数多少"作为评价学生好坏的唯一标准，不能从德、智、体、美、劳多方面给予学生全面客观的评价。研学旅行的评价，具有鲜明的多元性特征，其主要内容是学生发展的基本素质，既有对学生把学到的学科知识加以综合并运用到实践中探究新知识的评价，也有对学生在研学过程中客观存在的各种非智力因素的评价，如对研学旅行过程中的认识、态度、方法、体验和品质的评价，还有对学生在旅行实践中发现问题与提出问题能力、搜集和加工信息能力、人际合作交往能力、创新精神和创造能力的评价。这种对学生综合能力的评价体现了研学旅行评价内容的丰富性、灵活性、综合性和多导向的特征。

二、确立研学旅行评价的载体,建设相关课程

如前所述,研学旅行要真正"落地",必须按照教育部等 11 部门的《意见》要求,将研学旅行纳入中小学教育教学计划。其进入教育教学计划的主要方式是课程化,即将其设计为一门或多门课程。首先,各地教育行政部门要加强对中小学开展研学旅行的指导和帮助,在政策上明确研学旅行纳入教育教学计划的具体方案;其次,各中小学需要结合当地实际,把研学旅行纳入学校教育教学计划,与综合实践活动课程统筹考虑,促进研学旅行和学校课程的有机融合,切实将研学旅行由选修课变为必修课,由随机性变为计划性,引导学生从少量参与发展到广泛参与、全员参与;再次,研学旅行课程的设计,可以吸收各方面的力量,将校内教学需求和校外教学资源有机融合,做到立意高远、目的明确、活动有趣、学习有效,避免"只旅不学"或"只学不旅"现象。研学旅行的时间设置,由学校根据教育教学计划灵活安排,一般安排在小学四到六年级、初中一、二年级、高中一、二年级,尽量错开旅游高峰期,以保证安全性和经济性。在研学旅行课程设计上,要给予学校充分的自主权,由学校根据学段特点和地域特色,逐步建立小学阶段以乡土乡情为主、初中阶段以县情市情为主、高中阶段以省情国情为主的研学旅行活动课程体系。各地要把研学旅行实施情况和成效作为学校综合考评的重要内容,系统建立学校研学旅行教育体系。强化双向交流、多向交流,强调行中学、行中悟、实践中学、学以致用,谋求全面发展。

在课程体系建设过程中,尤其要注意因地制宜和因时制宜,即不同区域、不同资质的学校必须根据学生不同年龄特点的发展需求、不同地区的办学定位和不同学段素质教育的需求,制定本学校、各学段、分学期切实可行的研学旅行课程计划。研学旅行课程计划要有不同学段、不同时期、不同地区的具体课程目标,切实可行的课程安排以及研学旅行活动结束后的课程评价,避免将研学旅行变为盲目性的、随意性的"放羊式"旅游活动。在课程目标的制定上,要与学校的综合实践活动课程统筹考虑,活动中的知识性目标、能力性目标、情感、态度、价值观领域的目标和核心素养的目标等,都应该是落实课程目标的核心要点。而在其评价体系建立中,要紧密结合课程目标,注重课程的教育性体现。要通过对学生在研学旅行活动过程中体验、身心、思想和意志品质等方面发展的考查和评价,落实立德树人根本任务,促进和激励中小学生了解国情、开阔眼界、增长知识,着力增强他们的社会责任感,提高他们的创新精神和实践能力[①]。

# 第二节　学校研学旅行课程开发与实施的评价

## 一、学校评价的作用

《基础教育课程改革纲要(试行)》在课程评价的标题之下,除了提及对学生和教师的评价之外,也进一步指出,"建立促进课程不断发展的评价体系。周期性地对学校课程执行的情况、课程实施中的问题进行分析评估,调整课程内容、改革教学管理,形成课程不断

---

①　胡向东.中小学研学旅行评价体系建设研究[J].决策与信息,2018(12):10-18.

革新的机制"。《意见》中在督查评价的标题之下指出："各地要建立健全中小学生参加研学旅行的评价机制,把中小学组织学生参加研学旅行的情况和成效作为学校综合考评体系的重要内容。"对于研学旅行这门课程来说,对学校进行该课程实施情况的评价更有意义。

### （一）从课程建设的角度讲

它是一门"国家设立,学校开发"的课程,由于各学校基础条件不同,对研学旅行的理解与认识不同,各地区或各学校在研学旅行课程的开发与建设上必然会有相当大的差异,因此有必要通过评价对其进行引导、规范和提高。随着学生能力的不断发展,教师应放手让学生自主确定主题,活动项目或具体小课题。在学生初步选择或自主提出系列活动主题、活动项目或具体小课题后,教师要引导学生对主题、活动项目或具体小课题进行论证,以便确定合理可行的主题、活动项目或具体小课题。

### （二）从课程管理上讲

研学旅行课程处于"弱势学科"的地位,各地方、各学校对研学旅行课程的重视程度不同,实际上还存在着挤占研学旅行课时的现象,因此有必要通过评价活动监控、督查和促进。

### （三）从学生发展的角度讲

研学旅行课程追求学生解决问题能力、动手操作能力的发展,鼓励学生对学习的主动参与和大胆创新,鼓励个性化发展,学生对活动参与得如何,在活动中获得怎样的感受和进步,这些都需要通过科学合理的评价活动获得真实可靠的信息。

## 二、学校评价的内容

学校评价的目的是引起学校对研学旅行课程的重视,保证在学校的管理下,能够开足、开齐课程,评价的重点是研学旅行课程的制度建设情况。对学校实施研学旅行课程的评价,主要应该包含课程的实施目标、实施的机制保障、实施的组织与管理、实施的服务与支持、实施的影响与成效等方面。

### （一）课程实施目标的评价

研学旅行活动课程是在国家的规定下、由地方和学校根据实际开发的课程领域,而且研学旅行的具体内容由地方和学校根据实际确定,并且在实施中要体现每一所学校的特色、每一所学校所在社区的特色,处理好与各学科领域的关系。因此,在研学旅行活动课程的实施中,学校要从本校特色出发,确立本校的具体实施目标。那么目标是否可行、定位是否准确应该是评价学校实施状况的首要指标。

### （二）课程实施的机制保障评价

该评价是指课程的设置与安排、师资的合理调配、教研活动的开展以及对课程实施情况进行必要及时的督促检查等,包括学校是否建立了相应的管理制度以保障课程的有效实施,是否将研学旅行课程的开发纳入学校教学计划,教务处是否定期指导、检查、评估,相关方面的协调工作如何,是否科学合理地计算了研学旅行课程指导教师的工作量,对实施研学旅行课程成绩突出的教师的奖励措施如何,是否有定期的教师培训,专业人员的引领与服务的支持等。

### （三）课程实施的条件与保障的评价

该评价是指为了满足研学旅行课程的正常实施,学校应该在人、财、物及其他资源方面所应达到的基本条件的评估。如是否采用多种形式、多种渠道筹措中小学生研学旅行经费。是否为家庭困难的学生减免费用等。

### （四）课程实施的组织与管理的评价

《意见》对学校研学旅行组织管理进行了明确规定,要在《意见》精神的指导下着重考察以下几个方面:学校是否提前拟订活动计划并按管理权限报教育行政部门备案;是否出行前通过家长委员会、致家长的一封信或召开家长会等形式告知家长活动意义、时间安排、出行线路、费用收支、注意事项等信息;是否与家长签订协议书,明确学校、家长、学生的责任权利;是否配备一定比例的学校领导、教师和安全员负责学生活动管理和安全保障;学校是否与有资质、信誉好的委托企业或机构签订委托开展研学旅行的协议书,明确委托企业或机构承担学生研学旅行安全责任等。

### （五）实施的服务与支持的评价

实施的服务与支持的评价包括本地和外地的优势资源、社区的特色资源的开发,家庭资源的利用,学校人才资源的利用与开发,信息技术资源的利用与开发等。

### （六）实施的影响与成效的评价

实施的影响与成效的评价是指是否促进了学校课程建设的完善,对学校发展和学校形象提升起到了多大的推动作用。通过研学旅行课程的实施,是否营造了良好的校园文化氛围,如观念文化、制度文化、物质文化、教育行为文化等。

## 三、学校评价的量表设计

根据对学校开发、实施等研学旅行的评价内容,形成《学校研学旅行课程开发和实施评价量表》(见表9-1)。

表 9-1　学校研学旅行课程开发和实施评价量表

| 评价项目 | 评价的指标和内容 | 得分 | | | | |
|---|---|---|---|---|---|---|
| | | 5分 | 4分 | 3分 | 2分 | 1分 |
| 课程的规划 | 1. 将研学旅行纳入学校课程教学计划<br>2. 组织开发或选用其他机构的研学旅行课程<br>3. 课程主题内容的规划<br>4. 制订详细的研学旅行课程实施方案 | | | | | |
| 课程实施的目标 | 1. 有明晰的课程目标<br>2. 目标定位准确<br>3. 目标达成具备可行性 | | | | | |
| 实施的机制保障 | 1. 课时安排充足合理<br>2. 师资配备相对稳定<br>3. 落实督促检查及时<br>4. 教研活动开展有效 | | | | | |
| 实施的组织与管理 | 1. 提前拟订活动计划并按管理权限报教育行政部门备案<br>2. 告知家长活动意义、时间安排、出行线路、费用收支、注意事项等信息并签订协议书<br>3. 对研学基地及旅行社进行了充分的准入调研<br>4. 对研学旅行课程方案做安全性审核,做好应急预案<br>5. 投保校方责任险,出行师生购买意外险,与委托方、家长签订安全责任书 | | | | | |
| 实施的服务与支持 | 1. 出台奖励政策,调动教师参与研学旅行工作的积极性、主动性和创造性<br>2. 定期开展师资培训,支持教师的专业发展 | | | | | |
| 实施的影响与成效 | 1. 达成了预定目标<br>2. 对学校发展和形象提升有作用<br>3. 形成了自己特色的实施模式和特色课程体系 | | | | | |

# 四、学校评价的方法

学校评价侧重于对学校落实研学旅行课程的状况,包括对研学旅行的课时安排、师资安排、课程资源的开发与利用、学校对研学旅行课程实施的管理等方面的评价。常用的学校的评价方法如下。

## (一) 校校互评

组织学校进行自我展示是引导学校进行表现性评价的重要举措。经常开展校际间的经验交流与成果展示,可使学校在活动的过程中不断发展,提高知名度。

## （二）校内自评

学校自评小组可由校长、教务处、教师代表、学生、家长等组成，通过查阅资料、问卷、座谈等，有计划地开展自我评价活动；撰写自评报告，包括自评过程，学校开展课程的基本情况，学生的发展，家长的反应，社会的反响，存在的问题及改进措施、建议或要求等。

## （三）专家评价

建立以研学旅行课程专家为引领的，包括学校分管领导和骨干教师的课程评价小组，通过听汇报、座谈、课堂观察等，对学校研学旅行课程的开发和实施情况进行专业评估，提出建议或意见。

通过建立定期的互评、不定期的展示性评价与专业评估、经常性的自评相结合的评价机制，可以充分调动学校领导和教师参与研学旅行课程的积极性。另外，还可以采用召开表彰大会，表彰先进集体和个人，把研学旅行的成绩和教师个人的发展直接挂钩，进行一定的物质奖励等方法进行学校的激励性评价。

# 五、学校评价的具体实施

作为对学校研学旅行课程开发与实施的评价，一般有以下三个阶段。

## （一）资料搜集阶段

### 1. 确定评价的目的

此为实施评价工作的理由，即评价工作完成后，对研学旅行课程的开展起什么作用，有什么帮助。确定评价目的时，有三个因素需要考虑：第一，这一次评价是在哪一个层面；第二，这一次评价是为了解决什么问题；第三，搜集的资料作什么用，谁将受到本次评价结果的影响。

### 2. 依据评价的目的拟定所需资料

建议对所需材料分类拟定，采用表格、思维导图等工具对材料进行系统列举，尽量细化。

### 3. 拟定评价设计和按设计搜集所需资料

在搜集材料时要连同评价设计文本一同下发，资料提交者明确资料的用途。

## （二）资料分析阶段

针对第一阶段的资料搜集，为了深化对评估对象的认识和价值评估，评价人员需要对资料整理、统计分析，通过去粗取精、去伪存真和由表及里地进行资料的分析和判断，得出正确的、客观的判断和结论。

### （三）价值判断阶段

#### 1. 完成评估报告和做出结论性判断

学校要考虑评估报告提交的对象，以及采用何种呈现方式。

#### 2. 推广和反馈阶段

研学旅行课程的学校的评价，不应是一种形式，评价报告也不应被束之高阁。学校课程实施效果的评价，真正实现对课程的促进。

总之，研学旅行课程的评价包括学生评价、教师评价和学校评价三方面，每一方面的评价都要注重过程性评价和结果性评价，并力争做到过程性评价和结果性评价的统一。

# 第三节　研学旅行课程的学生评价

中小学研学旅行课程的出发点是满足学生发展的内在要求，其根本价值是促进学生的全面发展，因此学生的发展水平是衡量研学旅行课程实施效果的一个重要指标，也正由于此，学生评价成为研学旅行课程评价的重要组成部分。

《中小学综合实践活动课程指导纲要》在论述综合实践活动课程理念时指出，本课程评价主张多元评价和综合考察，要求突出评价对学生的发展价值，充分肯定学生活动方式和问题解决策略的多样性，鼓励学生自我评价与同伴间的合作交流和经验分享。提倡多采用质性评价方式，避免将评价简化为分数或等级。要将学生在研学旅行中的各种表现和活动成果作为分析考察课程实施状况与学生发展状况的重要依据，对学生的活动过程和结果进行综合评价。

## 一、学生评价内容的确定

研学旅行作为一门活动课程，不同于一般的学生课外活动。《意见》对课程目标做出明确规定："让广大中小学生在研学旅行中感受祖国大好河山，感受中华传统美德，感受革命光荣历史，感受改革开放伟大成就，增强对坚定'四个自信'的理解与认同；同时学会动手动脑，学会生存生活，学会做人做事，促进身心健康、体魄强健、意志坚强，促进形成正确的世界观、人生观、价值观，培养他们成为德智体美全面发展的社会主义建设者和接班人。"

考虑到研学旅行课程的跨学段性质，为便于操作，在提出总目标的基础上，分小学、初中、高中三个学段，分别提出学段目标——学校根据学段特点和地域特色，逐步建立小学阶段以乡土乡情为主、初中阶段以县情市情为主、高中阶段以省情国情为主的研学旅行活动课程体系。

明确研学旅行的评价内容是实施评价的开始。评价内容是通过评价目标体系体现出来的。从课程实施的指导纲要到评价目标，再到评价指标，是一个评价内容不断具体化的过程，体现了教师对研学旅行课程的理解水平和把握能力。研学旅行学生评价的内容一般由以下几个方面组成[①]。

### 1. 学习态度

学习态度主要是指学生在研学旅行中的主动性和积极性，可以通过学生参与研学旅行的时间、次数、认真程度、行为表现等方面来评价。例如，学生是否认真参加每一次主题活动，主动提出设想和建议，认真观察和思考问题，积极动手动脑，认真查找相关资料，准时完成学习计划，不怕困难坚持完成任务等。

### 2. 合作精神

合作精神主要对学生在参与小组及班级活动中的合作态度和行为表现进行评价。例如，学生是否积极参与小组活动，主动帮助别人和寻求别人的帮助，认真倾听同学的意见，乐于和别人一起分享成果，在小组中主动发挥自己的作用等。

### 3. 探究能力

探究能力可以通过对学生在提出问题、解决问题过程中的表现及其对探究结果的表达来评价。例如，学生是否敢于提出问题，能否以独特和新颖的方式着手解决问题和表达自己的学习结果，是否善于观察记录，能否综合运用相关的资料、积极采用多种多样的方法、生动形象地表达自己的学习过程与结果等。

### 4. 社会实践交往能力

社会实践交往能力可通过学生是否主动与他人交往，是否有与人沟通、合作的技巧、愿望，能否协调各种关系等方面进行评价。

### 5. 搜集处理信息能力

搜集处理信息能力可通过学生搜集信息的多少、方法、途径、真实性以及对信息的辨别反思、反应能力等方面来评价。

### 6. 劳动态度与习惯

劳动态度与习惯可以通过学生在劳动过程中是否表现出认真负责、遵守纪律、团结互助、爱惜劳动成果等品质对学生进行评价。

### 7. 设计与操作技能

研学旅行中的创意物化目标是以劳动技术和信息技术为手段，以学生的操作性学习

---

① 黑岚.小学综合实践活动课程的设计、实施与评价［M］.北京：清华大学出版社，2020.

为主要特征的,强调学生在技术操作运用的过程中意识的形成、技术思维的培养、技术能力与态度等方面的发展,强调规范操作与技术创新意识的统一,可通过技术作品的表现形式对学生进行评价。

在从确定学生评价目标、选择评价内容到制订评价计划的过程中我们要注意以下四个基本问题。

(1)为了拓展和加深学生的实践活动和体验,教师事前要考虑评价什么,怎样评价,如何引导学生进行主体性活动,以及评价的具体方向和线索是什么。而且,在教学活动的实际过程中,还要考虑怎样加深和拓展学生的思考和行为,考虑如何评价学生学到了什么。

(2)评价的标准不能拘泥于"正确性""标准化",而应更加重视和理解学生,让他们在评价过程中体验评价效应,并鼓励学生的创造性和个性化的表现。

(3)从重视每个人的即时性评价到进一步重视对每个学生的兴趣、态度、行为的评价,要尽可能地发挥学生的主体作用,使其能够进行自我评价,并重视对学生自我评价方式的指导。努力使评价者和被评价者建立一种"交互立体"的关系。

(4)对学生的评价不是局限在一个单位时间里或一个单元的短时间的过程评价,而是要重视对其发展过程进行长期观察的过程评价,即体现评价的动态发展的过程性。

因此,教师在制订学生评价计划时,需要充分考虑评价的时间,评价的情境,选择哪些活动进行评价,采用哪些评价信息为基础进行评价,以及如何灵活地运用评价结果进行活动教学指导等具体问题。

### 拓展阅读

#### 以多元评价主体促进研学旅行评价实践化全程化[①]

研学旅行带给学生丰富、多元的文化环境,既能让学生们在各地旅行,又能让他们在生活中真实地感受异质文化,这种文化浸入式的学习方式给学生们带来的是前所未有的"冲击",激发他们对世界的好奇心和探索意愿,并促使他们在旅行中成长为知识丰富且富有同情心的人。这种迥异于课堂和校园的多元环境是鲜活的现实体验,而不是来自书本的间接学习。因此,对研学旅行的评价也应与课堂评价、学业评价大有不同,遵循其自身的独特规律进行设计和实施。其核心要点,是通过对研学旅行的评价,鼓励学生对外部世界和科学知识的好奇心、探究心,激发学生对科学研究的积极情感体验,培养学生合作和分享能力、发现问题和解决问题的能力,增加其社会责任心和自信心,改变学生的学习方式,提高学习质量,促进学生素质的全面发展。同时也能帮助学校和教师掌握与提高课程教学质量,促进研究性学习课程的研发。同样在评价过程中,应建立多元评价主体,尤其强调学生的主体性。

一、实行研学旅行评价主体多元化,强调学生的主体性。

研学旅行从本质上来说是一种体验式的学习,是课堂学习很好的辅助手段,旨在使校内外教育相互融合,培养学生的科学精神和实践能力。研学旅行活动的实施过程涉及教

---

① 胡向东.中小学研学旅行评价体系建设研究[J].决策与信息,2018(12):10-18.

育行政、区域管理、旅游管理等多个部门,涉及旅行所至的每一个地方和活动的每个环节。因而对它的评价必须是多方位、多视角和多主体的,必须建立学校、家庭、社区相结合的评价网络,形成评价主体的多元化。评价者可以是学生个体,或是学习小组和整个班级;或是单个指导教师和课题指导小组教师;或是学生家长和与研学旅行有关的部门、社区组织和各行业人才。评价结果可以由学生自评、同学互评和教师评价等部分组成,每个评价主体都应具有相应的权重,这样的设计将研学旅行中的每一个参与者都变成了评价者,因此能提升学生的积极性。

研学旅行的课程目标强调以学生为主体的主动学习和探究,对其评价也要强调学生的主体性。在研学旅行的实施中,由学生自主决定研究学习的课题,设计课题研究方案,选择学习场所,聘请研究指导教师,自主撰写研究报告。这就改变了以往只有教师对学生单向参与评价的状况,学生既是研究性学习的主体,又是自我评价、相互评价的主体,从而使教与学在评价中得到和谐统一。

二、研学旅行的评价要突出实践性

研学旅行是研究性学习和旅行体验相结合的校外教育活动,研学是目的,旅行是手段,通过旅行中开展的各种教育活动和学生的亲身体验来实现综合育人的目的。研学强调学生把学到的基础知识、掌握的基本技能应用到实践中,学生在实践中获取大量的感性知识和情感体验,也培养了他们观察、思维、表达和操作的能力。因此,研学旅行评价应注重和突出实践性。这正是对我国推动全面实施素质教育、全面进行基础教育评价改革的一种重要创新。

研学旅行的课程设计和评价,要引导学生在实践中主动适应社会,充分促进学生知行合一、书本知识和生活经验深度融合。要避免学生在学校中的以单一学科知识被动接受为基本方式的学习活动。要通过亲自实践来激活书本知识,完成从知识到能力和智慧的转化。在研学旅行课程的评价上突出实践性,应当超越学校、课堂和教材的局限,在活动时空上向自然环境、学生的生活领域和社会活动领域延伸,评价学生在教师的指导下,以问题为中心,在实际情境中认识与体验客观世界,在实践学习中亲近自然、了解社会、认识自我,并在学习过程中,提高发现问题、分析和解决问题的实践能力。

### 案例

#### "梦想茶镇"的评价设计[①]

浙江省杭州市某学校地处茶乡,是西湖龙井的重要原产地保护区之一,学校充分利用地域资源,开发、设计了"茶"主题贯穿于6个年级的课程体系,引导学生了解龙井茶、理解茶道、传承茶文化。其中四年级组设计了"梦想茶镇"的评价项目,形成聚焦信息处理能力、创意策划能力、设计制作能力和分享交流能力4个维度11个要素构成的评价目标。同时,教师结合学生实际情况,回顾学生的历史表现,借助各自的教育背景和经历,从不同专业的视角提出匹配于真实任务和评价内容的15项预期行为,形成基于标准的"教—学—评"一体化方案。在学生分组实施的过程中,参与评价观察的教师根据任务分工专注

① 包新中.综合实践活动评价项目的设计与操作策略[J].中国考试,2019(7):72-77.

地观察,或观察评价项目实施过程中全员的某一类行为,或观察、记录特定学生的所有相关行为,以简洁而清晰的语言、符号记录学生的行为表现。参与观察的教师还可以在学生汇报、分享的环节,与学生进行必要的互动,使观察获得的数据更加丰富、翔实。

| 评价维度 | 关键要素 | 预期学习行为表现 |
|---|---|---|
| 信息处理能力 | 识别、提取 | (1) 在众多的信息中分辨需要的信息 |
| | 整理、归类 | (2) 用一种以上的方法记录所需要的资料<br>(3) 分类陈列所需的信息资料 |
| 创意策划能力 | 整合、概括 | (4) 能用自己的语言解读信息,形成新观点 |
| | 提炼、表述 | (5) 认真倾听同学的表达<br>(6) 参与讨论交流,表达自己的观点和想法 |
| | 综合、应用 | (7) 将相关的资料用适合的形式呈现出来 |
| 设计制作能力 | 整体设计、策划 | (8) 遇到困难时能寻求帮助<br>(9) 有任务分工,有合作协调 |
| | 工具选择、运用 | (10) 运用工具完成分配的任务 |
| | 制作、创作 | (11) 及时回应他人的质疑和提问 |
| 分享交流能力 | 表达、交流 | (12) 虚心接受同伴的建议和意见<br>(13) 运用资料来证明观点 |
| | 倾听、评价 | (14) 能进一步思考、深化后续的活动 |
| | 反思、改进 | (15) 其他相关行为 |

**案例分析**:学生在研学旅行过程中表现出来的综合性品质,需要在分析情境、提出问题、解决问题、交流结果中测评。因此,本案例中的活动评价没有沿用固有的方式,而是在真实情境中实施评价,从结果取向走向过程取向,通过观察、访谈等技术手段,分析学生在真实、复杂情境下的行为过程与表现,为学生研学旅行活动课程评价提供判断依据,并评估学生的综合素质发展状况,让学生在与知识、技能、方法匹配的复杂情境中,充分展现学业成就。

# 二、学生评价方法

学生的评价包括过程性评价和结果性评价。

## (一)过程性评价

过程性评价是指在学生学习研学旅行课程的过程中进行的,为了考查学生在活动中的长处、缺陷、发展程度等方面进行的评价。过程性评价的目的是完善过程,提出改进建议。

目前,在过程性评价中,档案袋评定、协商研讨式评价、表现性评价被认为是非常有效的评价方法。

### 1. 档案袋评定

档案袋评定是从国外引进的一种新的评价方法,它主要是通过搜集学生从任务开始到任务结束期内的典型作品,以这些典型作品为依据对学生的学习表现进行评价。档案袋评定把学生的发展看成一个持续的过程,关注学生学习与发展的过程,尊重学生的个体发展差异,注重学生对自己的进步做出判断,提供给学生发表意见与反省的机会,档案袋评定可促使学生对自己的学习进行反思和自我评价,促进学生在原有水平上持续发展,促使学生对自己的发展负责,从而更好地发挥评价的自我教育作用。

在档案袋评定中,学生是评价的主人,是提交作品的质量和价值的主要决定者。教师可以通过与学生共同讨论、协商,并寻找所需的材料装入档案袋中,但一定要为学生留下自己选择的余地。学生作品的搜集是有目的、有计划的,而不是随机的。档案袋的主要内容包括如下4点。

(1)反映活动的基本过程。这是学生能力培养和素养形成的路径轨迹,是寻求学生发展过程的证据,也是学生对自己劳动成果进行检查的重要材料。因此记录的资料要求全面、完整和真实。要反映学生创新精神和实践能力的发展,记录学生从发现和提出问题、分析问题到解决问题的全过程中所显示的探究精神和能力,通过活动前后的比较和几次活动的比较来反映发展过程。

例如,有关课题研究及相关活动的规划和修改稿,最基本的是课题的研究方案或开题报告、各阶段计划等;研究工作记录包括个人独立工作项目和集体合作项目的记录,如学生的自我陈述以及小组讨论记录、观察日志、调查表、调查问卷、访谈记录、实验记录、导学卡等、反映过程的照片资料、研究大事记等。

(2)反映活动的基本成果。这是反映学生发展水平的证据,从中我们可以看出学生对所研究的问题及研究过程产生的一些新的观点或见解。例如,对课题解决具有重要价值的参考资料或实验数据、最有收获的案例、研究过程中遇到的问题(或困难)及其解决方案(包括原始资料)、某些关键问题解决的思维过程(思路)及策略、阶段性总结、个人心得体验等,学生学习和研究的方法和技能的掌握情况,如在研学旅行各个环节查阅和筛选资料,对资料归类和统计分析,使用新技术,对研究结果的表达与交流等。这些材料足以证明学生在学习过程中所取得的进步和收获。

(3)反映活动的最佳成果。这是反映学生优势、特长表现的证据。例如,小组或个人研究的成果,如文学作品、研究论文、结题报告等;小组或个人在研究过程中发现的最佳问题的解答方案,最好的实验记录,小组中写得最好的计划或总结材料等。

(4)对学生研学实践的态度的评价,如是否认真参加每个活动,是否努力完成所承担的任务,是否做好资料积累和分析处理,是否主动提出研究和工作设想、建议,能否与他人合作、采纳他人意见等。

"袋"的形成也要发挥学生的作用,让学生参与设计档案袋内容及形式。也可由学生自制,大小形状如同普通档案袋。每一个学生为自己的记录袋取一个名字,如"成长的脚印""美丽的印记"等,并把它写在封面上,另外,还要写上学校、班级及姓名。封面由学生自主设计,要求突出主题、美观、活泼、有新意。所搜集的材料要做好记录,注明选择材料的日期、内容、入选理由、满意度等。材料可与教师或家长共同商定,按时间顺序记录,构成一个有个性的成长记录袋。档案袋一旦形成就要在学生中进行传阅,以起到相互交流、相互学习探讨的作用。

### 2. 协商研讨式评价

协商研讨式评价是近年来兴起的、应用日趋广泛的一种评价方法。它是指围绕目标，根据学生所处的年级以及不同主题的特点，由教师、学生、学校、学生家长及社会有关人士等共同协商进行的评价。其评价主体是多元的，评价内容是多方面的，评价方式是研讨式的，评价的过程是民主、开放的。

协商研讨式评价是一种以学生发展为核心的激励性评价，它注重过程评价和结果评价相结合，以过程评价为主；自评和互评相结合，以自评为主；定性和定量相结合，以定性为主。学生自评、小组评价和指导教师评价是协商研讨式评价的三种评价方法，最终由指导教师根据学生自我评价与小组评价的结果，分年级给出每个学生的学分与等级。协商研讨式评价的实施适用于对研学旅行过程、成果及活动方案设计等的评价。

### 3. 表现性评价

表现性评价是指教师为了考查学生某方面知识和技能的掌握情况以及实践能力、问题解决、沟通合作和综合思考等多种复杂能力的发展状况，让学生在现实生活或模拟情境中运用所学的知识和方法解决某个现实问题或创造某种东西[①]。

表现性评价是通过让学生运用已有的知识和技能完成一些综合性的、真实的任务来对学生进行的评价。表现性评价引导学生通过多种方式来展现自己对问题的理解和解答，既可以评定学生在完成表现任务过程中所表现的行为与心理过程，也可以评定任务过程中所涉及的内容和完成任务的结果。

学生表现的形式可以多种多样，如口头报告与讨论、项目调查、表演、论文、学习日记、实验、艺术作品等。口头报告与讨论是让学生在全班或小组内对某一问题进行陈述，然后大家进行讨论，教师从学生的陈述与讨论中了解学生的理解程度；项目调查是研究性学习常用的方式，它适用于比较复杂、综合性的社会问题，具备较强的开发性，通常涉及多学科的知识，要求学生运用多种技能，如提出问题、设计调查方案、搜集资料、分析资料、合作讨论、写调查报告、口头陈述等；表演主要是以表演的方式反映活动的收获；论文是针对某个问题，经过搜集资料、调查分析、资料整理、研究分析而写成论文或调查报告；学习日记是学生用文字的形式记录学习的主题、感受、认识、成功与失败等；实验是学生为了改变某种情况而设计方案、进行试验，并将成果进行展示；艺术作品是将活动的过程或感受、体验通过艺术的形式如美术、音乐、诗歌等体现出来。

#### 拓展阅读

活动类课程学习的评价，需要特别关注过程性、关注每一个学生的行为表现。因为他们在集体或小组活动中承担的任务不同、角色各异，难以用同一指标衡量，因此评价中尤其要以"白描"的方式展现每个人的特殊性和发展程度，如观察事物的方式、记录的内容、

---

① 教育部基础教育司，教育师范教育司．普通高中新课程研修手册——新课程与学生评价改革［M］．北京：高等教育出版社，2004．

提出的问题,集体协作的参与程度,以及在活动过程中的所思所想,等等,不能仅依据作品评价学生的表现。

表现性评价的主体首先应是学生,教师要把评价权下放,采用自我评价与相互评价结合。这不仅是出于尊重和信任,更主要的是更符合真实评价。因为是活动、体验式学习,所以教师很难关注到每一个学生的行为表现,学生很多感悟和体会有的会立即以某种形式反映出来,但有的(特别是对学生观念和行为习惯的影响)短期不一定有明显效果,而是长期效应,但都会对学生成长起至关重要的作用。所以,建议在研学旅行活动评价中,取消记分评价,减少等级评价,倡导多样性的成果形式和评价方式,开放的评价指标和内容。让表现性评价成为学生自励、自省、自信的助推器,成为教师更全面地认识、理解和与学生沟通的契机。[①]

## (二)结果性评价[②]

结果性评价是指在研学旅行课程结束之后进行的评价,其目的是考查学生的目标达成度、总结活动的经验和教训、为今后的活动开展提供依据。结果性评价也有多种方式,可根据具体情况和需要进行。

目标本位评价是指以研学旅行计划的预定目标为依据而进行的评价,它是以目标为基础来判断目标实现的程度。目标本位评价有一个明确的评价标准,这个标准就是研学旅行课程目标。这种评价就是对评价过程中得到的信息材料进行分析,并与最初的课程目标进行比较,看看课程实施在多大程度上实现了既定的课程目标。目标本位评价的优点是评价标准清晰明确,易于把握;缺陷是只注重目标,对课程目标之外的因素不予考虑。教育是一种复杂的现象,很多教育目标是不能预先制定的。因此,仅仅考查既定的课程目标往往会使评价范围过于狭窄,以至于不能发现一些有意义的教育结果。

目标游离评价则是脱离预定目标,以课程计划或活动的全部实际结果为评价对象,尽可能全面、客观地显示这些结果。目标游离评价抛开课程目标的约束,根据课程本身应具有的教育价值对课程进行评价,通过对课程计划全面、深入地评价来考查课程计划和实施是否具有教育价值,是否能够满足学生的发展需求。由于课程实施所产生的影响是复杂多样的,与目标相关的现象只是其中的一部分,因此,对课程实施的全部结果进行评价难免会影响评价的结果。

成果展示评价是研学旅行课程的学生评价较为突出的和经常运用的方法之一。成果展示评价就是将学生的制作、发明、科技论文、调查报告、设计方案等公布于众,或以学生喜闻乐见的形式安排出来,让学生感受、体验。在不同的课题之间进行成果展示评价,可以开阔学生的眼界,扩大其知识面;即使是同一课题的成果展示评价,也可以让学生在比较中丰富学习方法,相互学习,取长补短。

最后在进行学生评价时,还应注意以下几点:评价不能只看结果,要关注从制订方案到实践的全过程;评价方法的选择以观察法为主,做到真正把握实际情况;评价尽可能考

---

① 高峡. 研学旅行评价具有特殊性[N]. 中国教师报,2019-11-13(007).
② 黑岚.小学综合实践活动课程的设计、实施与评价[M].北京:清华大学出版社,2020.

虑多方面的结论,争取协商;评价的结果不要伤害学生的自尊心和人格。

**拓展阅读**

　　每个学生都是独特的个人,都有自己擅长与不擅长的方面。美国哈佛大学教授、发展心理学家霍华德·加德纳的多元智能理论提出人的智能是由语言智能、人际关系智能、空间智能、数理逻辑智能、内省智能和自然智能等8种智能要素组成。这些智能是以不同的组合方式和不同的表现程度存在于每个人身上的,所以每个人的智能都具有各自独特的特点。因此,研学旅行活动中,教师在评价学生时,要对处在学习过程中的不同个体,对学习中使用的多种手段,使用弹性的评价尺度,充分尊重学生间存在的差异性和多样性,让每一位参加研学旅行活动的学生都能得到充分的肯定和欣赏,增强他们参加研学旅行成功的体验感和自信心[1]。

# 第四节　研学旅行课程的教师评价

　　在研学旅行课中,每个主题活动都要学生在"做中学",进行探索和解决问题的"发现型"学习和通过直接经验的"体验式"学习,而不是依赖教师获取知识,教师的主导作用主要通过间接指导来实现。尽管更加强调学生的自主活动,而且教师主导作用主要通过间接指导来实现,但需要指出并引起注意的是,教师主导作用的发挥是绝对不可或缺的。与学科教学相比,教师发挥主导作用的方式和途径可能会有所不同,这种间接的指导作用并不比学科教学直接的指导作用小,在某种程度上甚至对教师主导作用的要求更高了。可以说,教师的主导水平从根本上决定着研学旅行课程的质量。

　　对教师评价的目的是促进教师教学设计和课程开发水平的提高,评价的重点是课程的开发与设计。通过建立促进教师不断提高的评价体系,强调教师对自己教学行为的分析与反思,建立以教师自评为主,校长、教师、学生、家长共同参与的评价制度,使教师从多种渠道获得信息,不断提高教学水平。

## 一、教师评价内容[2]

　　对教师的评价包括以下八个方面。

### (一)课程实施的基本素质

　　教师的教育思想观念决定着课程改革的指向和深度,教师的专业精神是课程改革的内在动力。研学旅行课程要求教师既要承担课程实施的责任,更要担负课程开发的使命,而这些都需要教师投入巨大的热情和创造力。因此,研学旅行课程的指导教师要有与时

---

①　胡慧芳.地理研学旅行评价研究[D].福州:福建师范大学,2018.
②　黑岚.小学综合实践活动课程的设计、实施与评价[M].北京:清华大学出版社,2020.

俱进的精神,以严谨的态度研究研学旅行课程,着眼于学生的未来发展,有强烈的责任感和使命感。

## (二) 课程实施的合理开放的知识结构

研学旅行课程的实施,对原来从事分科教学的教师来说是个挑战。它要求指导教师不仅要具备通用性的文化知识、本体性的学科知识,还应具备"是什么"及"为什么"的条件性知识和适用于变幻情境的实践性知识。另外,研学旅行课程内容的发展性也要求指导教师不断学习新知识,保持对新知识信息的敏感,善于获得并懂得处理新知识。

## (三) 良好的沟通与协调能力

研学旅行打破了原来一门学科、一个活动由一个教师任教的局面,一个主题活动往往是教师团队合作的结果。研学旅行课程的指导教师不仅要面对学生,还要面对学校的领导和同事、校外的学生家长以及社会人士。这就要求研学旅行课程的指导教师要具有良好的协调能力和沟通能力,能有效地协调人际关系、与他人沟通,并具备与领导、同事、学生、家长合作的能力。

## (四) 课程的开发能力

研学旅行课程的具体工作内容是由地方和学校依据实际确定的,但在具体的实施过程中,它就是由每个教师个体来确定选择的,实质上就是由教师本人来开发的。有时候为了体现尊重每一个学生的兴趣、爱好与特长,这种课程还是生成的。因此,它应该是评价教师最重要的内容。

由于研学旅行课程内容广泛,除了4种指定的活动形式和建议主题之外,还有大量学校可以自主开发的内容。因此,开发出的课程应该具有丰富性,活动项目内容全面,使学生得到多方面的能力培养,经历多种历练;具有适宜性,适合学生的心理、生理发展水平,适合学生的实际需要;具有深刻性,活动内容有较大的意义和价值,能促进学生深层次的发展;具有创造性,活动项目新颖别致、特色突出。

## (五) 活动的设计能力

研学旅行中学生的活动是自主的活动,但应该是在教师精心设计下的活动,活动的设计与指导是活动质量的根本保证。活动的设计可以是每次进行的活动的设计,也可以是整个学期活动的设计。活动的设计应该具有:①计划性,每次活动都是精心设计的,包括各步骤与环节,都有通盘的考虑。对这样的设计要达到什么目的、能够达到什么目的,这样的设计意义何在,都心中有数、目的明确。②合理性,活动设计安排与活动内容相一致,与课程总体目标一致,活动过程反映与体现了实践活动课程的特点。③可行性,活动的设计是能够在现有资源和条件下,由学生经过努力可以实现和完成的,而不是纸上谈兵式的空想。

### （六）活动的指导与调控能力

研学旅行中的异地活动,对学生来说都是全新的经历的挑战,因此教师的指导与调控管理是必不可少的。指导与调控应该具有:①及时性,对学生在活动中遇到的困难或出现的问题,能立即做出适当的反应,提供有效的帮助。②协商性,对活动中发生的问题,师生要加强沟通,在师生平等的交流中共同找到应对的办法。③启发性,对学生在活动中的需要,不是由教师包办代替,而是通过策略性的启发,让学生学会自己解决问题,在解决问题中发展和成长。④灵活性,采取多种方法,巧妙抓住好机会。

### （七）活动的成效

活动的成效最终总是要体现在学生的一系列表现中,主要有:①参与性表现,学生对研学旅行课始终抱有很高的参与热情,兴趣持久强烈。②发展性表现,在活动中确有收获,各方面的能力得到了较好的发展。③深刻性表现,学生在活动中的亲身体验以及探究的深度都有所提高。

### （八）专业发展能力

在课程的实施过程中,必然会促进教师在专业方面的发展。教师专业发展方面有:①专业性,对研学旅行的性质、地位和教学目标有更深刻的理解和认识。②反思性,经常对自己的教学实践进行检讨、省察自己内隐的缄默知识,发展自己的实践性知识。③批判性,对现有或流行的所谓新观念不盲从,既不断转变自己的观念,又有自己独立的思考和判断。

## 二、教师评价的基本要求

对教师评价有三点基本要求。

### （一）注重个体差异,强调评价的针对性

每位教师在人格、成长历程、个性特长、教学风格等方面都存在着一定的差异。研学旅行课程评价中的教师评价,力求使每位教师在课程设计与实施过程中展示自己的个性特色。因此,在评价过程中,只提出粗线条的评价标准,至于究竟达到怎样的标准则要根据教师的个别差异来定。其目的在于发现教师在课程设计与实施中的进步与成长,增强教师的信心,激发教师的主动创新意识。

### （二）注重教学实践,强调评价的过程性

研学旅行课程评价中,教师评价的根本目的在于改进教师的教学,提高教师设计与实施研学旅行课程的能力。因此,在评价时,要注意搜集具体的教育教学行为信息。与此同

时,由于评价结果直接服务于教师的教学过程,因此,评价手段应具有较强的可操作性,评价结果应及时反馈给教师,以便教师在研学旅行课程的设计与实施过程中不断调整自己的教育教学行为。

### (三) 注重自我反思,强调评价的主动性

教师对自己在研学旅行设计与实施中的优势与困难、成长与进步最为关注。因此,充分发挥教师本人在教师评价中的主体作用,突出教师本人在教师评价中的主体地位是非常重要的。而教师对自身教学行为的经常性反思也正是教师进行自我评价的必经阶段。因此,在教师评价的过程中,应重视教师本人的积极参与,这将有利于信息的准确搜集;有利于教师发现问题并主动进行改进;有利于消除教师与评价人员的对立情绪,从而使教师自觉接受和理解评价结论。

## 三、教师评价的主体

### (一) 自我评价

自我评价是指教师根据一定的评价指标,对自身素质以及课程实施进行的评价。由于教师对自己的情况最了解,因此,只要教师态度端正,这种建立在信任基础上的评价会有较高的准确性。同时,该评价也比较容易开展,可以经常进行。自我评价使教师自觉、主动地接受评价,便于教师及时进行自我反馈与调节;同时,还有利于激发教师的自信心和自尊心,增强教师的自我评价意识和评价能力。但是,由于自我评价缺乏外界参照体系,不便于进行横向比较;而且,自我评价主观性大,容易出现偏差,有时甚至会出现"报喜不报忧"的现象。

### (二) 外部评价

所谓外部评价,是指教师之外的他人评价,这包括教育行政领导的视导评价、督学系统的督导评价、专家的评价、同行的评价以及社会评价等。外部评价一般比较严格、慎重,也比较客观,可信度较大。但是,组织起来较为繁、难,耗费的人力和时间也较多。

建立校长、教师、学生、家长共同参与的评价制度,目的在于帮助教师从多个渠道获取信息,以促进教师的专业发展。学校领导和同行是外部评价中的重要力量,他们对活动的目标、实施情况比较了解,对教师的状况比较熟悉,对评价标准理解得较深刻,对活动实施的难度也比较清楚,因此,相对于其他外部人士来说,他们对教师的评价比较全面、准确。此外,学生和家长也是外部评价中不可忽视的两大群体。学生是教学活动的直接参与者,也是最终受益者,因此,学生也最有发言权,应重视并给予学生评价教师的权利。家长关心孩子受到什么样的教育以及孩子在学校的发展情况,因此,评价教师也是家长应有的权利,同时这也是促使家长了解学校和教师、形成教育合力的有效途径。

【教与学活动建议】

围绕"教师评价"这一主题开展自我分析和评价,课下利用 SWOT 分析法,结合本章教师评价的内容,分析自己作为研学旅行活动课程指导教师,自己的优势、劣势、面临的机遇和挑战,作出 SWOT 分析图,同事间展示交流。

# 思考与实践

成果展示课 2

## 一、理论思考

1. 研学旅行活动课程评价的原则是什么?

2. 研学旅行活动课程评价包括哪些内容?

3. 研学旅行活动课程评价的要点及特色是什么?

4. 学校课程开发及实施的评价内容及方法有哪些?

5. 学生评价的内容及方法有哪些?

6. 教师评价的内容及方法有哪些?

## 二、实践探索

请通读下面的以《走进我的家乡》为主题的课程方案,从评价主体设计、评价内容和评价维度设计等几方面谈一下哪些地方对你有启发? 你认为哪些方面还需改进? 请说出理由。

### 《走进我的家乡》课程方案[①]

一、活动背景

我的家乡大安山是个美丽的小山村,我爱这大山里的一景一物,一草一木,爱这里淳朴的民风。在它的滋养下,我们长大成人,学有所成,拥有幸福的生活,更感谢这大山的养育之恩。现在,因城乡发展的不平衡,以及地理条件的限制,孩子们走出去的机会也不多,加之和六年级学生深度交流,孩子们只对本村的人文、地理、物质方面有初步的了解,却不了解大安山乡更深层次的人文、历史知识,虽然生在这里长在这里,对它的爱却不深厚,觉得这里不够繁华、热闹,也没有便利的居住条件,更没有大型的商场超市……孩子们更渴望认知新知识的机会,他们渴求漂亮的居住环境,渴求现代繁华的都市生活,渴望走出大山见识不一样的东西。孩子们把注意力集中到了热闹的都市,对于生养自己的大山似乎已经没有更多的热爱,殊不知大山里也有宝,只是缺少一双善于发现的眼睛。基于这样的分析,我决定带孩子们深度探究家乡的人文、地理、经济、物质和历史。

(一)地区资源分析

大安山乡位于房山区西北部深山区,属太行山余脉,位于百花山中山地带,大石河流

---

① 本案例由北京教育学院乡村教育联盟特色课程群项目组提供。

域,距区府良乡 50 千米,距市区 90 千米。辖大安山、西苑、赵亩地、寺尚、中山、水峪、瞧煤涧、宝地洼 8 个行政村和大安山矿社区。大安山矿曾因出产黑金而名噪一时,也因转型阵痛而历尽艰难。这里的人民勤劳质朴,时代经历着自己的欢乐与忧愁。这些欢乐与忧愁就是这里人民的小日子,而小日子汇聚起来也就形成了独特的民风与民俗,积淀出了个性的历史与文化。这些民风、民俗、历史和文化在浩宏的人类历史中只不过是沧海一粟,却作为整个民族鲜活的历史素材而存在着。不仅如此,它对于继续生活在这里的后辈更是弥足珍贵,因为这就是他们祖祖辈辈生活的方式,是他们生命和生活的根源。

（二）学生情况分析

学生认识事物的能力是由年龄特点、生活经历和知识经验所决定的。对于六年级小学生来说,大部分孩子对家乡的概念不太清楚,以为自己从小居住的地方就是家乡。对家乡物质方面的了解只限于自己看到的,对于大安山的人文、地理、经济和历史的了解也只限于听长辈讲的。为了深度了解家乡的人文、地理、经济、物质、历史,我准备把学生分为 5 个组进行探究。人文组在探究过程中借助网络资源和书籍汲取信息,了解人物事迹,通过调查访问了解当地文物、美食、民俗与艺术;地理组通过实地考察,了解家乡特别的地理风貌及其带来的经济影响;经济组查阅文献资料和走访百姓家,了解家乡经济的发展;历史组通过查阅网络资源和书籍,拜访当地老者,了解家乡的历史。经过 5 年多的学习,孩子们在资料搜集、信息技术的运用、表达方面有一些收获,但也存在很多不足,需要教师进行适度的方法指导。他们能够从网络中找到相关资料,但是在资料的筛选中还难以取舍,能够将搜集的资料做简单的整理,但缺乏分类、归纳和分析的能力;孩子们以前没有进行过访谈,所以不知道从何谈起,需要教师帮助列出访谈提纲,指导访谈方法;孩子们能够将自己的想法表达出来,但是说话欠组织,部分学生在与人沟通时较腼腆,音量较小,还需要说话流畅,声音清晰响亮,态度认真诚恳,才能吸引听众的注意;在展示交流中,如何做精美的 PPT,也需要指导帮助;在时间管理上,孩子们缺乏自主性,需要教师帮助梳理出各个时段的任务。所以本次设计的重难点主要是鼓励孩子们自主选择感兴趣的研究内容,根据所选内容分成 5 个小组,设计任务单,进行相关的方法指导,完成相应研究任务。

（三）教学内容分析

设计本此实践活动的目的,旨在紧紧围绕着令孩子们既熟悉又陌生的家乡,经历亲身实践之后,对家乡的认识从陌生走向熟悉,乃至发自内心的热爱,并期待将来会变得更美、更好。更多地发挥学生的主体作用,不仅提高学习能力,更锻炼他们的表达能力,从而提升其文化素养。

二、教学目标

（1）通过对历史、人文的探究,了解大安山的风土人情,提高学生提取信息的能力,培养学生弘扬家乡本土文化。

（2）通过实地调查、走访等方式对地理的探究,了解大安山本土的地域特色,学会分工合作,提高信息技术能力。

（3）通过对经济的探究,感知家乡经济发展的美好前景,提高学生搜集、整理和运用信息的能力。

（4）通过调查访问等方式进行物质的探究,感受家乡物产的丰富,提高与陌生人沟通的能力。

(5) 通过思维导图,提高学生的思维能力。

(6) 通过交流展示,提高学生的表达能力。

(7) 通过成果展示,提高学生的书写能力和绘画能力,激发学生热爱大安山、热爱乡村、热爱房山的感情,从而产生努力学习,建设家乡的愿望。

三、活动准备

(1) 学校准备:确定活动内容,制作活动方案。

进行活动前的安全培训。

进行活动部署,责任到人。

(2) 教师准备:考察本地资源,制订活动方案。

进行活动前的安全培训。

对考察方法进行培训。

做足网络资源、书本资源等准备。

设计课前任务单,引导本班学生分组。

学生准备:班里一共有20名同学,按照自己选定的探究内容分成5组。

(3) 方案准备。

① 前置课程:讲解社会实践活动课程的安全注意事项。

② 初步走访,对家乡有一个整体感知,完成任务单。

③ 聚焦分组,根据自己感兴趣的研究内容分成5个小组,选定组长,初步设计自己组内的研究方案(说明调查方法,呈现形式)。

④ 方案设计,明确分工和方法,完成详细记录过程。还可以根据孩子们的需要上方案指导课。

⑤ 展示交流,形式多样。

四、活动形式

(1) 活动前学生分组调查访问、汲取信息、整理资料。

(2) 活动中分组展示、介绍。

(3) 活动后呈现成果收获(手抄报)、实践探究。

五、活动过程

(一) 时间安排

| 5.6—5.8 | 前置课程:安全教育、活动内容 |
|---|---|
| 5.9—5.12 | 初步走访:整体感知家乡 |
| 5.13—5.17 | 聚焦分组:选定组长、设计组内方案 |
| 5.20—5.22 | 方案指导课 |
| 5.23—5.31 | 完善方案,明确职责及分工 |
| 6.1—6.9 | 分组活动、整理材料 |
| 6.10—6.14 | 展示交流 |

（二）分组展示汇报内容

1. 人文

（1）人物：刘仁恭父子、通理大师、通圆大师、于振边、杨怀清、张茂忠、大安山烈士及劳模名单。

（2）文物：大安山烈士碑亭、重善桥、延福寺、二郎庙。

（3）美食：十二八酒席、炸油香、猪头压肉、核桃酱、烙黄儿等。

（4）民俗与艺术：大安山村山梆子剧团、偷龙王。

2. 地理

参观瞧煤涧越野赛道、寺尚最美梯田、峪壶峰登山步道、中山红叶村。

3. 经济

（1）第一代信用社。

（2）京煤集团大安山煤矿。

（3）参观瞧煤涧养鸽场、文玩核桃、民俗客栈。

4. 物质

煤炭、核桃、柿子、杏、山楂、山桃、木耳、蘑菇、中草药。

5. 历史

（1）大安山抗战史。

（2）元港村抗日纪事。

（三）拓展延伸

用自己喜欢的方式展示大安山之美。

六、活动指导

（1）活动前：学校各部门密切合作，完成外联工作，做好充分准备，重视安全工作。相关教师指导学生完成小组准备活动，确保细致周密，万无一失。

（2）活动中：学校领导、教师各负其责，保护学生安全，班主任和任课教师指导学生完成实践活动工作。

（3）活动后：

① 以组为单位，交流活动收获。

② 搜集活动后学生作品，物化成册。

（4）后续教育计划：

① 做力所能及的小事，利用周末的时间，学生以村为单位，组成爱村小分队，清扫街道、照顾老人、爱护花草树木，将愿望付诸实践、做力所能及的小事。

② 拓展探究，继续了解美丽的乡村，由房山区的美丽乡村了解起，吸取好的建设经验，领略乡村的美丽风光。

③ 拓展视野，关爱《美丽的乡村》系列节目，以观看纪录片的形式"走出去"拓展视野，升华感情。

④ 付诸实践，领略了其他的建设经验后，再回到家乡，用学到的经验再次组织讨论活

动,如何建设好我们的家乡。

七、注意事项

（1）安全无小事,一定确保学生安全。

（2）活动前期准备要充分,分配要合理细致,责任到人,做好记录。

（3）活动中尽量发挥学生主观能动性,完成实践活动任务。

（4）活动后有序地按照计划完成后续工作。学生、教师、学校合作顺利完成本次研学旅行活动。

八、活动评价

（1）评价方式：自我评价;同学互评;家长反馈;教师评价。

（2）总体评分的成绩将以下列公式计算：

活动过程（100 分）＋核心能力指数评价（32 分）＋同学及指导教师评价（18 分）＝总分（150 分）

同学及指导教师评价总名次第一名得 18 分,第二名得 16 分,第三名得 14 分,如此类推。

根据同学专题研习的总成绩,将颁发以下证书：

| 证 书 | 分 数 |
|---|---|
| 一级荣誉证书 | 120 分或以上 |
| 优异证书 | 100 分或以上 |
| 合格证书 | 70 分或以上 |

69 分以下的同学将评定为不合格,须于暑假期间参加补习班及补交另一报告。

**综合实践探究类学习自我及组员评估表**

姓名：_____ 专题题目：_____

请对自己和组员的工作能力及工作态度作评分,每项最高 5 分,最低 1 分。

| 工 作 | 组 员 姓 名 | | | |
|---|---|---|---|---|
| | 自己 | | | |
| 1. 资料搜集 | | | | |
| 2. 资料整理 | | | | |
| 3. 问题分析 | | | | |
| 4. 编写报告 | | | | |

续表

| 工 作 | 组 员 姓 名 | | |
|---|---|---|---|
| | 自己 | | |
| 5.演示报告 | | | |
| 6.积极性 | | | |
| 7.合作性 | | | |
| 总分 | | | |

请对自己作以下评估,请在适当的方格内打"√",最高5分,最低1分。

| 研 究 能 力 | | 5 | 4 | 3 | 2 | 1 |
|---|---|---|---|---|---|---|
| 1 | 清楚理解主题 | | | | | |
| 2 | 能从阅读及资料搜集中得到知识 | | | | | |
| 3 | 能将资料整理及分析 | | | | | |
| 4 | 能提出自己的见解及意见 | | | | | |
| 5 | 能掌握今次研究的结论 | | | | | |
| | 信息技术及资料搜集能力 | | | | | |
| 6 | 能制订工作计划 | | | | | |
| 7 | 能利用各种手段搜集资料 | | | | | |
| 8 | 能利用各种信息技术手段进行沟通及交流 | | | | | |
| 9 | 能利用信息技术手段制作报告 | | | | | |
| 10 | 能利用信息技术手段演示报告 | | | | | |
| | 学 习 态 度 | | | | | |
| 11 | 积极参与讨论及研习过程 | | | | | |
| 12 | 负责任 | | | | | |
| 13 | 乐于与人合作 | | | | | |
| 14 | 接纳及尊重别人的意见 | | | | | |
| 15 | 尽力寻找与主题有关的资料 | | | | | |
| 16 | 能依时完成工作 | | | | | |
| 17 | 敢于创新思考 | | | | | |

**家长意见书**

| 您对孩子的研究报告有什么意见： |
| --- |
| 开学至今,您对孩子的学习态度及状况有何意见： |
| 对学校进行的这项主题探究类学习有何具体建议： |

| 家长： | 日期： |
| --- | --- |

完成日期： 年 月 日(学生填写)

九、资源支持

(1) 学校与大安山乡政府及各村委会联系活动事宜。

(2) 按要求报批教委,取得上级领导支持。

(3) 学校与卫生院联系,确保活动中学生的安全防护。

(4) 通过家长委员会,寻求家长的全方位支持(邀请部分家长作为家长志愿者参与本次实践活动)。

练习1：以上活动方案的要素是否完整？应该从哪些方面完善？

练习2：仔细研读方案,试分析其目标设计、主题选择、活动过程、活动评价等内容的设计是否科学合理？是否符合要求？